suhrkamp taschenbuch
wissenschaft 1160

›Wann und wo beginnt die Moderne?‹ So der Titel des einleitenden Aufsatzes mit der These, daß man mit den Augen der programmatischen Moderne unseres Jahrhunderts weit in die Geschichte der Literatur zurückblicken kann; in diesem Sinne gilt es, Prämoderne ausfindig zu machen und in entsprechende Vergleichspositionen zu bringen. Das 17., 18. und 19. Jahrhundert offerieren dafür die unterschiedlichsten Paradigmata: ›barock‹ versus ›neobarocco‹, die englischen ›Cross-readings‹, die Lichtenberg aufspießte, versus moderne Collage- und Montage-Literatur, der Klassiker Goethe versus seine Parodie, aber auch Karl Valentin versus Dada – parallel zum Züricher ›Cabaret Voltaire‹ und Dada-Berlin entwickelte der Münchener Komiker und Volks-Humorist seine eigene Form des Simultan- und Lautgedichts im Stil von Kurt Schwitters.

Separate Aufsätze gelten ›Buchstabentausch und Fehlschreibe‹, also der Kunst des Anagramms wie der des Versprechers à la Ernst Jandl, ›Texten mit Handicap‹, also Autoren, die ohne den Buchstaben R und andere Buchstaben des Alphabets auszukommen suchen, der ›Literatur im Viereck‹, also Quadrat-Texten und Text-Quadraten, und auch der poetischen Funktion des Zufalls wie der des blanken Satzzeichens: ›Gedanken zum Gedankenstrich‹.

Der Autor beschränkt sich aber nicht auf das Aufzeigen einer Vorgeschichte der Moderne, sondern legt mit Aufsätzen zur Bild- und Sprachenthemmung bei Paul Scheerbart und Carl Einstein, zu Hans Arps und Max Ernsts ›FataGAGA‹-Arbeiten etc. interessante Querschnitte durch die avantgardistische Moderne als solche und nimmt auch die aktuelle postmodernistische Perspektive auf: auch Endpunkte der Moderne – so etwa Abbrüche und Verweigerungen des Erzählens im ›Cut-up‹-Effekt bei Helmut Heißenbüttel und Ror Wolf sind unter Umständen nichts weiter als ein ›neuer Anfang‹.

Karl Riha (geb. 1935 in Krummau/Moldau), Literaturwissenschaftler (Germanistik/Allg. Literaturwissenschaft), Kritiker, Autor; lebt in Siegen/NRW. Buchpublikationen zu: Moritatenlyrik, Comic strips, Großstadtliteratur, Großstadtlyrik, Zitat- und Montageliteratur, Politische Ästhetik, Dada, Commedia dell'arte und Kritik-Satire-Parodie; Anthologien-, Zeitschriften- und Reihenherausgeber; zahlreiche Editionen. – Mitglied und zeitweise Direktor des Literarischen Colloquiums Berlin. – Literarische Veröffentlichungen u. a.: ›Nicht alle Fische sind Vögel‹, 1981; ›In diesem/diesem Moment‹, 1984; ›Kitty in der Killerfalle‹, 1990; ›Was ist mit mir heute los?‹, 1994.

Karl Riha
Prämoderne
Moderne
Postmoderne

Suhrkamp

Die Deutsche Bibliothek – CIP-Einheitsaufnahme
Riha, Karl:
Prämoderne – Moderne – Postmoderne /
Karl Riha. –
1. Aufl. –
Frankfurt am Main :
Suhrkamp, 1995
(Suhrkamp-Taschenbuch Wissenschaft ; 1160)
ISBN 3-518-28760-5
NE: GT

suhrkamp taschenbuch wissenschaft 1160
Erste Auflage 1995
© Suhrkamp Verlag Frankfurt am Main 1995
Suhrkamp Taschenbuch Verlag
Alle Rechte vorbehalten, insbesondere das
des öffentlichen Vortrags, der Übertragung
durch Rundfunk und Fernsehen
sowie der Übersetzung, auch einzelner Teile.
Satz und Druck: Wagner GmbH, Nördlingen
Printed in Germany
Umschlag nach Entwürfen von
Willy Fleckhaus und Rolf Staudt

1 2 3 4 5 – 00 99 98 97 96 95

Inhalt

Wann und wo beginnt die Moderne? Oder sind wir mit der Postmoderne längst darüber hinaus?. 7

neobarocco - ?! Zum Problem der Stilwiederholung - aus aktuellem Anlaß 21

Vom Verlust und Wiedergewinn der Sprache. Ein Thema der Moderne 33

Cross-reading und Cross-talking. Materialien zu einer satirischen Technik 51

Die Sprache der Vögel. Lautgedichte und phonetische Poesie 91

>Ich hätt geküßt die Spur von deinem Tritt<. Zu den Musikparodien und Musikclownerien von Karl Valentin 117

Texte mit Handicap. Zur Literatur ohne R und andere Buchstaben des Alphabets 133

Buchstabentausch und Fehlschreibe. Zur Kunst des Versprechers in der Moderne 151

Literatur als Viereck. Quadrat-Texte und Text-Quadrate 167

Gedanken zum Gedankenstrich in der literarischen Moderne. Zur Poesie der Satzzeichen . . . 183

Enthemmung der Bilder und Enthemmung der Sprache. Zu Paul Scheerbart und Carl Einstein 193

Fatagaga-Dada. Zur künstlerisch-literarischen
Kooperation von Hans Arp und Max Ernst 209

Zum Verhältnis von >Tradition< und
>Moderne<. Literarische Adaptionen bei
Kurt Schwitters 223

Über den Zufall - in der Literatur der Moderne.
Ein Problemaufriß 241

Cut-up-Kürzestgeschichten ... am Beispiel
von Helmut Heißenbüttel und Ror Wolf 255

Prä-Moderne und Post-Moderne. Noch ein Beitrag
zu einer aktuellen Diskussion 275

Nachweise 293

Wann und wo beginnt die Moderne?
Oder sind wir mit der Postmoderne längst darüber hinaus?

Mit den kubistischen Bildern Pablo Picassos und Georges Braques zwischen 1908 und 1910, den ersten futuristischen Zeitungsartikeln und Manifesten F.T. Marinettis ab 1909 oder dem ersten Lautgedichtevortrag Hugo Balls im Züricher *Cabaret Voltaire*, der sich mit dem Tagebuch *Die Flucht aus der Zeit* exakt auf den 23. Juni 1916 datieren läßt, sind für den ›Aufbruch in die Moderne‹ feste Eckdaten gegeben. Nach den Kategorien, die Ezra Pound in seinem Essay *How to read* aufgestellt hat, handelt es sich hier um primäre Setzungen der ›Erfinder‹: ›Entdeckungen‹ im eigentlichen Wortsinn. Die ganze Geschichte der Kunst und Literatur konstruiert sich für Pound auf eben solche Schwellenmomente hin, in denen diese - neuen - Formprinzipien erstmals in Erscheinung treten[1] ...

In einem seiner literaturkritischen Artikel argumentiert der Dadasoph Raoul Hausmann ganz ähnlich, führt aber eine entscheidende Modifikation ein, wenn er den ›Inventoren‹ und ›Inventionen‹ im Sinne Pounds - er spricht von Schöpfungen »einer neuen Art Dichtung«, die »auf Überzeugung und Theorie« beruht - das »Finden durch Zufall« vorausstellt, wobei es sich offensichtlich um Antizipationen handelt, für die sich keine festen Regeln ausmachen lassen[2]. Konkret auf die phonetische Poesie bezogen, weist er auf Paul Scheerbart und Christian Morgenstern hin, die bereits um die Jahrhundertwende vereinzelte Lautgedichte geschaffen hätten. Damit verliert die entscheidende Tat Balls nicht ihren programmatischen Stellenwert, aber die Frage nach

---

[1] Ezra Pound, *ABC of reading*, London 1963. (Erstdruck: 1951).
[2] Raoul Hausmann, *Am Anfang war Dada*, hrsg. von Günter Kämpf und Karl Riha, Steinbach/Gießen 1992 (3. Aufl.), S. 35f.

der Vorgeschichte der Moderne rückt doch ganz entschieden ins Blickfeld.
Für solche >Vorgeschichten< sind aber ganz unterschiedliche Konstruktionen möglich. Neben den mehr zufälligen Exkursionen, deren Fundstücke immer eine spontane Plausibilität beanspruchen, sich manchmal sogar häufen und zu ganzen Ketten zusammenschließen - wie es etwa Herta Wäscher in ihrer *Geschichte der Collage* vorgeführt hat - , lassen sich mehr systematische Rückorientierungen beobachten. Sie gehen zum einen - sozusagen >ex negativo< - vom Prinzip der >Abstoßung<, also davon aus, daß sich neue Stilformen aus der Ablehnung und Kontrafaktur älterer, meist unmittelbar vorauslaufender Stilformen ableiten lassen; so kommt beispielsweise Kurt Mautz zur Erklärung des Expressionismus als >pervertiertem Jugendstil<. Zum anderen knüpft man häufig an >abgerissene<[3] und deshalb aus der Erinnerung gelöschte Traditionen an. Alfred Liede mit seinem großangelegten Versuch zu *Dichtung als Spiel* ist hier zu nennen: er geht unter anderem auf manieristische Traditionen zurück, die unterströmig eine intensivere Nachwirkung gehabt haben, als es die offizielle Kunst- und Literaturgeschichtsschreibung wahrhaben will, gerade auch im neunzehnten Jahrhundert[4].
Beide Formen des >Rückbezugs< sind aufschlußreich und doch - gleichzeitig - nicht unproblematisch. Das Absetzen der Moderne gegen die Kunst- und Literaturströmungen des späten neunzehnten Jahrhunderts bis hinauf zu Neoklassik, Neuromantik und Jugendstil bleibt mitunter - wie bei derlei Stilkontrastierungen häufiger zu beobachten - im bloßen 9 Gegensatz-Denken stecken und kommt, was das spezifisch >Neue< angeht, das mit den ästhetischen Revolutionen in Erscheinung tritt, oft über Negativ-Charakterisierungen, die den vorgegebenen Formen und Inhalten abgenommen sind, nicht hinaus; hier setzte seinerzeit die Kritik an Hugo Fried-

---

3   Kurt Mautz, *Mythologie und Gesellschaft im Expressionismus*, Frankfurt/M. 1972.
4   Alfred Liede, *Dichtung als Spiel, Studien zur Unsinnspoesie an den Grenzen der Sprache*, 2 Bde., Berlin 1963.

richs Buch zur *Struktur der modernen Lyrik* ein. Bei Ableitungen der Moderne im weiten historischen Rückgriff droht hingegen die Gefahr der falschen Kontinuität, die ihren Schluß aus vordergründigen Parallelen zieht und nicht in die Tiefen-Strukturen der scheinbar so plausiblen Beleg-Paradigmata vordringt; dies zeigte sich beispielsweise beim genaueren Vergleich barocker und expressionistischer Lyrik, die zunächst in metaphorischer Hinsicht eine verblüffende Verwandtschaft zu haben schienen und dann doch wieder weit auseinanderklafften.

Ich teile diese Kritik, gebe ihr aber einen anderen Drall - eher ins Grundsätzliche! Wie wäre es, frage ich mich, wenn man die Blickrichtung entschieden wechselte und sich dem Verhältnis von Geschichte und Moderne genereller stellte, als es allein mit der Rekonstruktion dieser oder jener partiellen ›Vorgeschichte‹ schon der Fall ist? Der umfassende innovative Anspruch, den wir mit dem Begriff der Moderne fixieren, ist ja nicht nur in die Zukunft gerichtet, sondern bezieht sich ebenso auf alles bisher Dagewesene, und eben nicht nur im Sinne seiner Negation; das heißt aber: im neuen Wahrnehmungsvermögen, das uns abstrakte Kunst, Dada, konkrete Poesie etc. vermitteln, haben wir ein Perspektiv zur Hand, das uns alle Möglichkeiten bietet, einen ganz und gar neuen Blick auf alle vorgelagerte Kunst- und Literaturgeschichte zu werfen, sie aus den Fesseln ihrer bisherigen Betrachtung zu lösen und damit tendeziell überhaupt erst zu entdecken ...

Machen wir die Probe aufs Exempel! - Die deutsche Klassik mit Goethe und Schiller wie ihr engerer und weiterer Umkreis gelten innerhalb der deutschen Literaturgeschichte in vielfacher Hinsicht als absoluter Gegensatz zum Aufbruch in die Literaturmoderne, den man auf Arno Holz' theoretische Schriften *Die Kunst, ihr Wesen und ihre Gesetze* von 1891 und *Revolution der Lyrik* von 1899 datieren darf. In gewisser Hinsicht war bereits das ganze neunzehnte Jahrhundert ein einziger Auseinandersetzungs-, Ablösungs- und Neufindungsprozeß und stand in diesem Sinne - mit Walter

Höllerer zu sprechen - »zwischen Klassik und Moderne«[5]. Gerade auf diesem in modernistischer Hinsicht so spröden Terrain müßte sich aber, wenn sie denn stimmt, die These vom innovativen Blick der Moderne und seinen entdeckerischen Qualitäten verifizieren lassen!

Aus den sechziger Jahren haben wir einen Aufsatz von Heinz Otto Burger, in dem er - gegen den allgemeinen Trend der Zeit - gerade nicht von der Divergenz, sondern von der >Struktureinheit klassischer und moderner Dichtung< spricht[6]. Über die Symbolkunst Goethes hinaus hebt er dabei auf das >evokative Äquivalent< bei Hölderlin ab und setzt es als eskaliertes poetisches Prinzip unmittelbar in Bezug zu Gedichten seiner eigenen literarischen Gegenwart. Von eben deren Autoren - Wolfgang Weyrauch und Marie Luise Kaschnitz - wird man jedoch nur in Grenzen behaupten können, daß ihre Namen in besonders markanter Weise mit einem prononcierten Modernitätsbegriff verbunden sind. Damit steht und fällt aber der intendierte Brückenschlag - zumindest an dieser Stelle - und muß an anderem Ort noch einmal aufgenommen werden. - Ich gehe daher im folgenden von einigen eigenen Lektüreerfahrungen aus und versuche, sie im Rahmen der angeschnittenen Problematik zu lokalisieren ...

In *Dichtung und Wahrheit* betrachtet sich Goethe bekanntlich selbst aus der abgeklärten Altersperspektive, die auf >Harmonisierung< aus ist: ihr unterwirft er insbesondere auch seinen Anteil an der Sturm-und-Drang-Bewegung mit ihrer spezifischen Ausgelassenheit und Wildheit. Dies gelingt ihm jedoch nicht durchweg! In den Abschnitten, in denen er sich über seine Straßburger Zeit und die dortige Freundschaft mit Jakob Michael Reinhold Lenz äußert - und über diesen, wie man weiß, relativ zwiespältig - , stechen jedenfalls einige Äußerungen über einige Gelegenheitsverse ins Auge, die das jugendliche Ungestüm relativ ungebremst pas-

---

5   Walter Höllerer, *Zwischen Klassik und Moderne, Lachen und Weinen in einer Übergangsperiode*, Stuttgart 1958.
6   Heinz Otto Burger (gem. mit Reinhold Grimm), *Evokation und Montage, Drei Beiträge zum Verständnis moderner Lyrik*, Göttingen 1961.

sieren lassen: und eben deshalb wecken sie das Interesse des an der Moderne geschulten Lesers in besonderer Weise.
Aus der Feder von Lenz bzw. aus gemeinsamer Feder zitiert Goethe zwei seltsam sprachlich verschlüsselte Spottgedichte mit Bezug auf den engeren Straßburger Gesellschaftszirkel, die sich leicht dahin auflösen lassen, daß sich eine Prinzessin einen Herrn unter ihrem Stand namens Hirschell erjagt und daß sich beim Sturz vom Pferd ein Rittmeister die Hoden verstaucht hat:

> Ein Ritter wohnt in diesem Haus,
> Ein Meister auch daneben;
> Macht man davon einen Blumenstrauß,
> So wird's einen Rittmeister geben.
> Ist er nun Meister von dem Ritt,
> Führt er mit Recht den Namen;
> Doch nimmt der Ritt den Meister mit,
> Weh ihm und seinem Samen![7]

Das ist - von der Machart her - so neu nicht und sprengt den Rahmen der zeitgenössischen Satire wohl kaum. Anders die Anmerkungen im unmittelbaren Kontext, die sich fast wie eine kleine Poetik des Absurden und der Nonsens-Poesie lesen. »Die Absurditäten der Clowns machten besonders unsere ganze Glückseligkeit«, heißt es etwa - oder: »Über solche Dinge ward sehr ernsthaft gestritten, ob sie des Clowns würdig oder nicht und ob sie aus der wahrhaften reinen Narrenquelle geflossen, oder ob etwa Sinn und Verstand sich auf eine ungehörige und unzulässige Weise mit eingemischt hätten«.
Natürlich ist die spezielle Aufmerksamkeit durch den Begriff des ›Absurden‹ stimuliert, der in der Entwicklungsgeschichte der modernen Literatur - bis hin zum absurden Theater Becketts und Ionescos - in besonderer Weise eskaliert; und natürlich fliegen einem sofort auch noch andere Assoziationen zu, die das poetische Statement weiter-

---

7   Johann Wolfgang Goethe, *Sämtliche Werke* (Hanser-Ausgabe), Bd. 16, *Aus meinem Leben, Dichtung und Wahrheit*, hrsg. v. Peter Sprengel, München 1985, S. 529.

treiben und aus sich heraustreten lassen: die Clownsgestik zahlreicher moderner Künstler und Autoren, Hugo Balls etwa, der während seiner Züricher Dada-Zeit eine Fülle von Anmerkungen machte, die ganz in diese Richtung gehen, ihre weit und weiter ausholenden Ausflüge in die bislang noch so gut wie unerforschten Gefilde des ›Nonsensicalischen‹, wie Kurt Schwitters sich ausdrückte, bzw. ihr Hang zu mehr und mehr Sinnentleerung, semantischer Dekomposition und wohl auch bewußt akzeptierter und aus sich herausgeführter Banalität.

Punktuell ähnlich kann man für Friedrich Schiller mit einem Passus im Briefwechsel mit Goethe argumentieren, und für ihn läßt sich sogar eine interessante Zitiergeschichte quer durchs neunzehnte Jahrhundert und tatsächlich in die Moderne des zwanzigsten Jahrhunderts hinein nachweisen. Unterm Datum vom 17. August 1797 lesen wir:

> So viel ist auch mir bey meinen wenigen Erfahrungen klar geworden, daß man den Leuten, im ganzen genommen, durch die Poesie nicht wohl, hingegen recht übel machen kann, und mir däucht, wo das eine nicht zu erreichen ist, da muß man das andere einschlagen. Man muß sie incommodieren, ihnen ihre Behaglichkeit verderben, sie in Unruhe und Erstaunen setzen. Eins von beiden, entweder als ein Genius oder als ein Gespenst muß die Poesie ihnen gegenüber stehen. Dadurch lernen sie an die Existenz einer Poesie glauben und bekommen Respect vor den Poeten[8].

An dieser Äußerung verblüfft, in welcher Weise das ›Gespenst‹ fest ans ›Genie‹ gekoppelt und quasi aus ihm herausgetrieben wird. Dem neunzehnten Jahrhundert, das Goethe und Schiller auf den Sockel hob und beide im eigentlichen Wortsinn erst zu ›Klassikern‹ stilisierte, mußten die Aussichten, die diese Selbstaussage eröffnet, fremd bleiben, und so findet man denn diese programmatischen Sätze fast ausschließlich in der Opposition gegen den Klassiker-Kult erinnert und von ihr weitergegeben an die Moderne des zwanzigsten Jahrhunderts, die sich dem Auseinanderfall von Kunst und Gesellschaft in verschärfter Form

---

8 *Der Briefwechsel zwischen Goethe und Schiller*, hrsg. von Emil Staiger, Frankfurt/Main 1966, S. 442f.

zu stellen hatte. Mit >incommodieren<, >in Unruhe und Erstaunen setzen< trifft Schiller - über die Distanz von über hundert Jahren hinweg - den provokativen Nerv dieser Moderne, ihr immer wieder neu angefachtes ästhetisches Schock- und Protestpotential: ein festes Ferment aller modernen Kunst- und Literaturbewegungen seit der Jahrhundertwende, ob Futurismus und Dada oder Happening und Fluxus ...
Nun kann man freilich einwenden, daß es sich bei >Absurdität< und >Nonsense< auf der einen und >Schock< und >Protest< auf der anderen Seite um reichlich allgemeine Begriffe und noch keineswegs um jene ganz spezifischen Einstellungen handelt, wie man sie mit dem >modernen Text-Begriff< verbindet, der mit dem Futurismus auf die >Befreiung des Wortes<, mit dem Dadaismus auf die >Befreiung des Lautes< und mit der konkreten Poesie auf Grenzüberschreitungen vom Text zum Bild bzw. vom Text zur Musik aus ist. Wie steht es also damit; greift die These auch hier - oder?
In den späten Gedichten Friedrich Hölderlins stößt man unter den *Plänen und Bruchstücken* auf ein sonderbares Poem, das seltsam nur aus einer Aufzählung geographischer Termini und Namen zu bestehen scheint, die sich noch dazu auf kein rhythmisches Raster beziehen, wie es sonst bei den Notizen der Fall ist, die sich der kranke Dichter gemacht hat:

```
Tende      Strömfeld        Simonetta.
Teufen     Amyklä           Aveiro am Flusse
Fouga      die Familie      Alencastro den
Namen davon                 Amalasuntha Antegon
Anathem Ardinghellus Sorbonne Cölestin
und Inozentius haben die Rede unter-
     brochen und sie genannt den Pflanz-
     garten der Französischen Bischöffe -
Aloisia Sigea differentia vitae
urbanae et rusticae Thermodon
ein Fluß in Cappadocien Val-
     telino Schönberg Scotus Schönberg Teneriffa
```

> Sulaco   Venafro
>   Gegend
> des Olympos.   Weißbrun in Nieder-
> ungarn.   Zamora   Jacca   Baccho
> Imperiali.   Genua   Larissa in Syrien[9]

Bekanntlich hat Hölderlin bis kurz vor seinem Tod Gedichte geschrieben, darunter sogar gereimte: die allerletzten durchweg unterzeichnet mit dem adaptierten Namen Scardanelli und neben dem achtzehnten und neunzehnten auch ins siebzehnte und sogar zwanzigste Jahrhundert datiert. Näher als zu diesen Versen steht das zitierte Gedicht allerdings zu den direkten Berichten, die wir von Freunden und Bekannten über den Gesundheitszustand des Dichters, sein befremdliches Verhalten und vor allem auch über seine sprachliche Konstitution haben.

Die unterschiedlichen Nachrichten unterschiedlicher Gewährsleute gehen dahin, daß der verwirrte Dichter sich bald >kalt und einsilbig<, bald äußerst gesprächig in seinen >unaufhörlichen Einbildungen< und dabei von >geistreicher Verknüpfung (...) im Strom seiner Worte< gezeigt habe; seine >teils unartikulierte, teils unverständliche Rede< habe er mit Französisch oder mit einer eigenes von ihm erfundenen Sprache durchsetzt, in der zum Beispiel >pallaksch< so viel wie >ja< bedeutete; obwohl er den >schaudervollsten Unsinn< von sich gab, sei er doch von einer geradezu >ungeheuren Phantasie< mit einem >unendlich sonderbaren Scheinsinn< gewesen und habe sich fähig gezeigt, seinem Gegenüber >dunkle Stellen< des *Hyperion* zu erklären, >wobei er einen langvermißten Zusammenhang der Gedanken< entwickelte. Zu seinem Klavierspiel heißt es, es sei in >einzele harmonische Sätze und Anklänge von Melodien< zerfallen, und schließlich zu einem Gedicht über den Winter, es bleibe >ohne eigentlichen Zusammenhang<, entwerfe aber >Ahnungen schöner Bilder und Gedanken<.

---

9   Friedrich Hölderlin, *Sämtliche Werke* (Stuttgarter Ausgabe), hrsg. von Friedrich Beissner, Bd. 2.1: *Gedichte nach 1800*, Erster Teil, Stuttgart 1951, S. 340.

Die einzelnen, hier nur stichwortartig referierten Nachrichten ergeben - zusammengenommen - das Bild der Krankheit und erlauben deren Diagnose; auf die Poetik der Moderne bezogen, verlieren sie jedoch ihren - ohnedies gar nicht so eindeutigen - Indizcharakter und geben, zusammen mit den Beobachtungen, die sich am Gedicht-Text als solchem machen lassen, anderen Bestimmungen Raum. Die Vereinzelung der Worte und ihre Lösung aus dem fixen grammatikalischen Rahmen, der ihre Bezüge regelt, der Versuch, ihnen ihren ursprünglichen Glanz wiederzugeben, die Erfindung einer ganz neuen - bislang noch von niemandem gesprochenen - Sprache, als Protest gegen die allgemein gesprochene und allgemein verrottete, Wort-Collagen aus zerlegten Beständen, Brechungen der Worte im Enjambement, Überlagerungen der verschiedensten Sprachen und ihre gegenseitige - dann sogar simultanistische - Durchdringung, Montagen aus Zitaten und schließlich die Dissoziation der Einzelheiten des Texts gegen den Zwang des Zusammenhangs, was seinen Niederschlag bis hin zur Streuung der Worte auf der weißen Fläche Papier findet, in der Nutzung des leeren Raums zwischen den Worten etc., werden ja hier gerade zum Programm. Die Differenz zur Moderne besteht lediglich darin, daß ihre Vertreter bewußt aufgreifen und reflektieren, was bei Hölderlin integraler Bestandteil seines Irreseins und dessen unmittelbarer - also nicht mehr durch den Duktus der Ode oder Hymne, durch Reim und andere Formzwänge reglementierter - Ausfluß ins Gedicht ist.

Ein letzter - noch weiter gehender Beleg: - für die ›Befreiung‹ des Buchstabens im Sinne der phonetischen und optophonetischen Poesie! Zu erinnern wäre an die ›wilde Typographie‹ der Futuristen und Raoul Hausmanns zündenden Einfall in einer Berliner Druckerei. Er kommt in *Am Anfang war Dada* auf die ›Zaoum‹-Dichtung des russischen Futuristen Velimir Chlebnikov und Tzaras Eintrag in der *Chronique Zurichoise* zu sprechen - »Wir haben Gedichte, die nur aus Vokalen bestanden, vorgetragen« - und fährt fort:

Schließlich und endlich, Buchstabengedichte sind wohl auch zum Sehen da, aber auch zum Ansehen - warum also nicht Plakate aus ihnen machen? Auf verschiedenfarbigem Papier und in großen Druckbuchstaben? Das wäre, Dunnerschlag, noch nicht dagewesen, trotz Ben Akiba!

Also in die Druckerei von Robert Barthe in die Dennewitzstraße und gleich, gleich die neue Dichtform in Angriff genommen.

Dank dem Verständnis des Setzers war die Verwirklichung leicht, aus dem Kasten der großen hölzernen Buchstaben für Plakate nach Laune und Zufall hingesetzt, was da so kam, und das war sichtbar gut.

Ein kleines f zuerst, dann ein m, dann ein s, ein b, eh, was nun? Na, ein w und ein t und so weiter und so weiter, eine große écriture automatique mit Fragezeichen, Ausrufezeichen und selbst einer Anzeigenhand dazwischen![10]

Mit seinem »fmsbwtözäu, pgiff, pgiff, mü« wurde Hausmann zum Anreger der *Ursonate* von Kurt Schwitters, dem wohl bekanntesten Stück moderner Lautpoesie überhaupt, vom Dichter selbst zu einer großen Komposition ausgearbeitet und mit einem >Lautschlüssel< versehen[11]. Für die konkrete Poesie nach dem Zweiten Weltkrieg verweise ich lediglich ganz allgemein auf Fortführungen im Rahmen der lettristischen und visuellen Poesie ...
Daß Buchstaben Noten und damit Töne markieren, ist an sich nichts Besonderes, daß sie aber, verstreut übers Papier geworfen, eine richtige Partitur bilden, wobei die klein- und großgeschriebenen Buchstaben sich mischen und zahlreiche Kommata den Takt schlagen, macht Erstaunen. In aller Regel verbindet man derlei - noch hinter das Wort, aufs einfachste Element der Sprache, den Buchstaben rekurrierende - Revolution frühestens mit der wilden Typographie der Futuristen und Dadaisten ...: auf unser vorgelagertes Beispiel aber stößt man beim Durchblättern des *Wandsbeker Boten* von Matthias Claudius! Das gemeinte Blatt findet sich in der *Antwort an Andreas auf seinen letzten Brief*, in der

---

10 Hausmann, *Am Anfang war Dada*, a.a.O., S. 46.
11 Kurt Schwitters, *Das literarische Werk*, hrsg. von Friedhelm Lach, Bd. 5: *Manifeste und kritische Prosa*, Köln 1981, S. 288ff (Meine Sonate in Urlauten), S. 392ff. (Schlüssel zum Lesen von Lautgedichten).

zunächst von der Astrologie die Rede ist und gefragt wird, ob denn die vielen Strahlen, die jede Nacht so beständig von den Sternen herab auf die Erde fließen, wirklich ohne alle Wirkung auf die menschlichen Verhältnisse sein sollten? Daran schließt sich die Mitteilung eines *Trinkliedes* an, und zu ihm heißt es: »Hör, dies Lied hab' ich zu einer Melodie gemacht, und darum ist es hin und wieder etwas steifer und intrikater geworden als grade nötig gewesen wäre. Wenn du's singen willst, wär's doch wohl gut, daß Du die Melodie hättest; ich will sehen, ob ich sie Dir begreiflich machen kann?« In jedem Takt seien zwei Viertel, lauten die näheren Ausführungsbestimmungen, die großen Buchstaben sollten Viertel und die kleinen Achtel vorstellen: »Die Melodie muß aber etwas geschwind von statten gehen (...). Einen Baß fühlst Du wohl selbst heraus«[12]. Die beigelegte Notation gewinnt nun aber folgende Gestalt:

---

12 Matthias Claudius, *Werke, Asmus omnia sua secum portans oder Sämtliche Werke des Wandsbecker Boten*, hrsg. von Urban Roedl, 7. Auflage, Stuttgart 1966, S. 154, S. 157.

Die mitzitierte Ankündigung des Begleitschreibens nimmt natürlich etwas von der ersten Verblüffung beim zufälligen Aufschlagen zurück, registriert man doch, daß es dem Verfasser gar nicht um die mehr oder weniger willkürliche ›Zerstreuung des Alphabets‹, sondern um eine höchst geordnete Buchstaben-Kodifizierung seiner Melodie ging. Aber trotz dieser Relativierung bleibt das Beispiel doch signifikant genug und bietet ausreichend Spielraum für moderne Assoziationen: ganz konkret als eine solche Partitur druckte ja gerade auch Kurt Schwitters seine *Ursonate*, schuf also eine im Prinzip ähnliche, wenn auch weiterentwickelte Aufzeichnung der Laute, mit der er ihren Ablauf regelte; auch Raoul Hausmann nutzte den Unterschied der großen und kleinen Buchstaben im Letternkasten seiner Berliner Druckerei in eben dieser Weise zur Kennzeichnung der Intensitäten beim Lautgedichtvortrag seiner Plakatgedichte. Und noch ein Stück weiter kann man mit Gerhard Rühm gehen, der als repräsentativer Vertreter der ›konkreten Poesie‹ noch unmittelbarer an die Idee, daß jeder Buchstabe einen bestimmten Laut, eine Note abgibt, anzuknüpfen scheint, wenn er eine eigene Komponier- und Musizier-Methode entwickelte, nach der er jeden Gedichttext, den man ihm vorlegt, sofort - und nur aus der Buchstabenfolge des Textes heraus - in seine Melodie transponieren und vom Klavier herunterspielen kann ...
Genug der Beispiele - kehren wir zum Ausgangspunkt unserer Überlegungen zurück! Es war zu zeigen, daß man die eingangs gestellte Frage, wann und wo die Moderne beginnt, nicht eindeutig beantworten kann und daß es deshalb sinnvoll ist, sich überhaupt aus der allzu engen Vorstellung eines punktuellen Ursprungs zu lösen. Die statische Relation von Historie und Moderne ist durch eine dynamischere Perspektive zu ersetzen, die dem innovativen Charakter des kunstrevolutionären Anspruchs gerecht wird. Mit frisch durch die Inventionen der Moderne motiviertem Blick sind wir in der Lage, die ganze Geschichte der Kunst und Literatur neu anzuschauen, Entdeckungen zu machen und bislang verdeckten Sachverhalten auf die Spur zu kommen. Die auf

diesem Weg gewonnenen Fundstücke laden sich mit der Energie dieser Aufmerksamkeit auf; unter die Spannung des Vergleichs gesetzt, beginnen sie zu leuchten: ihre historische Logik geht dabei nicht verloren, sondern tritt - aus dem Kontrast der Parallelsetzung heraus - nur um so deutlicher in Erscheinung. Ihr oft scheinbar >zufälliges< Bekanntwerden hindert nicht, sie zu einer >großen Konstruktion< - eben einer >Vorgeschichte der Moderne< - zusammenzuschließen. Selbst spröde und sperrige historische Perioden, die bislang unberücksichtigt oder ausgespart blieben, sind gegen diese Betrachtungsweise auf Dauer nicht immun; eben dies galt es am Beispiel der deutschen Klassik und ihrem engeren Umkreis unter Beweis zu stellen.

neobarocco - ?!
Zum Problem der Stilwiederholung -
aus aktuellem Anlaß

Nach Neo-Dada und Neo-Expressionismus (schon in den späten fünfziger Jahren und dann in gewissen Abständen immer wieder mal, erst jüngst, speziell in der Malerei, das Stichwort: >die jungen Wilden<) nun also Neo-Barock, weil ja im Zeitalter der Postmoderne Stilwiederholungen zum Prinzip geworden zu sein scheinen: der >Geist der Zeit< macht seine Anleihen überall und verbindet sie zu beliebigen Mixturen, >anything goes<! - Man kann aber auch anders als mit dem schnieken Mode-Stichwort der Stunde argumentieren: was in der Literatur mal da war, geht nie wieder ganz verloren, es bleibt der Erinnerung eingeschrieben, und die Geschichte der Aktualisierung unterschiedlicher historischer Positionen der Literatur ist selbst ein interessantes Kapitel der fortschreitenden Literaturgeschichte. In diesem Sinne ist >Neobarock< nicht erst ein Stichwort von 1991 oder 1992, sondern längst schon von gestern und vorgestern - und eben deshalb auch ein Stichwort von heute!

Natürlich erinnere ich mich, was den Aufbruch in die Moderne angeht, gleich zuerst an Arno Holz, der seinem wilhelminischen Zeitalter zur barocken Laute als Schäfer Dafnis aufspielte und dabei einen freieren erotischen Takt anschlug, als ihn die offizielle Prüderie der Zeit gutheißen konnte. Zu diesem Zweck lieh sich der Dichter das Vers- und Strophengewand der Barockpoeten, wandte den historischen Gedichtgestus in seine Gegenwart und gab ihm so eine ganz und gar aktuelle Brisanz, für deren Stoßrichtung man an Otto Julius Bierbaums Diktum zum Literarischen Kabarett erinnern darf:

Ah, werft mir ein paar Feigenkränze voll Worte zu, blast mir Assoziationen ein, laßt mich in Inkohärenzen lallen, laßt mich farbige Wortflutsäulen ausnüstern, groß wie die Wasserwürfe aus den Nasen verzückter

Walfische! (...) Wir werden diese alberne Welt umschmeißen! Das Unanständige werden wir zum einzig Anständigen krönen! Das Nackte werden wir in seiner ganzen Schönheit neu aufrichten vor allem Volke! Lustig und lüstig werden wir diese infame, moralklapprige Welt wieder machen, lustig und himmlisch frech![1]

Daß der Autor die barocken Stilmittel, die er quasi zitiert, exzellent beherrscht, gehört mit zu seiner Herausforderung der Zeit, galt es doch zu zeigen, daß das »geqwählte Lufft-Pferd« Pegasus »nicht schon lengst seinen letzten Othem von sich gegäben«, sondern munter und beschwingt mit weit ausgreifenden Hufen einen neuen Aufschwung nehmen werde; so zum Exempel - von dieser Art:

> Laufft! Raufft! Schlagt alles kortz und klein!
> Brecht zu den Mäntschern in die Betten!
> Dantzt ümb kein Kalb! Dantzt ümb ein Schwein!
> Bewindet es mit Rohsen-Ketten!
> Zum Leid-dhun bleibt noch ümmer Zeit/
> wann ihr erst alt und gräulich seyd!
>
> So klingts bald hoch/so klingts bald tieff
> von meiner wohl-bespihlten Laute;
> schon mancher ärgerte sich schieff/
> sorbald ich blohß die Säyten kraute.
> In solchen Schedeln meiner Treu
> rumohrt fast nichts wie Hekker-Spreu!
>
> Obs würcklich einen Himmel giebt/
> wie wir auß alten Schrifften lesen?
> Mir scheint das zihmlich abgediebt;
> es ist noch keiner dagewesen!
> Mein Hieber saust/das Pflaster sprüht/
> ich bün nicht gern ümbsonst bemüht![2]

---

1   Otto Julius Bierbaum, *Gesammelte Werke*, hrsg. von Michael Georg Conrad und Hans Brandenburg, München 1921, Bd. 2, S. 447f.
2   Arno Holz, *Werke*, hrsg. von Wilhelm Emrich und Anita Holz, Bd. 5, *Das Buch der Zeit, Dafnis, Kunsttheoretische Schriften*, Neuwied, Berlin 1962, *Dafnis*, S. 15. »Zuvor niemals also publicieret« erschien (1916) im Leipziger Xenien-Verlag *Wolberuffener und Vielbeschreyeter AERO NAUTA oder Luft-Schiffer (...)*: eine Geschichte des Fliegens von der antiken Mythologie aufwärts -

Seinen *Freß-, Sauff- & Venus-Liedern* von 1904 ließ der Autor 1922 gleich noch einmal ein zweites Bändchen *Neue Dafnis-Lieder* folgen, und auch im satirischen Monstredrama *Die Blechschmiede* - mit vollem, barockisierendem Titel: *oder Dichter, Tod und Teufel oder, wem auch selbst das noch nicht genügt, der umgekippte, umgewippte, umgeschwippte, umgestippte, umgestürzte Wunderpapierkorb, dessen fatale, spirale, infernale, weggeworfene, abgetane Schnipsel sich rätselhaft aufrichten, gespenstisch in Reih und Glied treten und plötzlich, hastdunichtgesehn, dendeubelnochmal, heijeijeijei, alle wieder urquick, urfidel und urlebendig werden - Großes, lyrisch- dramatisch drastisches, musikalisch-malerisch plastisches, phantastisches, orgiastisches Ton-, Bild- und Wortmysterium* - ist der so benamte Schäfer als eine seiner literarischen Verkleidungen das ganze Stück hindurch mit von der Partie; der erste Auftritt fixiert ihn in »Barukke«, »Bluder-Hosen«, mit »Rauff-Degen« und folgenden Versen:

> Wie sie sich kniffen! Wie sie sich knuffen!
> Wie mir für Freuden die Ädergens buffen!
> in Rom, Korinth, Athen
> kunt man nichts Schönres sehn!
> Trutz Leibzig! Trutz Parihß!
> Hihr lacht das Paradihß!
> Auff, nun laßt die Stimmlein schallen,
> ihr gelährten Nachtigallen![3]

Zweitens - : selbstverständlich fällt mir sofort auch H.C. Artmann ein, der sich nach dem Zweiten Weltkrieg aus seinen literarischen Anfängen heraus und später als zentrale Figur der sogenannten ›Wiener Gruppe‹ immer schon als ein Dichter-Positeur zu erkennen gegeben hat, darunter immer wieder in der Gestalt eines möglichst originalen Barock-Poeten. Ich erinnere an seine ersten Veröffentlichungen überhaupt - *Greguerías* nach dem Vorbild des spanischen Barockdichters Quevedo - oder an den Gedichtzyklus *Ver-*

---

ein wissenschaftliches Barockimitat ganz im Geiste von Arno Holz!

3   Holz, *Werke*, a.a.O., Bd. 6, *Die Blechschmiede*, S. 22.

gänglichkeit und Auferstehung der Schäfferei, XXV Epigrammata in teutschen Alexandrinern gesetzt, hauptsächlich aber an seinen tief in die Sprachform hinein barockisierenden Schelmen- und Luftschiffer-Roman *Von denen Husaren und anderen Seil-Tänzern*, der 1959 herauskam. Das Vorwort - datiert auf »Zaragoza, im frühlinge MCMLVI« - apostrophiert »ohngereimteste fabulsprünge« und »poeticastrische luftsprünge«, um sie der »schrifteneklen zeit« und ihren »spitzfündigen köpfen« entgegenzusetzen; das erste offizielle Kapitel dieses »sinnlosen büchleins«, wie es sich selbst bezeichnet, eröffnet der in umwerfender Komik ein erstes grotesk-komisches Sprachspiel inszenierende Satz:

wer unter den menschenfressern erzogen, dem schmeckt keine zuspeis, es sei denn, sie hat hand oder fuß[4].

Zum >Husaren<-Thema führt eine an den Seitenrand gerückte Anmerkung aus: »Gemeinet ist Hieronymo Caspar Laertes Artmano, deme incomparablen öbristen von denen husaren, obsieger der geglückten belagerungen der festen plätz zu Camprodón wie Gurck im thale« etc. - über den Helden seines Buches inszeniert sich also auch hier der Autor selbst als sprachliches Maskenspiel! Der »leidige zufall«, der so oft »über zaun und hecken« springe, heißt es zum zentralen inhaltlichen Begriff dieses *Husaren*-Romans in einem jüngst erschienenen Nachtrag, sei zwar schon oft von »zahllosen auctores« vermeldet worden, doch sei der neuerliche Zufall, der »sich einem husaren auf den nacken plaziert und dort ungesäumte weile verharret«, wohl eine neue Geschichte wert - »zur ergetzung von ohr und seel, einem illustren publico, mir und euch und einem jeden, ders gern mag und goutieret«[5].

---

4   H.C. Artmann, *Von denen Husaren und anderen Seil-Tänzern*, München 1959, S. 11.
5   H.C. Artmann, *Von einem Husaren, der seine guldine Uhr in einem Teich oder Weiher verloren, sie aber nachhero nicht wiedergefunden hat.* Salzburg 1990, o. S.

Die beiden spontan gefundenen >Neobarock<-Beispiele lassen sich leicht durch weitere ergänzen und finden ihre Bestätigung auch in der theoretischen Beschäftigung mit der Moderne. Dabei gewinnt der inhaltliche wie formale Bezug neue Nuancen und verschieben sich die Akzente mitunter. So lese ich beispielsweise in der populären Einführung in die *Moderne Dichtung* von Wilhelm Jacobs, die anfangs der sechziger Jahre als Taschenbuch herauskam:

> Es mag befremdend klingen, bei Andreas Gryphius schon erste Fäden anzuknüpfen, die vielleicht schon in unsere Moderne führen. Aber wer seine Verse auf sich wirken läßt (und nicht minder seine Trauerspiele), glaubt in ihnen schon die erste Angst vorgezeichnet zu sehen, das erste Ahnen von einer Verlorenheit und Unbehaustheit, das uns heute bedrückt. Nie zuvor wurde Irdisches mit so irdischen Zügen ausgestattet, so unerbittlich realistisch in der Poesie das >schlechthin Nichtige< gemalt. Noch nie wurden eitles Weltgeschehen, menschliche Gebresten, Hinfälligkeit des Leiblichen, Tod und Verwesung mit so maßloser Inbrunst und zugleich mit einem solchen Übermaß an Exaktheit bis ins Detail beschrieben. Hier hat sich die strahlende Seite der Renaissance nicht nur verdüstert, plötzlich leuchtet ein neues eiskaltes Licht aus einer ganz neuen Wirklichkeit in das Diesseits hinein[6].

Besonders die Kälte-Licht-Metapher erweist sich dabei als verweisträchtig, wie mir unlängst Helmut Lethen durch einen Vortrag zur *Anthropologie der Neuen Sachlichkeit* plausibel gemacht hat, in dem er eine enge Verbindung zwischen Baltasar Graciáns *Oráculo manual y arte de prudencia* (*Handorakel und Kunst der Weltklugheit*) als einer >weltklugen<, auf die Triebe und Verstellungskünste der Menschen abgestellte >Lebenskunst<-Lehre aus der Mitte des siebzehnten Jahrhunderts, die schon Arthur Schopenhauer faszinierte und zur Übersetzung lockte, und der Gefühls- und Mentalitätsproblematik der neusachlichen Literatur mit ihrer auffälligen Vorliebe für gesellschaftlich vermittelte Kältemetaphern in den späteren zwanziger Jahren unseres zwanzigsten Jahrhunderts vor dem Ausbruch des Nationalsozialismus

---

6 Wilhelm Jacobs, *Moderne Dichtung, Zugang und Deutung*, Gütersloh o. J., S. 44.

und des Zweiten Weltkriegs herstellte[7]. Um sich in ihr in Szene zu setzen, geht es hier wie dort um die Decodierung und Dechiffrierung menschlicher Verhaltensweisen in einer durch und durch verschlüsselten Welt bzw. um die Beherrschung aller Regeln der Verstellung und Täuschung, um sich machiavellistisch zu behaupten.

Auf eben diesen Autor und seinen allegorisch-satirischen Roman *El criticón* (*Criticon oder Über die allgemeinen Laster der Menschen*), den er mit Karl Vossler als die »größte Prosadichtung des Zeitalters« charakterisiert, hat unlängst in seiner ›Lesbarkeit der Welt‹ auch Hans Blumenberg hingewiesen. Mit diesem Opus, heißt es unter der Kapitelüberschrift *Verschlüsselung und Entzifferung der Menschenwelt*, werde das »Grundverhalten der Reise zum angemessenen Typus« der Welterkenntnis, »zum Muster, unter dem ›das Leben‹ selbst und als ganzes begriffen werden kann«; zu Recht dürfe Vossler - im Sprung über die Jahrhunderte - ›Expressionismus‹ nennen, was noch Voltaire am Stil Graciáns im negativen Sinne als ›harlekinhaft‹ empfunden habe. Für die »Entzifferungsmetaphorik« dieses Werkes gelte: »Der Text der Welt will angestrengt, im Gegenspiel von Skepsis und Unbefangenheit (...) bis zum Ende gelesen sein«[8].

Ausfaltung des literarischen Expressionismus in Deutschland und Wiederentdeckung des literarischen Barock lagen in etwa auf gleicher Zeithöhe und befruchteten sich gegenseitig. Ein ähnliches Zusammenspiel läßt sich für die Restitution der Moderne nach 1945 beobachten. So besorgte beispielsweise Gerhard Rühm - wie H.C. Artmann zentrales Mitglied der ›Wiener Gruppe‹ - zeitlich unmittelbar parallel zu seinen radikalen, hauptsächlich das Prinzip der Reduzierung freistellenden literarischen Manifesten einer neuen, experimentellen Literatur anfangs der sechziger Jahre

---

7 Vgl. Helmut Lethen, *Verhaltenslehren der Kälte, Lebensversuche in der Weimarer Republik*, Frankfurt/Main 1994.
8 Hans Blumenberg, *Die Lesbarkeit der Welt*, 2. Aufl., Frankfurt/Main 1983, S. 109.

eine Gedichtausgabe der Pegnitz-Schäfer Georg Philipp Harsdörffer, Johann Klaj und Sigmund von Birken und hielt in programmatischer Hinsicht fest, daß es der Lyrik immer schon und speziell im siebzehnten Jahrhundert um »materiale formen, wie reim, assonanz, alliteration, rhythmik« gegangen sei: »in ihrer blütezeit war das >was<, das thema, von sekundärer bedeutung, entscheidend war das >wie<. (...) heute, wo alles verfügbar, weil befreit von tabus und absoluten wertvorstellungen ist, kommt es in der kunst doch wieder nur auf das >wie< an, auf das, was mit dem material geschieht und wie sensibel, intelligent und überraschend es geschieht«[9].

Das war damals gegen eine sogenannte >engagierte Literatur< formuliert, die in Vernachlässigung formaler Literatur-Qualitäten politische und weltanschauliche Fragestellungen in den Vordergrund schob - doch in Wirklichkeit, so die Invektive, sei ja »jede literatur«, die diesen Namen verdient, »engagiert«. Hier trifft sich Rühm - nun in Frontstellung gegen eine Lyrik, die in der allerjüngsten literarischen Vergangenheit >Ich< und >Alltag< auf den Schild hob und eine >neue Innerlichkeit< propagierte - mit Andreas Thalmayr alias Hans Magnus Enzensberger, der mit seiner Anthologie *Wasserzeichen der Poesie oder Die Kunst und das Vergnügen, Gedichte zu lesen* von 1985, die mit der Sammlung all ihrer Texte zugleich ein >Lehrbuch der Poetik< und eine provokative, weil alle Chancen der Kreativität einbringende Herausforderung der Literatur unserer Gegenwart darstellt. »Lesen und Schreiben sind Spiele«, heißt es in einem der hundertvierundsechzig Abschnitte, in die sich dieses Buch gliedert. Und um gleich die Nagelprobe darauf zu machen, wird der Leser aufgefordert, ein Kryptogramm aufzulösen. »Du siehst den Wald vor lauter Bäumen nicht«, »Du siehst vor lauter Text die Sätze nicht«, »Die Welt besteht aus

---

9 *Die Pegnitzschäfer - Georg Philipp Harsdörffer, Johann Klaj, Sigmund von Birken, Gedichte*, hrsg. von Gerhard Rühm, Berlin 1964.

Milliarden von Zeichen« etc. lautet die primäre Lesevorgabe, aus der heraus sich mit Hilfe rot, gelb und blau markierter Buchstaben andere - eben verborgene - Mitteilungen zusammensetzen lassen[10]. Die Entcodierung ergibt: »Alle Verhältnisse gilt es umzuwerfen, in denen der Mensch erniedrigt wird, Karl Marx«, »Die Analyse ist die Erfindungskunst auf Regeln gebracht, Novalis« und »Sein heißer Schwanz entlud sich tief im Innern meines Arsches, Mirabeau«. Diese Beispiele sind natürlich - gemessen an der Zahl überhaupt herstellbarer Zweit- und Dritt-Texte aus dem Buchstabenmaterial der Vorlage - »beliebig«, und doch haben sie eine spezifische Signifikanz: das Novalis-Zitat verweist auf den philosophischen Hintergrund dessen, was häufig als >bloße Sprachspielerei< abgetan und abqualifiziert wird, und mit den Zitaten nach Marx und Mirabeau ist festgehalten, daß politisch-revolutionäre Botschaften und jedwede Strapazierung der geltenden Moral häufig aufs Versteckspiel mit den Ordnungshütern angewiesen sind und sich eine eigene Sprache - nicht selten eine echte Geheimsprache - suchen müssen.

Das Vorwort des Buches setzt sich expressis verbis gegen die aktuelle Literaturmisere ab. Warum, lautet die Frage, hafte gerade der Literatur der Gegenwart - und vor allem dann, wenn man auf die Stapel liegengelassener Manuskripte in den Redaktionen, die >schwarzgeränderten< Lyrik-Kästchen in den Samstags-Zeitungen und all die ehrgeizigen Verse-Anthologien blicke, ob sie nun als *Erfülltes Dasein* oder mit *Crash* daherkommen - etwas so »Trübes, Zähes, Dumpfes, Muffiges an«? Und - frisch dagegengesetzt: »War da nicht irgendwann, irgendwo was anderes? Ein Lufthauch? Eine Verführung? Ein Versprechen? Ein freies Feld? / Ein Spiel? (...) Wie wäre es, wenn wir von vorne anfingen? Mit einem Kompendium, aus dem zu erfahren

---

10 Andres Thalmayr (d. i. Hans Magnus Enzensberger) Hrsg., *Das Wasserzeichen der Poesie oder die Kunst und das Vergnügen, Gedichte zu lesen: in 164 Spielarten vorgestellt...*, Nördlingen 1985, S. 349ff.

wäre, was man mit ein paar Worten alles anfangen kann? Einem Lehrbuch der Poetik?«[11]
Das gegebene Versprechen einzulösen, umfaßt das Angebot Texte von der Antike bis in die unmittelbare Gegenwart mit einem deutlichen Schwerpunkt gerade auch im Barock, präsentiert bekannte und unbekannte Autoren und reicht von Ode und Sonett im >hohen Stil< zum billigen Couplet, zum Kindervers und gereimten Kochrezept. Da es die »einzig richtige Art, ein Gedicht zu lesen«, nicht gibt, gilt es, das Lesen selbst als einen kreativen Vorgang zu begreifen, der seine eigenen Spielregeln hat, die man kennenlernen muß, um sie produktiv entwickeln zu können. Zur Demonstration dessen, daß Lesen immer auch Zerstören und Wieder-Zusammensetzen heißt – »Dabei entsteht allemal etwas Neues« – , springt der Herausgeber, der sich in zahlreiche zusätzliche Pseudonyme aufspaltet, mit Stilimitationen, Kontrafakturen und Parodien in die Bresche und zeigt auf diese Weise, daß auch er – nicht anders als Arno Holz – seinen Pegasus in die unterschiedlichsten Richtungen galoppieren lassen kann. Bietet nicht die Literaturgeschichte eine Fülle von Beispielen dafür, daß die Auseinandersetzung mit schon vorhandener Literatur eine wichtige Voraussetzung fürs poetische Produzieren ist? >Replik<, >Plagiat< und >Fälschung< – meist negativ eingeschätzt – sind nur Sonderfälle dieses Bezugs: >stilistische Verfremdung<, >parodistische Modifikation< und >Satire< markieren die andere – produktive – Seite.
Für das Inhaltsverzeichnis bemühen Enzensberger/Thalmayr den Begriffsapparat einer an der antiken Rhetorik orientierten Poetik, die gerade für das siebzehnte Jahrhundert noch einmal volle Geltung hatte, und spezifizieren nach >Paradoxon<, >Paronomasie<, >Oxymoron<, >Metapher<, >Anapher<, >Epiphora<, >Antinomasie<, >Ellipse<, >Aposiopese< etc., als ordnende Stichworte jeweils mit aktualisierenden Erklärungen versehen, die dem so exotisch klin-

---

11 A.a.O., S. VI.

genden Terminus das Befremdliche zu nehmen und ihn in die zeitgenössische Leseerfahrung zu übersetzen versuchen. Ein >Proömium< nach Friedrich von Logau steht dem Ganzen als Motto voran:

> Die Welt/die ist ein Buch; ein jeder/eine Letter;
> Die Länder/sind der Bund; die Zeiten/sind die Blätter;
> Jn diesem findt man mehr bethört/als kluge Sachen/
> Jn diesem findt man mehr zum klagen/als zum lachen/
> Jn diesem findt man mehr zu meiden als zu üben/
> Jn diesem findt man mehr/zu hassen als zu lieben[12].

An weiteren Barock-Autoren tauchen Catharina Regina von Greiffenberg, Maria de Zayas y Sotomayor, Quirinus Kuhlmann, Philander von der Linde, Andreas Gryphius, Johann Klaj, Georg Philipp Harsdörffer, Sigmund von Birken, Stefano della Bella auf und werden mit Poetik-Termini wie >Ambiguität<, >Oxymoron<, >Anapher<, <Genuswandel<, >Reduktion<, >Proteusvers<, >Parechese<, >Anfangsreim<, >Binnenreim<, >Schlagreim<, >Echo<, >Alliteration<, >Rebus<, >Interlinearversion< und - ins moderne Computerwesen gewandt - >Maschinelle Übersetzung< verbunden.

Jeder Text sei ein Kryptogramm, heißt es einschlägig: >Schreiben< wäre also die Kunst des Verschlüsselns und >Lesen< - dementsprechend - die Kunst des Entschlüsselns. Diesen Grundsatz stellen aber nicht nur die einzelnen, hier zum Lesebuch versammelten Texte unter Beweis, sondern auch und gerade das Buch als Ganzes: es präsentiert sich als eine Art Kaleidoskop oder Labyrinth, in das man sich auf verschiedenstem und verschlungenstem Weg hineinbewegen kann. Man kann es nach herkömmlicher Lektüremanier in einem Zug lesen und wird dabei viele offene und verborgene Zusammenhänge entdecken, man kann aber auch - in ihm blätternd - immer wieder Einzelheiten nachschlagen und sie zu einem eigenen Lese-Puzzle zusammenfügen. Was die nu-

---

12   A.a.O., S. 1.

merische Vielfalt dieser Möglichkeiten betrifft, darf man sich aus dem Anhang dieser *Wasserzeichen der Poesie* eine Fußnote zu Quirinus Kuhlmanns *Libes-Kuß* zunutze machen, die das Barocke wie Neobarocke an diesem Buch noch einmal auf besondere Weise herausstreicht, auf Zufall und Unendlichkeit hin interpoliert und damit direkt wie indirekt den Zusammenhang mit den übrigen, hier gegebenen Exempla wahrt:

Wann (...) einer Beliben hegte/aus dem ersten vir-verse in fuffzig Wörtern einen Wechselsatz zu vollführen/so könten alle Menschen/wenn si solchen darzustellen gleich trachteten dises nicht ausmachen/weil es so vilmahl tausendmahl verwechselt werden können/daß auch nur di Meer-sand-körner/welche dise Zahl beschlüsse/unser virgetheilter Kugelrund nicht begriffe. Denn funfzig Wörter nach Kircherus' Ausrechnung/lassen sich versätzen 1 273 726 838 815 42o 399 851 343 o38 767 oo5 515 293 749 454 795 473 4o8 ooo oooo ooo ooo das ist ...[13].

- und hier, merkt der Herausgeber an, folge diese Zahl in Worten, was natürlich, und zusätzlich dadurch kompliziert, daß der Autor statt einer Million »tausend-mahl-tausend« schreibe, analog der zitierten Zahlenkette wiederum eine schier endlose Liste ergebe:

Im ersten Anblikke scheinet es unmöglich/was gesätzet; und so gewiß zweimahl drei sechs machet/so gewiß ist auch dises. Noch unmöglicher aber wird es vorkommen/wann ich mit den grösten Leuten anmerke/hir kürtzlich/anderswo ausführlicher/wi das gröste Theil der Menschen Weißheit in der Verwechslung verborgen. Kommet herzu ihr Weißkünstler! Was wollet ihr mit Verstandes leeren Gedanken ein nichtiges Ansehen suchen? Forschet scharffsichtiger nach! Überleget das innere Wesen der Wunderversätzung! Glaubet/daß ihr werdet das Centrum aller Sprachen finden/und dasselbe/was die Welt mit Müh suchet/mit Schaden ermangelt/schertzend weisen. Ihr verwerfet die kostbahrsten Weißheit-perlen/und zanket euch um geringes Glaß/das zwar einen Pracht-Glantz gibet; doch wie es entstanden/also vergeht.

Das sind, will man, weil's wieder einmal nottut, von der rechten Poesie den rechten Begriff entwickeln, trotz ihrer

---

13 A.a.O., S. 457f.

historischen Patina Sätze aktueller Literaturkritik, die schärfer nicht zupacken könnten - man darf sich nur durch die etwas umständliche Ausdrucksweise und das altertümlich daherkommende Deutsch nicht irritieren lassen! Im Gegenteil: spitzen sie doch die Aufmerksamkeit auch noch des heutigen Lesers nicht zuletzt gerade deshalb, weil man etwas genauer hinschauen muß, und schärfen so den Blick dafür, daß in derlei historischem >Barock< immer schon ein Stück vorwärtsdrängendes und erst jetzt bei uns anlangendes >Neo< verborgen lag, das es nur wieder spontan ins Auge zu fassen und für die Literatur fruchtbar zu machen gilt! Quod erat demonstrandum, sag ich zum Schluß; zu deutsch: dies sei hier - nun in umgekehrter Richtung aus dem >neo< ins >barocco< rückübersetzt - deme Auctore wie (stehet zu hoffen) auch deme Leser zunutz, zu Eren der Herren Holz-Dafnis, Artmann-Artmano und Enzensberger-Thalmayr in flychtiger Form hinskizziret worden und solle, so übers Frühjar hinaus in die Sommers- und Herbstzeyt hinein die rechte Muße sich finde, demnext noch eynmal etwas ausfürlicher traktiret und elaboriret werden![14]

---

[14] Ich setze dann vielleicht mit Günter Grass *Das Treffen in Telgte* von 1979 ein: Hans Werner Richter gewidmet, hat der Autor ein fiktionales Porträt der >Gruppe 47< zurückprojiziert ins Barockzeitalter; Motto: »Unsere Geschichten von heute müssen sich nicht jetzt zugetragen haben«; der Band schließt mit einer kleinen Barock-Lyrik-Anthologie (Paul Gerhardt, Hans Jacob Christoffel von Grimmelshausen, Daniel Czepko von Reigersfeld, Angelus Silesius, Christian Hoffmann von Hoffmannswaldau, Paul Fleming, Friedrich von Logau, Georg Philipp Harsdörffer, Filip von Zesen, Sigmund von Birken, Georg Greflinger, Julius Wilhelm Zincgref, Johann Lauremberg, Johann Michael Moscherosch, Johann Rist, Andreas Gryphius, Martin Opitz, Friedrich Spee von Langenfeld, Georg-Rodolf Weckherlin und Simon Dach).

Vom Verlust und Wiedergewinn der Sprache
Ein Thema der Moderne

Von Raoul Hausmann, dem Berliner Dadasophen, jenem ›ausgezeichneten Maler‹ und ›sehr beweglichen, abstrakten Philosophen‹, wie Franz Jung in seiner Autobiographie *Der Weg nach unten* anmerkte, haben wir eine interessante Äußerung aus dem Jahre 1921, als die eigentliche Dada-Bewegung bereits zu ihrem Ende gekommen war und einen resümierenden Rückblick, eine distanziertere Einschätzung der provokativen Aktivitäten und der in ihnen verborgenen Impulse erlaubte: »In dem Zustand des Schwebens zwischen zwei Welten, wenn wir mit der alten gebrochen haben und die neue noch nicht formen können, tritt die Satire, die Groteske, die Karikatur, der Clown und die Puppe auf; und es ist der tiefe Sinn dieser Ausdrucksformen, durch das Aufzeigen der Marionettenhaftigkeit, der Mechanisierung des Lebens, durch die scheinbare und wirkliche Erstarrung hindurch uns ein anderes Leben erraten und fühlen zu lassen«.[1] Interessant ist diese Äußerung nicht zuletzt deshalb, weil sie über den engeren Dada-Bezug hinaus ein allgemeines Moment fixiert, das auch vor Dada und nach Dada Geltung zu haben scheint ...
Erinnern wir uns: waren nicht die revolutionären Prozesse zum Ende des achtzehnten Jahrhunderts und das ganze neunzehnte Jahrhundert hindurch aufs engste mit einem Anschwellen der politischen Karikatur und den Ausprägungen einer äußerst lebendigen politisch-satirischen Presse verbunden, waren diese nicht geradezu das sprechende Indiz der schwer und unter Opfern errungenen Pressefreiheit und

---

1 Raoul Hausmann, *Bilanz der Feierlichkeit, Texte bis 1933*, Bd. 1, hrsg. von Michael Erlhoff, München 1982, S. 185.

konnten sich in diesem frisch eroberten Freiraum nun nicht tatsächlich die Erstarrungen der Unterdrückung lösen: spöttisch, übermütig, phantastisch? Befreite sich nicht das Theater von den Fesseln, die ihm die Zensur auferlegt hatte, und kehrten nicht plötzlich all die lustigen Figuren wieder auf die Bretter, die >die Welt bedeuten<, zurück und konnten sich improvisierend in der vollen Dimension ihrer Einfälle entfalten, denen zuvor das ganze Mißtrauen des Staates und seiner Polizei gegolten hatte? Allen voran die Lustspielfiguren des Straßen- und Volkstheaters, etwa der Harlekin, der - zeitlich parallel zur großen französischen Revolution von 1789 - in Wien zum Kasper Larifari mutierte und hier eine eigene Volkstheater-Tradition begründete, für welche die Namen Ferdinand Raimund und Johann Nestroy stehen: nach ihm benannte sich programmatisch noch 1848 am selben Ort eine karikaturistische Zeitschrift - *Kasper im Frack*. Ein realer Schauspieler, der Theaterkomiker Johann La Roche, gab das lebendige Vorbild für diese Theaterfigur und ihre spätere Modifikation in die Marionette und Handpuppe ab, die auch wir noch in ihrer Faszination erlebt haben, wenn schon nicht im Geviert der Guckkastenbühne des Puppenspielers, so doch per Radiohörspiel, Film- oder Fernsehvorführung. Noch in der trivialisiertesten Form ihrer späten Adaption weist sie jedoch auf ihre Vorgeschichte und ihren Ursprung im Wander- und Improvisationstheater zurück; danach repräsentiert sie »eine pöbelhafte, vulgäre Spielart des Theaters (...), auf dem Zoten, Possen, Grimassen und platte Witze die Wirkung zu garantieren hatten, im günstigen Fall aber - und der war gar nicht so selten - boten solche Wanderbühnen ein mitreißendes und virtuoses Bewegungstheater, bei dem die Akteure ihre Sprache und ihren Körper gleich akrobatisch zu beherrschen hatten. Unbekümmert um das heroische oder läppische Sujet, um den Zusammenhang der Fabel oder die Geschlossenheit einer Szene regierte die komische Person (...) von Anfang bis Ende das Geschehen. Was immer an Handlung zwischen den Kulissen sich ereignete, war Spielvorwand (...). Nicht nur die Aufführung, auch der Text der

Stücke begab sich jeden Abend neu: aus der wechselnden Laune des Protagonisten, aus der wechselnden Konstellation des Publikums; denn dieses Theater lebte vom Einverständnis mit seinen Zuschauern, dem es alle Einheit der Handlung, dem es alle Bühnenillusion vorab aufopferte«.[2]

Die Marionette - ein Signet der Zeitenwende, des Umbruchs einer alten in eine neue, unbekannte Welt: wir kennen diese Idee aus dem Aufsatz *Über das Marionettentheater* von Heinrich von Kleist, der bekanntlich das Gespräch mit einem Tänzer - einem Herrn C. - fixiert und die Beobachtungen in einem realen Marionettentheater referiert, die auf eine seltsame Bewegungskunst hinauslaufen, für die es in der normalen Realität keine Entsprechung gibt. »Ebenmaß, Beweglichkeit, Leichtigkeit« erscheinen hier, wie es heißt, »in einem höheren Grade«, in eine gesteigerte Form gebannt, die der Tänzer dadurch unterstreicht, daß er darauf hinweist, »nur ein Gott könne sich, auf diesem Felde, mit der Materie messen«. Und hier sei der Punkt, fährt er fort, »wo die beiden Enden der ringförmigen Welt ineinandergriffen«. Der Schluß des Gesprächs nimmt diese Perspektive des Weltlaufs, des Weltendes und der Transformation der Welt auf und bringt in diesem Zusammenhang den Marionetten-Gliedermann in folgende entscheidende Position:

›Nun, mein vortrefflicher Freund‹, sagte Herr C. ..., ›so sind Sie im Besitz von allem, was nötig ist, um mich zu begreifen. Wir sehen, daß in dem Maße, als in der organischen Welt die Reflexion dunkler und schwächer wird, die Grazie darin immer strahlender und herrschender hervortritt. - Doch so, wie sich der Durchschnitt zweier Linien, auf der einen Seite eines Punktes, nach dem Durchgang durch das Unendliche, plötzlich wieder auf der andern Seite einfindet, oder das Bild des Hohlspiegels, nachdem es sich in das Unendliche entfernt hat, plötzlich wieder dicht vor uns tritt: so findet sich auch, wenn die Erkenntnis gleichsam durch ein Unendliches gegangen ist, die Grazie wieder ein; so daß sie, zu gleicher Zeit, in demjenigen menschlichen Körperbau am reinsten erscheint, der entweder gar keins, oder ein unendliches Bewußtsein hat, d.h.

---

2 Norbert Miller, *Hanswurst und Kasperl Larifari auf dem Wiener Theater des 18. Jahrhunderts*, in: *Kasperletheater für Erwachsene*, hrsg. von Norbert Miller und Karl Riha, Frankfurt/Main 1978, S. 13.

in dem Gliedermann, oder in dem Gott<. / >Mithin<, sagte ich ein wenig zerstreut, >müßten wir wieder von dem Baum der Erkenntnis essen, um in den Stand der Unschuld zurückzufallen?< / >Allerdings<, antwortete er, >das ist das letzte Kapitel in der Geschichte der Welt<.[3]

Zwar deckt sich weder die Geschichte der outrierten lustigen Figur auf der Bühne, für die ich Harlekin und Kasper Larifari habe stehen lassen, noch decken sich die Vorstellungen, die Heinrich von Kleist in seinem >Marionettentheater<-Aufsatz entwickelt, ganz direkt mit der Auffassung des Dadaisten Raoul Hausmann, die ich einleitend zitierte, und doch verweisen sie gegenseitig aufeinander und treten in einen interessanten wechselseitigen Bezug. Was die Dadabewegung insgesamt angeht, lassen sich die Parallel-Beobachtungen zur Erkenntnis des Dadasophen häufen und durch zahlreiche Belegstücke erweitern. In seinem Tagebuch *Die Flucht aus der Zeit* hat Hugo Ball an unterschiedlichstem Ort auf die Notwendigkeit hingewiesen, die Erstarrung der Welt, deren allen sichtbares Menetekel der Erste Weltkrieg war, aufzubrechen und der künstlerischen Kreativität neue Spielräume zu eröffnen. In diesem Sinne bezeichnete er die Dada-Bewegung in Zürich, die er im *Cabaret Voltaire* selbst initiiert hatte, als »Narrenspiel aus dem Nichts«, »Buffonade« und »Totenmesse« zugleich und lieferte mit seiner Erfindung des Lautgedichts ein äußerst instruktives Exempel. In ihr geht das Clowneske in einen eigenen Ernst über, dieser schlägt auf den Spaß zurück und gibt ihm so eine eigene Tiefe; darauf hebt Hugo Ball in seiner Schilderung eigens ab. Was die gewählte Maske angeht, konnte Ball dabei auf Erfahrungen zurückgreifen, welche die Züricher Dadaistengruppe eben erst auf einen Anstoß Marcel Jancos hin gemacht hatte; die entsprechende Tagebuch-Eintragung - exakt einen Monat zuvor - lautet:

Janco hat für die neue Soiree eine Anzahl Masken gemacht, die mehr als begabt sind. Sie erinnern an das japanische oder altgriechische Theater und

---

[3] Heinrich von Kleist, *Werke*, hrsg. von Erich Schmidt, Leipzig u. Wien o. J., Bd. 4, S. 136ff.

sind doch völlig modern. Für die Fernwirkung berechnet, tun sie in dem verhältnismäßig kleinen Kabarettraum eine unerhörte Wirkung. Wir waren alle zugegen, als Janco mit seinen Masken ankam, und jeder band sich sogleich eine um. Da geschah nun etwas Seltsames. Die Maske verlangte nicht nur sofort nach einem Kostüm, sie diktierte auch einen ganz bestimmten pathetischen, ja an Irrsinn streifenden Gestus. Ohne es fünf Minuten vorher auch nur geahnt zu haben, bewegten wir uns in den absonderlichsten Figuren, drapiert und behängt mit unmöglichen Gegenständen, einer den andern in Einfällen überbietend. Die motorische Gewalt dieser Masken teilte sich uns in frappierender Unwiderstehlichkeit mit. Wir waren mit einem Male darüber belehrt, worin die Bedeutung einer solchen Larve für die Mimik, für das Theater bestand. Die Masken verlangten einfach, daß ihre Träger sich zu einem tragisch-absurden Tanz in Bewegung setzten. / (...) / Was an den Masken uns allesamt fasziniert, ist, daß sie nicht menschliche, sondern überlebensgroße Charaktere und Leidenschaften verkörpern. Das Grauen dieser Zeit, der paralysierende Hintergrund der Dinge ist sichtbar gemacht.[4]

Die Maske, die Marionette - und durch sie hindurch der Zugriff auf die Vibrationen der Zeit: sie sind der Versuch, die lähmende Starre nicht überhandnehmen zu lassen, sondern immer wieder zu durchbrechen und aufzulösen in eine neue Beweglichkeit, eine neue Dynamik, die auch zu neuen Formen führt, für die es in der bisherigen Kunst kein Beispiel gab. - Unter den Berliner Dadaisten hat Hannah Höch am intensivsten mit Marionetten-Puppen operiert, und Raoul Hausmanns zentrales Dada-Kunstwerk ist sein *Mechanischer Kopf*, der collagistisch verfremdete Holzkopf einer Schneiderpuppe: mit seinem aufgenagelten Stück Metermaß die Stirn herunter, einer Zeichenschiene als linkem und einer Geldbörse als rechtem Ohr, einem offenen Taschenuhrwerk auf der Stirn und einer Zwirnspule auf dem Scheitel, stellt er einerseits eine scharfe Satire, eine heftige Verspottung des zeitgenössischen Spießers dar und markiert andererseits die Tendenz zu einer entschiedenen Modifikation der bildnerischen Kunst als solcher, einen radikalen Hang zum neuen Kunstexperiment mit den unterschiedlich-

---

4   Hugo Ball, *Die Flucht aus der Zeit*, Luzern 1946, S. 89f.

sten Materialien; dazu notierte er in seinem Manifest *Synthetisches Cino der Malerei*:

Die abgeleitete Konvention stütze wer es will: zunächst erscheint uns das Leben komplett ein ungeheurer Lärm, Spannung in Zusammenbrüchen nie eindeutig gerichteter Expressionen (...): l'art dada ist der Stand außer den Konflikten protesthafter Schöpferanmaßung; (...) Kunst hat niemals einen tieferen Sinn als den Unsinn feierlich genommener Selbstbespiegelung reiner Toren mit Einspielen tragischer Komplexverschränkungen.

Der Maler malt wie der Ochs brüllt - diese feierliche Unverfrorenheit festgefahrener Markeure mit Tiefsinn vermengt, ergab wichtige Jagdreviere besonders deutscher Kunsthistoriker. Die weggeworfene Puppe des Kindes oder ein bunter Lappen sind notwendigere Expressionen als die irgend eines Esels, der sich in Ölfarben ewig in endliche gute Stuben verpflanzen will.[5]

Aus einer ganz eigenen Perspektive und mit einer seltsamen Drehung der Argumentation beleuchtet Hans Arp mit seinem wohl berühmtesten Dada-Gedicht eben diesen Sachverhalt. *Weh unser guter kaspar ist tot* ist eine Totenklage und doch zugleich eine Beschwörung der gemeinten Figur:

weh unser guter kaspar ist tot
wer trägt nun die brennende fahne im zopf wer dreht die kaffeemühle
wer lockt das idyllische reh
auf dem meer verwirrte er die schiffe mit dem wörtchen parapluie und die winde nannte er bienenvater
weh weh weh unser guter kaspar ist tot heiliger bimbam kaspar ist tot
die heufische klappern in den glocken wenn man seinen vornamen ausspricht
darum seufze ich weiter kaspar kaspar kaspar
warum bist du ein stern geworden oder eine kette aus wasser an einem heißen wirbelwind oder ein euter aus schwarzem licht oder ein durchsichtiger ziegel an der stöhnenden trommel des felsigen wesens
jetzt vertrocknen unsere scheitel und sohlen und die feen liegen halbverkohlt auf den scheiterhaufen

jetzt donnert hinter der sonne
die schwarze kegelbahn und keiner zieht mehr die kompasse
und die räder der schiebkarren auf

---

5   Hausmann, *Bilanz der Feierlichkeit*, a.a.O., S. 14.

wer ißt nun mit der ratte am einsamen tisch wer verjagt den teufel wenn er
die pferde verführen will wer erklärt die monogramme in den sternen
seine büste wird die kamine aller wahrhaft edlen menschen zieren doch das
ist kein trost und schnupftabak für einen totenkopf.[6]

Ein rätselhaftes Gedicht, das zahlreiche Interpretationen erfahren hat, die ihm doch nichts von seiner Rätselhaftigkeit nehmen konnten: war dies vielleicht der Sinn der parodierten Totenklage? Zwar erkennen wir die Herkunft der einzelnen Worte, aber sie treten in einen ungewohnten, ja unverständlichen Zusammenhang: nur noch von der Tonlage der Elegie zusammengehalten, banalisieren sie diese und verkehren sie ins Paradox. In der Biographie des Autors markiert dieser Text den Willen, >die anerzogenen konventionellen Kunstformen zu überwinden<, wie er bereits für die Jahre zwischen 1908 und 1910, also lange vor dem Ausbruch der Züricher Dada-Bewegung belegt ist. Reinhard Döhl - neben dem Literaturwissenschaftler selbst Autor - hat darauf hingewiesen, daß sich dieser Vorgang der Auflösung und des Zerspielens der lyrischen Gattung genau zu dem Zeitpunkt ereignet, zu dem Rainer Maria Rilke auf Schloß Duino an die Niederschrift seiner *Duineser Elegien* ging; und er folgert:

Während also beim jungen Arp eine literarische Ausdrucksform nur noch ein parodistischer Vorwand für Unsinnspoesie ist, baut der späte Rilke seinen >Weltinnenraum< auf. Während Rilke noch einmal versucht, die Sprache zu >entgrenzen<, spielt Arp mit ihren verbrauchten Elementen. Und während Rilke >das Dasein des Menschen als eines Singenden, das heißt Rühmenden< entfaltet und feiert, während seine Elegien >schwer deutbare, in letzte Tiefen und Gesichte versunkene Schöpfungen< sind, entwirft Arp in seiner Parodierung einer literarischen Ausdrucksform eine unsinnige und damit eigentlich nicht deutbare Eigenwelt des Textes, ein Kompendium überraschender, zufälliger und unsinniger Konnexe, baut er eine verkehrte Welt auf, die zugleich wieder in sich selbst zerstört wird,

6   Hans Arp, *Gesammelte Gedichte*, hrsg. von Marguerite Arp-Hagenbach und Peter Schifferli, Bd. 1, *Gedichte 1903-1939*, Zürich 1963, S. 25.

eine Textwelt, die nichts mit dieser Welt zu tun hat, sie nicht abbildet und nicht deutet: eine Welt aus Sprache und Spiel.[7]

Ist das die Ursache, daß es auch nach dem Dadaismus - und dies bis heute - immer wieder zu literarischen Adaptionen dieser Kaspar-Figur gekommen ist, wobei wir - was den Arp'schen *kaspar* und seine möglichen Vorbilder angeht, festhalten dürfen, daß es sich bei ihm um keine eindeutige Fixierung handelt: »Wer dieser Kaspar ist, bleibt (...) unklar. Nach Knaurs Konversationslexikon ist Kaspar ein persischer Name und bedeutet ›Schatzhüter‹. Genauso könnte aber einer der heiligen drei Könige, der Suppenkaspar aus dem ›Struwwelpeter‹ oder der Kaspar des Puppenspiels gemeint sein. Aus der literarischen Situation der Zeit böte sich schließlich noch Kaspar Hauser an«.[8] Man sieht: es bleiben Spielräume und wohl auch die Möglichkeit offen, die eine in die andere Figur hinüberzuspielen und so sich mischen zu lassen.

Liegt hier der Grund dafür, frage ich mich, daß sich die meisten nachfolgenden Aufnahmen der Kaspar-Gestalt zwar an die bekannte Lustspiel- und Puppenspiel-Tradition anschließen, ihren Charakter und ihre Thematisierung dann aber doch so changieren lassen, daß auch die anderen Gestaltungen assoziierbar werden. Dies gilt freilich weniger für die *Kasperle-Verse* von Joachim Ringelnatz, die einen Satz kolorierter Handpuppen zum Versesprechen bringen, darunter wie stets der Kaspar an erster Stelle, wobei dessen Tod, wie ihn Hans Arp konstatiert hatte, vielleicht etwas zu rasch und zu unproblematisch aufgehoben wird -

> Seid ihr alle da?
> Ja??
> Dann schreit einmal hurra.
> Denn, geliebte Kinder,
> ich bin der

---

[7] Reinhard Döhl, *Das literarische Werk Hans Arps, Zur poetischen Vorstellungswelt des Dadaismus*, Stuttgart 1967, S. 131.
[8] A.a.O., S. 126.

> Kasperle und bin wieder da.
> Bin vergnügt, seid ihr es auch.
> Lacht ein Loch euch in den Bauch.
> Aber gebt dabei recht acht,
> daß ihr nicht danebenlacht.
>
> Wer hier stört und wer nicht gut
> aufpaßt, kriegt eins auf den Hut[9]

- , es gilt aber für die Kasparstücke, die der Literaturwissenschaftler Max Kommerell geschrieben hat, und ganz speziell für das Hörspiel *Radau um Kasperl* aus der Feder Walter Benjamins. Als Publikum war bei letzterem hauptsächlich an Kinder gedacht, weshalb denn auch Kinder in die Handlung integriert sind und zu Kasperl in einen direkten Kontakt treten, wenn er ihnen - auf seiner Flucht in den Zoo - die Sprache der Tiere erklärt. In seinen *Lob der Puppe* betitelten »kritischen Glossen« zu Max von Boehns *Puppen und Puppenspiele* von 1929 kommt Benjamin gelegentlich auf das Schwigerling'sche Marionettentheater zu sprechen, dessen Aufführungen er 1918 in Bern mit Interesse gesehen hat; eins der Stücke, die er ausführlicher beschreibt, ist ein ausgesprochenes Kasper-Stück:

> Kasperl kommt tanzend mit einer schönen Dame herein. Plötzlich, wie die Musik gerade am süßesten spielt, klappt die Dame ein, verwandelt sich in einen Luftballon, der Kasperl, weil er ihn aus Liebe festhält, in den Himmel entführt. Eine Minute bleibt die Bühne ganz leer, dann kommt Kasperl mit einem furchtbaren Krach heruntergefallen.[10]

In einem seiner Briefe aus dem Jahre 1933 hat der Autor selbst das eigene Stück vom ›technischen Gesichtspunkt‹ aus für ›bemerkenswert‹ erklärt - und er trifft damit die aufs neue Medium bezogene Dramaturgie, die mit diversesten Geräuschen arbeitet, alle möglichen Schalleffekte nutzt

---

9   *Kasperletheater für Erwachsene*, a.a.O., S. 337.
10 Walter Benjamin, *Gesammelte Schriften*, hrsg. von Rolf Tiedemann und Hermann Schweppenhäuser, Bd. 3, hrsg. von Hella Tiedemann-Bartels, Frankfurt/Main 1972, S. 213ff.

und technische Möglichkeiten wie die der Wiederholung eines eben gesprochenen Textes von der Schallplatte her einbezieht: ihr kommt ganz wesentlich zu Hilfe, daß man ja im Kasperl-Theater immer schon auf der Sprach- und Sprechebene agiert und die Spielhandlungen aus den Mißhelligkeiten der Worte und Sätze heraus entwickelt hat. - Kommerell nennt seine Stücke *Kasperlespiele für große Leute*; ausgehend vom Typenpersonal des Kasperletheaters für Kinder schafft er ein ›brechungsreiches, geistreich-dreistes Spiel mit dem Spiel‹, im Detail vielleicht durch folgenden Passus zu illustrieren, nach welchem dem Kasperl das eigene Gelächter, das doch so fest zu ihm zu gehören scheint, daß man es gar nicht ablösen kann, abhanden gekommen ist und erst wieder zu ihm zurückfinden muß. Das hat fast den Anschein, als müsse er seine Rolle erst konstruieren und ›von unten‹ her aufbauen, ehe er sich in das Stück hineinbegibt:

Kasperle: So was ist mir noch nie passiert. Ich wachte auf und wartete wie gewöhnlich auf meinen ersten lustigen Einfall, um aufzustehen und ihn auszuführen; aber ich blieb ernst, wie eine Blutwurst. Ich erzählte mir selber die schönsten Schnurren und sah dabei in den Spiegel - aber mein Mienenspiel spielte überhaupt nicht mehr. Schließlich rasierte ich mich und machte dabei eine wahre Leichenbittermiene. Da hörte ich ganz von fern - man sollt's nicht glauben, wenn's nicht wahr wäre - mein eigenes Gelächter; ganz genau wie ich lache, aber aus mir draußen. Ich sah, wie mein Gesicht sich andächtig verklärte und jetzt erst gewann ich mein Gelächter lieb und wußte, was ich an ihm hatte - da's von mir weg war, und wieder zu mir herkam. Es sprang mir hinauf, wie ein Hundel - war das eine Wiedersehensfreude! Vor Staunen sperrte ich das Maul auf - da flog es gleich hinein, und jetzt ist's in mir drin und rumort in mir, daß mir der Bauch wackelt.[11]

Nehmen wir noch Hans Carl Artmann hinzu, neben Konrad Bayer zentrale Figur der sogenannten *Wiener Gruppe*, also jener österreichischen Autorenformation, die nach 1945 am entschiedensten an die verschüttete Moderne vor dem Zweiten Weltkrieg anzuknüpfen und deren Linien aufzunehmen

---

11 *Kasperletheater für Erwachsene*, a.a.O., S. 378.

suchte. Artmann tendierte generell zur Adaption verloren gegangener literarischer Traditionen und praktizierte die Aufnahme trivialer literarischer Muster, die unterströmig lebendig und dynamisch geblieben waren, darunter dann eben auch die Kaspar-Figur im geschilderten Zuschnitt: sie gerät dem Österreicher zum Plädoyer für eine Poetik verrückter Assoziationen und Zufälle. Der Dramenband *Die Fahrt zur Insel Nantucket* enthält mehrere Kasper-Stücke, darunter *die liebe der fee pocahontas oder kaspar als schildwache* oder *die hochzeit caspars mit gelsomina*, dieses mit dem Motto: »hier sehen sie, was sie noch nie gesehen haben und auch nie sehen werden!«[12] Vom Prolog der Schwarzen Köchin, die dem »hochzuverzehrenden publikum« einige leckere Menschenfresserrezepte zum besten gibt (etwa: »ein mittelgroßer handelsvertreter wird sauber enthaart« etc.), bis zum abrupten Schluß mit dem Wiederauftauchen des Menschenfressers Sapristi di Mangiatutti, hält das Stück das gegebene Versprechen voll ein. Die poetischen Freiheiten, die der Dichter sich nimmt, finden zum Beispiel darin ihren Ausdruck, daß in einem Akt poetischer Willkür Figuren aus anderen - bekannten - Theaterstücken übernommen und collagenhaft integriert werden. In der Hochzeit Caspars mit der Menschenfressertochter Gelsomina sind - in deutlicher Anlehnung an Shakespeares *Hamlet* - als doppelter Beistand Rosmarin und Güldenkraut mit von der Partie; und zum Schluß der *fee pocahontas* ertönt - ganz so, als befänden wir uns in der amerikanischen Soap Opera - ›frenetischer applaus‹ vom Tonband. Durch derlei Brechungen werden die dargestellten Vorgänge ins Seltsame und Surreale getrieben, und dies alles unter ›primär artistischer Perspektive‹, denn: natürlich geht es dem Autor gar nicht darum, den toten Kaspar wiederzubeleben, sondern darum, ihn in einem ›artistischen Ritual‹ zu zitieren und zu beschwören.

12   H.C. Artmann, *Die Fahrt zur Insel Nantucket*, Neuwied, Berlin 1969, S. 247.

Peter Handke scheint mit seinem *Kaspar* hier nicht unmittelbar anzuschließen, denn er hebt ja in der Einleitung zu seinem Stück ausdrücklich auf das Findelkind Kaspar Hauser ab, das ich bei den Assoziationen, die Hans Arps *kaspar* weckt, zwar erwähnt, aber dann eher am Rande habe stehen lassen; dem genauen Wortlaut nach heißt es jedoch: »Das Stück ›Kaspar‹ zeigt nicht, wie es WIRKLICH IST oder WIRKLICH WAR mit Kaspar Hauser. Es zeigt, was MÖGLICH IST mit jemandem«,[13] und damit öffnet er sich doch alle Möglichkeiten des direkten und indirekten Bezugs. Der hier gezeigte Kaspar habe keine Ähnlichkeit mit einem Spaßmacher, lesen wir - und doch lesen wir auch:

Er sieht ›pudelnärrisch‹ aus. Die Farben seiner Kleidung schlagen sich mit den übrigen Farben auf der Bühne. Erst auf den zweiten oder dritten Blick erkennen die Zuschauer, daß sein Gesicht eine Maske ist; ihre Gesichtsfarbe ist ›bleich‹; sie sieht sehr lebensecht aus; sie ist dem Gesicht vielleicht angepaßt; ihr Ausdruck ist der Ausdruck der Verwunderung und Verwirrung.

Das reicht aus, neben oder hinter der konkreten Hauser-Figur all die Assoziationen wachzurufen, die ich mit ›Maske‹, ›Marionette‹ und ›totem Kaspar‹ aus dem Dadaismus heraus zu belegen versucht habe. In einen noch engeren Rapport zur aufgezeigten Tradition tritt das auf diese Weise allegorische Stück dann natürlich durch seine engere ›Sprach‹-Thematik, indem es auf seine Weise vom ›Verlust‹ und ›Gewinn‹, aber freilich auch vom ›Wiederverlust‹ der Sprache handelt.

Die Sprachlosigkeit bzw. Sprachhemmung des Helden wird in der Druckfassung bereits durch das einleitende Motto mit einem Gedicht Ernst Jandls aus *Laut und Luise* thematisiert; das Gedicht erfährt durch diese Zitierung eine überraschende Deutung, erhält doch mit ihr die Störung und Verstörung der Sprache, die hier nicht nur beschrieben, sondern wirk-

---

13 Dieses und die folgenden Zitate: Peter Handke, *Kaspar*, Frankfurt/Main 1968, S. 7ff.

lich im Sprachmaterial abgebildet wird, einen konkreten
Namen:

> thechdthen jahr
> thüdothdbahnhof
> wath tholl
> wath tholl
> der machen
> thechdthen jahr
> wath tholl
> wath tholl
> der bursch
> wath tholl
> der machen
> wath tholl
> wath tholl
> der machen
> thechdthen jahr
> thüdothbahnhof
> wath tholl
> der machen
> der bursch
> mit theine
> thechdthen jahr.[14]

Der erste Satz, den Handkes Kaspar dann tatsächlich spricht
- »Ich möchte ein solcher werden, wie einmal ein anderer
gewesen ist« - , ist eine verbürgte Äußerung des historischen
Kaspar Hauser, wie er uns beispielsweise in Anselm von
Feuerbachs zeitgenössischer Studie entgegentritt. Die Bühnenhandlung des Stücks »besteht zunächst darin, daß Kaspar
sein eigener und erster Satz von den ›Einsagern‹ ausgetrieben wird, bevor er ihn verstehen lernt. Stattdessen wird er
zunächst allgemein über die Möglichkeiten von Sätzen
belehrt. Gerade deshalb ist er, obwohl er sich gegen die
zugesprochenen Sätze zu wehren versucht, nicht mehr in der
Lage, seinen Satz zu behaupten«. Im weiteren Verlauf des
Stücks zeigt sich, daß das aufgezwungene Sprechen zwar

---

14   A.a.O., S. 5. - Vgl. Ernst Jandl, *Gesammelte Werke*, hrsg. von Klaus
     Siblewski, Bd. 1: *Gedichte*, Darmstadt, Neuwied 1985, S. 104.

»Verfügung über die Wirklichkeit« und Aktivitäten in ihr ermöglicht, aber gleichzeitig zur Unterdrückung der eigenen Regungen, zu Anpassung und damit Entindividualisierung führt: »Am Ende von Kaspars sprachlichem Ausbildungsprozeß, der ihn mit vielen Satz- und Argumentationsmodellen vertraut macht, steht die lapidare Äußerung >Du bist aufgeknackt<«. Die Selbstdarstellung mündet in Disziplinierung und Anpassung; ausgelöst und hartnäckig betrieben durch die Formation der >Einsager<, handelt es sich in der Tat um einen Vorgang der »Sprechfolterung«, wie der Autor selbst im Vorwort zu seinem Stück unterstrichen hat. Zum äußeren Zeichen ihrer Entindividualisierung multipliziert sich die Figur und zieht eine Vielzahl von >Sekundärkaspars< nach sich.

Soweit der negative - sprachkritische - Befund, der zurückverweist auf Hugo Balls in Bibelworte gekleidetes Statement: »Das Wort ist preisgegeben; es hat unter uns gewohnt. / Das Wort ist zur Ware geworden«.[15] Hier liegt aber nicht nur bei den Dadaisten, sondern überhaupt bei zahlreichen Autoren der Moderne des zwanzigsten Jahrhunderts der Ansatz ihrer dichterischen Kreativität, und sei es, daß diese - wie es etwa bei Karl Kraus der Fall ist - ganz in die satirische Zitierkunst sich auflöst. Handkes >Held< wehrt sich jedoch auch gegen diese >Folterung durch Sprache<, die sich an ihm vollzieht; daß er sich zur Wehr zu setzen beginnt, geschieht freilich nicht abrupt und plötzlich, sondern in Verlauf allmählicher Bewußtwerdung, die bei dem eigenen Erinnern und dem Versuch ansetzt, dieses Erinnern auf die sprachliche Sozialisation hin zu analysieren: »Im Verlauf dieser Selbstreflexion wird der affirmative Satz >Ich bin der ich bin< mit Erfahrungen verglichen und zugleich in Zweifel gestellt«. Das Resultat: »Schon mit meinem ersten Satz bin ich in die Falle gegangen«[16]. Das scheint unaufhebbar, und doch deutet sich mit

15 Ball, *Die Flucht aus der Zeit*, a.a.O., S. 36.
16 Handke, *Kaspar*, a.a.O., S. 98.

dem Schluß des Stücks eine Überschreitung dieser Fatalität und damit eine andere Art von Sprache an, als sie aufoktroyiert, eingeflüstert und verinnerlicht wurde. Zwar beginnt Handkes Kaspar - anders als Hugo Ball in seinem seltsamen Schamanenkostüm - in keiner fremden, noch nie gehörten Sprache zu sprechen, >Verse ohne Worte<, aber er verschwindet doch auch nicht einfach von der Bühne und wird >wieder zu nichts<, wie gelegentlich behauptet wird. Freilich geben die Schlußsequenzen des Stücks unterschiedlichen Beobachtungen Raum und erlauben mehrere Deutungen nebeneinander. Vor dem Hintergrund einer wilden, durch Mark und Bein gehenden Geräuschkulisse, wie sie von den >Sekundärkaspars< mit Feil-, Ketten-, Knitter- und Reißgeräuschen veranstaltet wird, kommt Kaspar auf eine Reihe seltsam defizitärer Erfahrungen zu sprechen, die sich in seinem Gedächtnis wie folgt erhalten haben:

Einmal habe ich die Hände in die Taschen gesteckt und sie dann nicht mehr herausziehen können.
einmal ist mir jeder Gegenstand als Beweisstück für etwas vor gekommen, aber wofür?
Einmal (er versucht zu schlucken) habe ich nicht schlucken können.
Einmal (er versucht zu niesen) habe ich nicht niesen können.
Einmal (er versucht zu gähnen) habe ich nicht gähnen können.[17]

Und in eben diesem Zusammenhang entsinnt er sich - weiter - auch defizitärer Akte des Sprechens und der Sprache und entwickelt sie vor dem angedeuteten szenischen Hintergrund zu Akten der Verweigerung und des Widerstands:

Einmal (er versucht, mit Anstrengung, die folgenden Sätze zuende zu sprechen) - die anderen verfolgen ... ich holte ... niemand besiegte ... die Gegenstände waren ... ich trieb ... niemand streichelte ... die anderen bestürmten ... die Gegenstände hatten ... niemand stob ... ich stieß ... die anderen zeigten ... die Gegenstände wurden ... ich rückte ... die anderen rissen ... niemand senkte ... die Gegenstände sind ... die Gegenstände haben ... die anderen reiben ... niemand schlägt ... ich schleife ... die Gegenstände

17 Dieses und die folgenden Zitate: a.a.O., S. 97ff.

werden ... niemand drosselt ... die anderen bekommen ... - habe ich einen Satz nicht zuende sprechen können.

Und:

Einmal habe ich mich ... einmal habme mich mich ... eimal habme mich mim ... eimal hame mim mim ... meimam mame m:m m:m ... - einmal habe ich mich versprochen, und alle haben mich angeschaut.

Hier löst sich, man sieht's, die final gerichtete Ordnung der Sätze auf, diese zerfallen in ihre der Objekte beraubten Elemente, und das Sprechen gerät ans Versprechen, also an jene Grenze, an welcher die Buchstaben eine eigene - autonome - Dynamik entwickeln und der Sinn der Sprache sich verstellt, wobei sich im Unsinn meist eine eigene Komik und Dynamik verbirgt; oft liegt das Regulativ unseres bewußten Verhaltens im Unbewußten. Deutet sich hier Sprach-Widerstand an, werden hier Konturen einer >neuen< und >anderen< Sprache sichtbar? Von einer »Sprache des Widerstands« spricht Rolf Günter Renner in seiner einläßlichen Betrachtung des Stücks und kommt dabei zu dem Schluß, daß sich diese auch schon vor dem Schluß zur Geltung bringt: »Unmittelbar nach seiner affirmativen Wendung >Ich bin der ich bin< und kurz bevor Kaspar >aufgeknackt< ist, spricht er den scheinbar sinnlosen Satz: >Warum fliegen da lauter so schwarze Würmer herum?< Kaspars erinnernde Selbstreflexion scheint schließlich nur möglich, nachdem er sich mit der Äußerung >jeder Satz ist für die Katz< vorübergehend dem Einfluß der Einsager und ihrer Verpflichtung auf Zweckrationalität entzogen hat«. Die allerletzten Äußerungen Kaspars - die mehrfach wiederholte Wendung »Ziegen und Affen«, während der Vorhang sich ruckweis schließt - sind einerseits gegen die Hintergrund-Kaspars gerichtet, die mit dem letzten Ruck des Vorhangs umfallen und in sich zusammensinken, sie sind andererseits gegen das Publikum gerichtet und erinnern damit an den Grundgestus der zwei Jahre zuvor aufgeführten und veröffentlichten *Publikumsbeschimpfung*. Drittens aber handelt es sich, worauf Manfred Durzak hingewiesen hat, um ein Zitat aus Shakespeares *Othello*, mithin um ein Element tradierter, lebendig gebliebener poetischer Sprache, die hier als Gegensetzung fungiert:

> Hier wie dort berühren die poetischen Bilder, die sich bewußten Erfahrungen wie den zugesprochenen Erfahrungssätzen der Einsager entgegenstellen, Erinnerungen an einen Zustand, der dem Prozeß der kulturellen Sozialisation und sprachlichen Anpassung vorausgeht. Der >sprachliche Mythos< ist zugleich der Traum vom verlorenen Unbewußten, das in Sprache nicht nur verdeckt und verstellt, sondern aufbewahrt und zitiert wird.[18]

Weniger entschieden, als dies bei Hugo Balls Auftritt im Züricher *Cabaret Voltaire* der Fall ist, sind wir damit einer tatsächlich Widerstand leistenden Sprache konfrontiert, die sich auf der Ebene der Laute neu zu organisieren beginnt. Aber Handke berührt doch diese Problematik, streift sie, deutet sie an und tritt damit in einen realen und nicht nur konstruierten Bezug zu den eingangs mit Raoul Hausmann angestellten Überlegungen zur Signifikanz von »Groteske, Karikatur, Clown, Puppe« als Demonstrationsobjekten der »Marionettenhaftigkeit« und der »Mechanisierung« des Lebens, zugleich aber Symptome der Aufhebung dieser Erstarrung und damit Zeichen eines Schwebezustands zwischen der alten - erledigten - und einer neuen - noch unerkundeten - Welt. Damit schließt sich der Bogen, den ich zu ziehen beabsichtigte; ob dies nur in jener ganz pragmatischen Hinsicht gilt, daß ich mit meiner Schlußwendung auf die Passagen zurückverweise, mit denen ich eröffnet habe, oder doch auch in jener so viel tiefsinnigeren Weise, in der Heinrich von Kleist in seinem >Marionettentheater<-Aufsatz dieses Bild vom Zirkel bemüht, der ins Unendliche führt und aus ihm erst wieder zurück, sei dahingestellt ... .

---

18 Rolf Günter Renner, *Peter Handke*, Stuttgart 1985, S. 51.

k.r.: auch ich bin ein leser der eff-a-zett

Cross-reading und Cross-talking
Materialien zu einer satirischen Technik

Bekanntlich gehören die Briefe, die Georg Christoph Lichtenberg während seines England-Aufenthaltes Mitte der siebziger Jahre des 18. Jahrhunderts an seine Freunde in Göttingen schrieb, zu den interessantesten Dokumenten der Reiseliteratur der Zeit, besonders seine Beschreibung Londons im Brief an Baldinger vom 10ten Jenner 1775, die als eine der ersten bemerkenswerten Großstadtschilderungen deutscher Sprache zu gelten hat.[1] Dort heißt es - mit Blick auf Cheapside und Fleetstreet: »In der Mitte der Strase rollt Chaise hinter Chaise, Wagen hinter Wagen und Karrn hinter Karrn. Durch dieses Getöße, und das Sumsen und Geräusch von tausenden von Zungen und Füßen, hören Sie das Geläute von Kirchthürmen, die Glocken der Postbedienten, die Orgeln, Geigen, Leyern und Tambourinen englischer Savoyarden, und das heulen derer, die an den Ecken der Gasse unter freyem Himmel kaltes und warmes feil haben. Dann sehen Sie ein Luftfeuer von Hobelspänen Etagen hoch auflodern in einem Kreis von jubilirenden Betteljungen, Matrosen und Spitzbuben. Auf einmal rufft einer dem man sein Schnupftuch genomen: stop thief und alles rennt und drückt und drängt sich, viele, nicht um den Dieb zu haschen, sondern selbst vielleicht eine Uhr oder einen Geldbeutel zu erwischen. Ehe Sie es sich versehen, nimmt Sie ein schönes, niedlich angekleidetes Mädchen bey der Hand: come, my Lord, come along, let us drink a Glass together, or I'll go with You if You please; dann passirt ein

---

[1] So Paul Requadt, *Lichtenberg*, Stuttgart ²1964, S. 11. Lichtenberg, heißt es, habe in der Anonymität des Menschen und im Tempo des Verkehrs zwei Züge hervorgehoben, »welche die moderne Großstadt zentral charakterisieren und zu seiner Zeit höchstens in den Anfängen sichtbar wurden. Lichtenbergs Denken ist Entdecken in dem mehrfachen ursprünglichen Sinn«.

Unglück 40 Schritte vor Ihnen; God bless me, rufen Einige, poor creature ein Anderer; da stockt's und alle Taschen müssen gewahrt werden, alles scheint Antheil an dem Unglück des Elenden zu nehmen, auf einmal lachen alle wieder, weil einer sich aus Versehen in die Gosse gelegt hat; look there, damn me, sagt ein Dritter und dann geht der Zug weiter. Zwischen durch hören Sie vielleicht einmal ein Geschrey von hunderten auf einmal, als wenn ein Feuer auskäme, oder ein Haus einfiele (...)«. Die Passage schließt: »Wo es breiter wird, da läuft alles, niemand sieht aus, als wenn er spatzieren gienge oder observirte, sondern alles scheint zu einem sterbenden gerufen«.[2] - Ein Ausschnitt nur!

Der Zeit voraus ist dieses »flüchtige Gemählde«[3], wie Lichtenberg seine Notizen nennt, durch die Überwindung des topographischen Gesichtspunkts im überkommenen Sinn, das breite und leidenschaftliche[4] Eingehen auf die niedere Lebenssphäre, das Eintauchen ins Straßenmilieu, für die es im Genre der Stadtbeschreibung bis zur Jahrhundertwende, im Roman bis zur Mitte des 19. Jahrhunderts keine auch nur annähernd gleichrangige Entsprechung gibt. Übers pur Stoffliche hinaus fasziniert das Briefzitat jedoch durch die formale Struktur, die sich in ihm ausprägt. Detailreiche Anschaulichkeit, die komisch-ernsthafte Färbung des Ganzen entsteht durch das Zusammenschießen verschiedenster Beobachtungspartikel. Die gewählte Position erlaubt es dem Verfasser, nach vielen Seiten zugleich zu blicken und - soweit dies in Sprache möglich ist - eine Vielzahl gleichzeitiger Ereignisse dann auch gleichzeitig, im Nebeneinander darzustellen; so trifft er wirklich das Tumultuarische und Massenhafte der Erscheinung und bringt es zum Ausdruck. Zu-

---

2 *Lichtenbergs Briefe*, hrsg. von Albert Letizmann und Carl Schüddekopf, Leipzig 1901-1904, Bd. 1, S. 205f.
3 A.a.O., S. 204.
4 A.a.O., S. 206: »Ich habe nunmehr das Volck so ziemlich kennen lernen, und versäume keine Gelegenheit meine Kenntniß darin zu erweitern. ... Wenn ich den Eifer in mir verspüre, so sind mir Rippenstöße und Schimpfwörter grade was Stoppeln dem Behemoth.«

nächst »ein Luftfeuer von Hobelspänen Etagen hoch«, dann »ein Geschrey von hunderten auf einmal, als wenn ein Feuer auskäme«: untergründig miteinander korrespondierend, interpretieren die einzelnen Elemente der Szene die sukzessive Folge, in der sie auftauchen, in Simultangeschehen um. Man ist, mit moderner Prosa zu reden, versucht, von literarischer Montage zu sprechen; dahin weist jedenfalls die ganz bewußte Setzung der aufgeschnappten Reden und Ausrufe (»stop thief«, "come, My Lord, come along, let us drink a Glass together ...«, »God bless me«, »poor creature«, »look there, damn me«), die in sich noch einmal das Kaleidoskopische widerspiegeln, das den Text insgesamt kennzeichnet. – Unter Berufung auf die Wirklichkeit, die so ist, reflektiert Lichtenberg den formalen Status, das Abnorme seiner Schilderung, wenn er schreibt: »Sie werden mich also entschuldigen, wenn es sich zuweilen hart und schwer ließt«, aber »es ist die Ordnung von Cheapside«.[5]

Spielerisch und von weit geringerem Belang – als Banalitäten, gemessen an den großen literarischen Leistungen der Zeit – müssen dagegen einige kürzere Texte erscheinen, die als Gelegenheitsarbeiten ebenfalls in den Umkreis von Lichtenbergs England-Aufenthalt gehören. Sie sind *Nachahmung der englischen Cross-readings* überschrieben, der Beschreibung Londons lediglich darin von fern vergleichbar, daß hier wie dort eine ähnliche Vorliebe für niedere Gegenstände, in der Form ein ähnliches Interesse für paradoxe Simultaneität sich bestätigt. Nachweislich bezieht sich Lichtenberg auf ein englisches Unterhaltungsspiel, das sich darin vergnügt, das Journal und die Zeitung auf ihren versteckten Witz zu befragen; zu diesem Zweck zerlegt man einzelne Nachrichten in lose Bestandteile und mischt diese dann so, daß sich frappierende Korrespondenzen, kuriose Disproportionen, reiner Nonsense oder einfach Lacheffekte ergeben. Anders umschrieben: das Auge des Lesers verliert den Lesefaden, läßt ihn abreißen, hüpft quer über die

---

5   A.a.O., S. 205.

Druckseite weg – das eben meint Cross-reading – und stellt durch Versetzungen der bezeichneten Art solche spaßhaften und merkwürdingen Verbindungen zwischen auseinanderliegenden, möglichst kontrastierenden Mitteilungen her; kombinatorische Übungen, Scherze ohne tiefere Bedeutung. Lichtenberg trifft das ursprünglich Gemeinte verhältnismäßig nah in folgenden Beispielen, der Gedankenstrich markiert als sichtbares Zeichen jeweils den Schnitt oder Sprung: »Eine Jungfer von gutem Herkommen wünscht als Kammermädchen anzukommen – Hinten steht die Jahrzahl 1719«; »Ein junger, starker Kerl, der schon als Reitknecht gedient – Vertreibt Vapeurs und Mutterzufälle in kurzer Zeit«; oder: »Den 12. starb ein Mann in seinem 104. Jahre – Und bekam in der Taufe den Namen Friderica Sophia«.[6]

Die Kürze der Form mit ihrer Möglichkeit zur gedrängten Anspielung kommt dem Aphoristiker entgegen, als welcher Lichtenberg in die Literaturgeschichte eingegangen ist. Weitere Beispiele zeigen die Tendenz, der Lichtenberg das triviale Muster unterwirft: der Satiriker meldet sich nämlich zu Wort. So nuanciert sich gezielter Spott, spitzt sich die Pointe in charakteristischer Weise zu, indem etwa Nachrichten der feinen Gesellschaft, Inserate von Standespersonen mit dem, was der Alltag, die Banalität inseriert, kopuliert werden und umgekehrt: »Die Vermählung des Grafen v. P. ... ist glücklich vollzogen worden – Er hat aber, gottlob! nicht gezündet«; oder: »Dem Förster zu W... ist gestern ein junges Rind von der Waide entlaufen – Um künftigen Sonntag seine Antrittspredigt zu halten«. »Neulich gab der Churfürst dem Capitel ein splendides Diner – Drei Personen

---

6   Georg Christoph Lichtenberg, *Vermischte Schriften, neue vermehrte, von dessen Söhnen veranstaltete Original-Ausgabe*, Göttingen 1844-1853, Bd. 2, S. 63ff. Dort auch die im folgenden zitierten Beispiele. – In der Fußnote zur *Nachahmung der englischen Cross-readings* heißt es: »Man muß sich vorstellen, das Lesen geschehe in einem öffentlichen Blatte, worin sowohl politische, als gelehrte Neuigkeiten, Avertissements von allerlei Art, u.s.w., anzutreffen sind: der Druck jeder Seite sei in zwei oder mehrere Columnen geteilt, und man lese die Seiten quer durch, aus einer Columne in die andere.«

wurden gerettet, die übrigen ersoffen«: Derbheiten, die wenig zimperlich und reichlich unverblümt daherkommen, versteckter Wortwitz, nicht ganz frei von gewollter, leicht überkünstelter »Geistreichigkeit«, wie sie Friedrich Hebbel in seinen *Tagebüchern* an Lichtenberg herausgestrichen hat[7], Xenien in Prosa, wenn man will, Gesellschaftssatire, in deren Objekten sich die kritischen Attacken der Aufklärung repetieren. - - Genug; die weiteren Possen seien hier geschenkt.

Im Unterschied, wie gesagt, zur Beschreibung Londons, der ein hervorragender Platz in der Entwicklung eines literarischen Genres zukommt, das im 19. Jahrhundert zusehends um sich greift, haben wir es bei der *Nachahmung der englischen Cross-readings* - so sieht es aus - zunächst mit nichts anderem als Stücken aus dem Kuriositätenkabinett der Literaturgeschichte zu tun, wie sie immer wieder anfallen und von der Literaturwissenschaft mit mehr oder weniger Recht vergessen werden. Sie gewinnen als zusätzlicher Beleg bedingt an Interesse, wenn man sie im Zusammenhang des aphoristischen Gesamtwerks von Lichtenberg betrachtet, der gelegentlich dem französischen Esprit und damit der französischen Aphoristik, die er zwar schätzte, das entgegenhielt, »was wir und die Engländer unter Wit oder Witz verstehen«.[8] Paul Requadt, der auf die ›niedere Aussageweise‹ als bestimmendes Kennzeichen der Aphoristik Lichtenbergs, ihren Ort in der Tradition des ›genus humile‹ verwiesen hat, bezeichnet sogar den Einfluß Englands als vorherrschend, beschränkt sich dann allerdings darauf, Bacon als historisches Muster des Göttinger Gelehrten zu nennen.[9] Sicher lassen sich unter den zahlreichen Aphorismen Lichtenbergs Pendants ausfindig machen, direkte oder indirekte Entsprechungen der Cross-readings, in denen der Gedanke in

---

7   Friedrich Hebbel, *Sämtliche Werke*, hrsg. von Richard Maria Werner, Berlin 1901 bis 1907, Tagebücher, Bd. 2, Nr. 2948.
8   Georg Christoph Lichtenberg, *Aphorismen*, hrsg. von Albert Leitzmann, Berlin 1902-1908, E 332.
9   Paul Requadt, *Lichtenberg*, S. 133ff.

ähnlicher Weise »blitzt«.[10] - Ein verfehltes Unterfangen wäre es jedoch, wollte man über diese Grenzen hinaus diese *Nachahmungen* nun ihrerseits auf ihre Nachahmer befragen; dazu stehen sie zu isoliert: unmittelbare Nachfolge im Sinn der Wirkungsgeschichte haben sie in der Tat keine gefunden. (Erwähnenswert am Rand ist allenfalls, daß ihnen im 19. Jahrhundert dasselbe Geschick wie Lichtenberg insgesamt widerfuhr, den man in breiten Kreisen nur noch als Humoristen rezipierte, aber selbst als solchen nicht uneingeschränkt gelten lassen mochte. Wir finden die Crossreading-Nachahmungen wiedergedruckt in der Anthologie *Deutscher Humor neuer Zeit* von 1881, im Untertitel *Ein Buch für Freunde des Humors*; die Herausgeber im Vorwort: »Ist doch selbst der Humor derer, welche literaturgeschichtlich unter der Rubrik Humoristen laufen, für uns theilweise nicht oder doch schwer genießbar: wir dürfen nur an Jean Paul, vielleicht sogar an Lichtenberg erinnern«.[11])

Das Urteil ändert sich jedoch, sobald man nur die Perspektive wechselt! - So peripher unser Gegenstand der Werkgeschichte, so unnütz er einer dem strengen Verstand nach wirkungsgeschichtlichen Betrachtung erscheinen muß, so ergiebig und nützlich erweist sich der Begriff des Crossreadings selbst, um damit analoge Erscheinungen der Literatur in den Griff zu bekommen und namhaft zu machen: er eignet sich als terminus technicus, ein verhältnismäßig eng umrissenes satirisches Verfahren herauszupräparieren, dessen versteckte Linien zu verfolgen sich desto mehr verlohnt, je deutlicher die Gattungsgeschichte - in unserem Fall: die der Satire - sich ihrer eigenen Problematik dahingehend bewußt geworden ist, daß höchstens ein Umkreis formaler Möglichkeiten sie noch zu umschreiben vermag.[12] Für sol-

---

10   Georg Christoph Lichtenberg, *Vermischte Schriften*, Bd. 1, S. 99: »Es denkt, sollte man sagen, so wie man sagt: es blitzt«.
11   *Deutscher Humor neuer Zeit*, hrsg. von Heinrich Merkens und Richard Weitbrecht, Würzburg 1881, S. VIII. Lichtenbergs *Nachahmung der englischen Cross-readings, vgl.* S. 188f.
12   Wir können hier übernehmen, was Paul Requadt, *Lichtenberg*, S. 133 zur Gattungsgeschichte des Aphorismus anmerkt: »Sie entdeckt, daß

che Analogien fällt freilich das 19. Jahrhundert nahezu aus;[13] wir müssen den Sprung über mehr als ein Jahrhundert tun und - dieser Schlenker sei erlaubt - in der Literaturgeschichte selbst nach dem Programm des Crossreadings, also querlesend verfahren. Die Technik des Crossreadings zu fassen und das Bemerkenswerte an ihr aufzudecken, würde man heute von Textcollagen oder Collagetexten sprechen. Ihr Reiz liegt darin, daß - auf eine gewiß mechanische und doch wieder intuitive Weise - Sprache bei der Sprache genommen wird, vorfabrizierte Sprache, eben die der Zeitung und des Journals (doch dabei muß es nicht bleiben; daneben sind es alle anderen Fälle verfestigter, formelhaft gewordener Sprache!), entscheidend mitbenutzt ist, um den satirischen Knoten in dieser und keiner anderen Art zu flechten.

Versucht man, aus dieser Richtung die Position zu bestimmen, in welcher der tiefere Sinn der spielerischen Crossreading-Einfälle Lichtenbergs aufgehoben, ihr bloßer Witz an philosophisches Denken verwiesen ist, so stößt man auf Sätze wie: »Es ist nötig, alle seine Kenntnisse umzurühren und sich dann wieder setzen zu lassen, um zu sehen, wie sich alles setzt«; oder: »Wenn wir beim Nachdenken uns den natürlichen Fügungen der Verstandesformen und der Vernunft überlassen, so kleben die Begriffe oft zu sehr an andern, daß sie sich nicht mit denen vereinigen können, denen sie eigentlich zugehören. Wenn es doch etwas gäbe wie in der Chemie Auflösung, wo die einzelnen Teile leicht suspendiert schwimmen und daher jedem Zug folgen kön-

---

in ihrem Verlauf sich wesentliche Gattungsmerkmale wandeln, und muß daher auf eine überzeitlich gültige Definition der Gattung verzichten. Höchstens einen Umkreis formaler Möglichkeiten vermag sie zu umschreiben.«

13 Cross-Readings der Idee nach sind die politischen, der Zeitung abgewonnenen Räsonnements Dummbachs in Ernst Elias Niebergalls *Datterich*; auch in Nestroys Lustspielen finden sich gelegentlich dem Cross-reading verwandte Redepartien.

nen«.[14] - Ohne daß Lichtenberg den unmittelbaren Anlaß lieferte, erfahren solche und ähnliche Erkenntnisse Ende des 19., Anfang des 20. Jahrhunderts ihre Übersetzung ins ästhetische Programm und dessen poetische Realisation, etwa bei Paul Scheerbart, einem der weniger bekannten Vorläufer der deutschen Moderne. Vom »australischen Maler«, der für die Kunst der Stunde steht, lesen wir in *Münchhausen und Clarissa, Ein Berliner Roman*: er »glaubt, daß er hinter das Wesentliche der Natur viel schneller kommt, wenn er die einzelnen Stücke der Natur voneinander trennt und sie nachher wieder in anderer Art zusammenbringt. Schaffen heißt für den Australier: Neues schaffen! Und Neues schaffen kann er nach seiner Meinung nur, wenn er die vorhandenen Naturbilder zerlegt - und mit den zerlegten Stücken neue - ganz neue - Bilder schafft«.

»Schaffen«, heißt es programmatisch zum Schluß, »ist eben >komponieren<«.[15] - Anhand einiger »tatsächlicher« Malereien gibt der Autor ein Beispiel solchen >Komponierens< in seinem Roman *Die Seeschlange*. Es ist da von einem Triptychon die Rede. Das Mittelbild zeigt eine Pyramide von Zwergen, unter ihr einen Elefanten, der den Vorderfuß auf ein Lamm gestellt hat, ein Krokodil im Rüssel, eine Ziege sitzt zwischen zwei Schweinen, die einen Tintenfisch hochhalten. Das ist der Ausgangspunkt! Dann die erste Variation, das linke Seitenbild: hier befanden sich zwar »dieselben Tiere und Zwerge wie auf dem Mittelbilde, aber nicht mehr an denselben Stellen - alle ihre Gliedmaßen waren sämtlich vertauscht, so daß Krokodilsleiber Zwergköpfe und Zwergleiber Krokodilsköpfe besaßen«. Schließlich, weil das noch nicht genug ist, der rechte Seitenflügel, die zweite Variation, eine noch weitergehende Auflösung des vorgegebenen emblematischen Zusammenhangs, sozusagen ein Cross-reading in Potenz: hier »sah alles noch toller aus,

---

14 Georg Christoph Lichtenberg, *Physikalische und mathematische Schriften*, hrsg. von L. Chr. Lichtenberg und F.C. Kries, Göttingen 1803-1806, Bd. 4, S. 137f.

15 Paul Scheerbart, *Dichterische Hauptwerke*, hrsg. von Else Harke, Stuttgart 1962, S. 466f.

denn die Gliedmaßen, die links so willkürlich aneinandergesetzt schienen, hatten sich rechts wieder getrennt und schwebten überall umher ... so daß in vielen Zwergschädeln Frösche, Schweinsfüße, Elefantenzähne und ähnliche Dinge sichtbar wurden«; beidemal endet's mit »und so weiter!«[16] – Der Zusammenhang zum bisher Gesagten muß nicht besonders herausgearbeitet werden. Daß und in welcher Weise dieser literarische Text den theoretischen Äußerungen Lichtenbergs (»Es ist nötig, alle Kenntnisse umzurühren«, »Wenn es doch etwas gäbe wie in der Chemie Auflösung, wo die einzelnen Teile leicht suspendiert schwimmen«), parallelläuft, sticht ins Auge; die Formulierungen selbst (»nicht mehr an denselben Stellen«, »sämtlich vertauscht«, »willkürlich aneinandergesetzt«, »wieder getrennt und schwebten überall umher«) unterstreichen solchen Verweis und stützen ihn.

Freilich: es müßte strapaziert wirken und würde mit einem Recht als überzogen empfunden, wenn der Blick von hier auf Lichtenbergs *Nachahmung der englischen Cross-readings* zu mehr taugen sollte denn zur Metapher. Im Unterschied zu Lichtenberg bewegt sich Scheerbart ja auch nicht als Satiriker, sondern als Phantastiker, der, wie er an anderen Stellen seiner Romane sagt, durch »Kaleidoskopornamentik« und »kecke Linienornamentik« die fatale Kette »Erde« – »verhauenes Kunstwerk« – »Disharmoni«[17] zu sprengen versucht. Seine Beschreibung zielt auf Bewußtseinsänderung durch Erweiterung der imaginativen Möglichkeiten; das poetische Modell, in dem solches geschieht, nimmt wesentliche Momente des Surrealismus vorweg, der ähnlich gegen die »Herrschaft der Logik« – Logik, die »in einem Käfig auf und ab läuft, aus dem es immer schwerer wird, sie heraus-

---

16 A.a.O., S. 293f.
17 A.a.O., S. 281 und S. 400. Zum Zusammenziehen der beiden bezeichneten Äußerungen vgl. meine Anmerkungen zum Wiedererscheinen der Werke Paul Scheerbarts: *Symbol, Kaleidoskop und veritables Jenseits*, Sprache im technischen Zeitalter 11/1964, S. 905ff.

zubekommen«[18] - protestiert hat. Während jedoch André Breton zusammen mit Soupault Experimente im automatischen Niederschreiben aus dem Unterbewußten aufsteigender Sätze vornahm, verbleibt Scheerbart an der Oberfläche, im Luziden und Taghellen: man erinnert sich des Perpetuum mobile, an dessen Erfindung er sein ganzes Leben lang vergeblich laborierte.

Näher zur Satire und - worauf es uns ankommt - näher zur ursprünglichen Form und Idee des Cross-readings steht Arno Holz mit seiner groß angelegten Literaturtravestie, der voluminösen *Blechschmiede*. Schon der erste Plan zu diesem parodistischen Monstredrama ist merkwürdig genug, um etwas detaillierter wiedergegeben zu werden. Wie Friedrich Theodor Vischer seinen *Faust, Der Tragödie dritter Teil* den *Fliegenden Blättern*, so offerierte auch Holz das im Entstehen begriffene Stück einer Zeitschrift; in einem Brief vom 7. August 1897 trägt er die Dichtung Georg Hirth, dem Herausgeber der *Jugend*, an und schreibt dann: »Die Form, auf die ich gerade bei dieser Arbeit eine besondre Bedeutung lege, wird eine höchst eigentümliche werden. ... Es ist schwer, von ihr, bevor sie vollendet liegt, eine Vorstellung zu geben. Ich wüßte wenigstens kein Werk, das ich zur Parallele heranziehen könnte. Es gibt noch die beste Anschauung, wenn ich sage, ich beabsichtige mit ihr ein riesiges Mosaik«. Zur näheren Bestimmung dieses ›Mosaiks‹ und dessen, was die Bestandteile dieses ›Mosaiks‹ sind, heißt es: »Um das Werk, wie es mir vorschwebt, niederzuschreiben, werde ich die kolossale Mühe nicht scheuen dürfen, die gesamte einschlägige Literatur der letzten zehn, fünfzehn Jahre bis heute auf die neuesten Erscheinungen nochmal durchzugehen, und zwar gründlich bis auf eine Legion von Exzerpten. Denn es ist mein Ehrgeiz, in dieses Buch möglichst dokumentär, möglichst die ganze Verschrobenheit eines ganzen Zeitalters zu sperren. ... Ich habe den betreffenden Typus im Kleinen in allen möglichen Nuancen

---

18 Zitiert nach Walter Hess, *Dokumente zum Verständnis der modernen Malerei*, Hamburg 1956, S. 116.

studiert und glaube seiner kräftigsten Wirkung, falls er endlich einmal festgenagelt wird, sicher zu sein.« Ein immenses Zitaten-Mosaik also, »aus Roman, Tagebuch, Kritik, Erinnerung, Biographie und Autobiographie, namentlich aber aus eigenen Produktionen des Gefeierten auf allen Gebieten, merkwürdig zusammengesetzt«![19] - Der komplette Titel der Dichtung lautet dann in der Fassung von 1921: *DIE BLECHSCHMIEDE oder der umgekippte, umgeschwippte, umgestippte, umgestürzte WUNDERPAPIERKORB, dessen fatale, spirale, infernale, weggeworfene, abgetane Schnipsel sich rätselhaft aufrichten, gespenstisch in Reih und Glied treten und plötzlich, hastdunichtgesehen, dendeubelnochmal, heijeijeijei, alle wieder urquick, urfidel und urlebendig werden.*[20]

Sind für Lichtenberg Journal und Zeitung Spielboden des querlesenden Puzzles, für Holz ist es die Literatur, zunächst - so der Brief - die zeitgenössische Literatur, die des späten 19. Jahrhunderts, wie er sie schon in seinem *Buch der Zeit* (s. dort Gedichte wie *Literaturballade*) satirisch zerpflückt hatte, dann aber - da ihm das Werk unter der Hand aufquillt - geradezu alle Literatur aller Zeiten. Von ›Abälard‹ und ›Abd-el-Kader‹ bis ›Zypripor‹ nennt das Personenregister zirka dreitausend Namen; die Summe aller im Stück verarbeiteten literarischen Anspielungen und Zitate dürfte um ein Vielfaches höher liegen. Schauplatz der Handlung ist die »Zirbeldrüse des Dichters«: »Eine Unmasse Hirnsand«.[21] Im *actus primus* gibt sich die Bühne als Schrotthammer und Vernichtungsmaschinerie für verunglückte Poeten, die gewaltsam aus ihrem Auftritt gerissen, enterhakenartig in die Kulissen gezogen oder, wie weiland Wilhelm Buschs Pater Filucius, einfach davongewirbelt werden. Der *actus secundus, Moderne Walpurgisnacht* überschrieben, reiht sich unter die zahlreichen *Faust*-Satiren von Heinrich Heine über Friedrich Theodor Vischer bis Karl Kraus ein. *Actus tertius,*

---

19 Arno Holz, *Briefe*, hrsg. von Anita Holz und Max Wagner, München 1948, S. 113.
20 Arno Holz, *Die Blechschmiede*, Dresden 1921.
21 A.a.O., S. 1.

Die Insel der Seligen ...: also auch der dramatische Überbau gibt sich als ›Mosaik‹ zu erkennen!
Die Schlußverse - »Ihr bafelt, und es gibt kein Ganzes, / ihr kakerlakt, und ich verpflanz es; / zu eurem windigen Gewese / bin ich die lachende Synthese!«[22] - könnten dem ganzen Stück als Motto dienen, wenn dort nicht schon ein bissiger Widmungsspruch für alle künftigen Ausleger, Ausdeuter, Exegeten, Interpreten usw. sich ausbreitete. Es liegt in der Absicht der Satire, alles, was sich ihr bietet, ins Triviale niederzuschrauben, um es damit - lachendsten Übermuts, geschliffenster Bosheit, heiterster Grazie, funkelndsten Zorns - auf seinen ›wahren Nenner‹ zu bringen. Zu diesem Zweck inszeniert Holz beispielsweise ein mehrere Druckseiten starkes Freß- und Saufgelage und läßt in ihm - spaßhaft-witzig bei einem Schuß Sarkasmus - Dichtergrößen wild mit Gaumenspezialitäten konfigurieren: »Einen ganz vorzüglichen Salmi von Lachs / futtert Frau Cosima mit Hans Sachs«; »Vergnügt schwelgt in Forellen blau / der edle Niembsch von Strehlenau«; oder: »Vor einem Wildschweinrücken in Sahne / Gräfin Hahn-Hahn und der alte Fontane. / Herwegh, Freiligrath und Karl Beck / vertiefen sich in Schnepfendreck«.[23] Dies alles im *actus tertius*! - Greifen wir für uns eine Szene aus dem ersten Akt heraus! Zum Kontext ist anzumerken: Der ›Autor‹ des Stücks im Stück ist während des Stücks schon eine Weile eingenickt; da reißt es ihn plötzlich auf, und er »markiert« - so die Szenenanmerkung - »aufgeschrocken wie aus einem homerischen Nickerchen«:

> Damon war bei seinen Schafen
> unterdes grad eingeschlafen.
> Mutter, der Mann mit dem Koks ist da!
> Dagloni gleia glühlala![24]

---

22   A.a.O., S. 515.
23   A.a.O., S. 300f.
24   A.a.O., S. 71.

Die Struktur des Cross-talkings, wie man im Drama statt Cross-reading wohl sagen muß, tritt klar zutage. Unter Bezug auf den Kontext, dem die wiedergegebene Passage entnommen ist, und in loser Analogie zu den *Dafnis*-Liedern, die die ganze *Blechschmiede* durchziehen, geben die ersten beiden Verse eine anakreontische Reprise. »Unterdes grad eingeschlafen«: im Bild des Hirten Damon spricht der Autor von sich - in einem Zitat; die Situation des Zitats ist seine Situation. »Bei seinen Schafen«: die Poeten sind gemeint, die weiter Revue passieren und nicht müde werden in ihren verstiegenen Tiraden; das ist der konkrete Nebensinn. Damit ist auch schon das Verständnis der folgenden Zeilen vorbereitet: der dritte Vers kolportiert einen Gassenhauer, den der berüchtigte Berliner Volksmund Millöckers *Gasparone* - »Der soll dein Herr sein ...« - angehängt hat; der vierte Vers imitiert - im Vortlaut von Richard Dehmels *Trinklied* - das »Wagalaweia! / Wallala weiala weia!« »Wallala! Lalaleia! Lalei!« in Richard Wagners *Rheingold*. Drei Zitate oder Als-ob-Zitate schießen also aus verschiedenen Richtungen zusammen und verbinden sich zu einer satirischen Einheit. Der satirische Effekt entspringt ganz der Montage: die ohnedies schon parodierte Operette drapiert sich noch einmal mit dem nun seinerseits parodierten Flitter höherer Kunst, das Bayreuther Festspiel wird auf den Nenner der leichten Berliner Muse und - tiefer! - auf den des Schlagers gebracht. Die Kritik trifft nicht unvermittelt; einige Druckseiten zuvor hieß es schon: »Der Opernstuß Rienzi Cola / stammt bloß von Wagner, nicht von Zola«.[25] Die »lachende Synthese« ist vollends erreicht, wenn die Hinweise auf Millöcker-Operette und Richard-Wagner-Oper, so ineinsgesetzt und stellvertretend für alle anderen Hinweise, die das Stück versammelt, zurückbezogen werden auf das Schäferlied, das eigentlich - um eine Anleihe bei der Wortmanier des Arno Holz zu machen - ein Schläferlied ist.

---

25   A.a.O., S. 60.

Der Überdruß an der Epigonenliteratur des späten 19. Jahrhunderts, der »Aufstand gegen die lebensferne Künstlichkeit der damals herrschenden Literatur«[26], schon Ausgangspunkt der naturalistischen Revolte, steigert sich im Prozeß des lyrischen Dramas zu universaler Skepsis gegenüber jeder literarischen Überlieferung überhaupt. In diese allgemeine Skepsis bezieht Holz seine eigene *Revolution der Lyrik*, die sonst so hart gegen alle Anfeindungen und Mißverständnisse verteidigte Mittelachsen-Lyrik des *Phantasus*, mit ein, ja es finden sich Partien, in denen - verwirrend genug - der *Blechschmiede* selbst der Boden unter den Füßen weggezogen wird.[27] Überspitzt ausgedrückt (auch Holz tendiert zu Überspitzungen, freilich faßt er sich zu diesem Punkt in seinen Briefen und theoretischen Äußerungen vorsichtiger): daß alle je dagewesene Poesie nichtig und banal erscheint, ist der Rachen, den die *Blechschmieden*-Satire aufsperrt; sie selbst, wie gesagt, nimmt sich davon nicht aus. Was da war und da ist, wird in Frage gestellt und bereitwillig der Trivialität geopfert: tabula rasa. Die Erfindung müht sich nur, immer wieder neue Richtstrahlen auf diesen einen Punkt zu lenken; darin liegt der einzig vorwärtstreibende Elan des Werks. Bei aller Heiterkeit ist die Absage an die Tradition radikal, der Bruch vollständig. - Diese Entwertung ist einer der entschiedenen Impulse, die Arno Holz der Moderne gegeben hat. Die souveräne Beherrschung überkommener Formmittel widerspricht der erklärten Absicht nicht, sondern kommt ihr (im Rahmen der Satire) nur entgegen. Als neues Ziel, dem die *Blechschmiede* auf ihre Weise die Bahn öffnet, nennt Holz in einem Brief an Franz

---

26 Georg Lukács, *Der deutsche Naturalismus*. In: Georg Lukács, *Schriften zur Literatursoziologie*, ausgew. u. eingel. von Peter Ludz, Neuwied 1961, S.456.

27 Arno Holz, *Die Blechschmiede*, S. 501: »Wie, / wenn selbst diese ganzen, sogenannten Verse hier, / sämtliche Werke meiner sämtlichen Vorfahren, Mitfahren und Nachfahren nicht ausgeschlossen, / nur der transzendentalste, / fundamentalste, / brutalste / nichtssagendste, niedrigste, gemeinste, / alleralbernste, allerinfamste, allerblödeste / Bockmist wären!«- »Alles vor dieser Perspektive entsetzt.«

Servaes die »aufs Ganze gerichtete« Bestrebung, »um mit unserm gemeinsamen Freund Nitschke« (d. i. Nietzsche) »zu reden, das Buch von Übermorgen zu gebären«.[28]
Ein Zusammenhang zwischen der *Blechschmiede* und den *Letzten Tagen der Menschheit* von Karl Kraus ist deshalb nicht konstruiert, ist doch sogar die Möglichkeit eines direkten Bezugs schon allein dadurch gegeben, daß Kraus Texte von Holz in seine öffentlichen Lesungen einzubeziehen pflegte;[29] wenn nicht den Erstdruck der *Blechschmiede* von 1902, so muß er doch deren Vorübungen, die satirischen Stücke im *Buch der Zeit* gekannt haben. Der kompositorische Vergleich beider Werke bietet sich an, wenn man auf den *Blechschmieden*-Entwurf zurückgeht, wie ihn Holz in seinem Brief an Georg Hirth niedergelegt hat; mit Blick auf die Form der Dichtung heißt es dort in Weiterführung des zuvor gegebenen Zitats: »Ein riesiges Mosaik, das zwar durchaus auf Totalwirkung berechnet sein soll, dessen tausend bunte Einzelsteinchen aber trotzdem derartig gearbeitet sein sollen, daß jedes dieser Teilchen, auch aus dem Ganzen herausgenommen, seine Bildwirkung als Einzelnes behält«.[30] Auch sind *Die letzten Tage der Menschheit* ein »riesiges Mosaik« in jenem anderen Sinn, daß eine Unmasse von Zitaten beigezogen wird, nun aber weniger aus der schönen Literatur, als vielmehr aus der politisch-gesellschaftlichen Realität, soweit sich diese durch Mißbrauch von Druckerschwärze und Tinte, in Leitartikeln, Reden, Feuilletons usw. selbst dingfest gemacht hat. »Möglichst dokumentär«: das gilt erst recht hier! Karl Kraus im Vorwort seiner Tragödie in fünf Akten: »Die unwahrscheinlichsten Gespräche, die hier geführt werden, sind wörtlich gesprochen; die grellsten Erfindungen sind Zitate ... Das Dokument ist Figur«.[31] Oder - allgemeiner - an anderer Stelle: »Mir ist

---

28 Arno Holz, *Briefe*, S. 122.
29 Siehe Caroline Cohn, *Karl Kraus*, Stuttgart 1966, S. 21.
30 Siehe Anmerkung 19.
31 Karl Kraus, *Die letzten Tage der Menschheit*, hrsg. von Heinrich Fischer, Bd. 5 der *Werke*, München 1957, S. 9.

ein Engel erschienen, der mir sagte: Gehe hin und zitiere
sie. So ging ich hin und zitierte sie«.[32]

Wie *Die Blechschmiede* ihre äußere Konsistenz als Drama in
der Figur des Autors im Stück erhält, der immer präsent ist
und nur der notwendigen Variation wegen in die ›Herren
Anfang Zwanzig, Mitte Dreißig, Mitte Fünfzig, Anfang
Siebzig‹ und den Schäfer ›Dafnis‹ aufgespalten ist, so
gewährleistet Kraus den Zusammenhalt seiner Dichtung,
indem er ständig - durch alle Akte hindurch - Szenen mit
gleichen Personen gegen den bunten Wechsel setzt. Hierher
gehören die Episoden um ›Nowotny‹, ›Pokorny‹, ›Po-
wolny‹, die den Kreislauf des Immer-Gleichen fixieren
(»also du - du bist ja politisch gebildet, also was sagst?«),
die Episoden um ›Poldi Fesch‹ und ›Die Schalek‹. Dagegen tritt Kraus mit den Szenen um ›Optimist‹, ›Patriot‹,
›Abonnent‹ und ›Nörgler‹, die ebenfalls hierher gehören,
aus der Handlung heraus und schafft sich die Plattform, auf
der es ihm möglich wird, abstrakte Sachverhalte abstrakt
anzusprechen und zu diskutieren, Daten und Fakten auszu-
breiten, die sich sonst der dramatischen Darstellung
entziehen müßten. In der Figur des Nörglers meldet sich
Karl Kraus selbst zu Wort, die Stimme der *Fackel; Abonnent, Optimist* und *Patriot* liefern nur das Stichwort, die
gängige Argumentation, die herrschende Phrase, das verstel-
lende Pathos, an denen sich der kritische Einwand entzündet.
- Ein Beispiel aus den ersten Szenen des zweiten Akts:

Der Optimist: Wenn die Kämpfer nicht ein Ideal vor sich hätten,
würden sie nicht in den Krieg ziehen. Auf Worte kommt
es nicht an. Weil die Völker Ideale vor Augen haben,
tragen sie ihre Haut -
Der Nörgler: Zu Markte!

Auf den ersten Blick hat der zitierte Dialog mit allem
bisher Gesagten nur wenig gemein. Der Nörgler scheint
dem Optimisten nur zu dem Zweck ins Wort zu fallen, um
ihm bei der gängigen Redensart von der zu Markt getra-

---

[32] *Die Fackel*, hrsg. von Karl Kraus, 368/69, S. 1.

genen Haut - sprich: ›Opfer leisten‹ - beizuspringen. Doch das täuscht! Mit ihr gehend, geht nämlich Kraus zugleich gegen die Phrase vor, zerbricht sie, raubt ihr ihre Unschuld und erreicht damit einen ausgesprochenen Cross-reading- oder Cross-talking-Effekt. Indem er sie aufgreift und aufgreifend verfremdet, verweist der Nörgler die Redensart an einen ganz anderen Zusammenhang: der Markt, der da zur Rede kommt, will real genommen sein - als Verweis auf Geschäftswelt und handfeste Geschäftsinteressen, die in Wahrheit den Krieg regieren. Darin bestätigt uns jedenfalls der Fortgang des Dialogs. Der Optimist wendet ein: »Nun gerade in der Sprache unserer Armeekommandanten müßten sie einen Zug erkennen, der sich von der trivialen Prosa der von ihnen verachteten Geschäftswelt kräftig abhebt«. Darauf der Nörgler: »Gewiß, insoferne diese Sprache bloß eine Beziehung zum Varietégeschäft verrät«; und - nachdem er ein Beispiel gegeben, einen Divisionskommandobefehl zitiert hat - : »Das reine Geschäft kommt mehr in der fortwährenden Verwechslung von Schilden und Schildern zur Geltung«.[33]

Klarstellungen dieser Art sind an die Figur des Nörglers gebunden. Wo Optimist, Abonnent und Patriot - die Allegorien des verstellten Zeitbewußtseins - nur unter sich sind, muß Kraus daher ein indirekteres Verfahren der Kritik wählen: in ihren Diskursen läßt er die Phrasen sich selbst entlarven oder einfach leerlaufen. - Zum Beispiel fünfter Akt, zwölfte Szene, Bad Gastein, der Abonnent und der Patriot im Gespräch:

Der Abonnent: Ich bin überzeugt, daß durch den Ausbau des Bündnisses -
Der Patriot: Ich zweifle nicht, daß dann der Abbau des Hasses -
Der Abonnent: Vermutlich würde durch die Vertiefung des Bündnisses -
Der Patriot: Ich glaube, daß dadurch eine Erhöhung der Preise -
Der Abonnent: Ohne Zweifel könnte der Abbau der Preise -
Der Patriot: Mir scheint, daß dafür eine Erhöhung des Hasses -
Der Abonnent: Ich glaube aber, daß ein Ausbau der Preise -
Der Patriot: Ich meine, daß dadurch eine Vertiefung des Hasses -

33 Karl Kraus, *Die letzten Tage der Menschheit*, S. 256.

Das genügt! Nur der Schluß noch - eine formale Auflösung des absurd-grotesken Hin und Her, indem plötzlich der bisher festgehaltene Wortsinn von ›Vertiefung‹ umspringt und im Syntaktischen eine Korrespondenz zwischen beiden Sprechern sich abzuzeichnen scheint:

Der Abonnent: Andererseits bin ich überzeugt, daß sich durch einen Abbau des Bündnisses -
Der Patriot: - unschwer eine Vertiefung der Preise herbeiführen ließe.³⁴

Ein Scheindialog, der bloßstellender nicht geführt werden könnte! Was geschieht? Kraus nimmt schlagwortartige Wendungen des abstrakten politischen Räsonnements der Zeit, wie es sich etwa in Leitartikeln äußert (»Gestalten verenden als Leitartikel«, heißt es zum Drama im Vorwort des Dramas), und montiert sie so, daß ihre schlechte Beliebigkeit sichtbar wird: sie sind auswechselbar in ihren Bestandteilen, die Worte lassen sich drehen und wenden, wie man will; das ist der Schwindel. Man kann von einer als Rede und Gegenrede aufgezogenen Cross-reading-Kette sprechen, deren besondere Pointe freilich - im Unterschied zu den Cross-reading-Nachahmungen Lichtenbergs, in denen sich Disparates versammelt - gerade in der Homogenität des verwandten Zitatmaterials liegt. Was sich da jeweils mit »Ich bin überzeugt«, »Ich zweifle nicht«, »Ich glaube«, »Ich meine« usw. einleitet, führt nur ein Tauschgeschäft von Worten, also Hülsen von Argumenten, bares Geschwafel vor Augen: die Klimax, als die das Ganze sich darbietet, fällt folglich in sich selbst zusammen. Die Figuren, die derlei Sätze von sich geben, sind Schemen, Automaten und reproduzieren als solche nur noch Klischees, die leer fortarbeiten, rettungslos erstarrt - und gerade deshalb gefährlich. Als »Schatten und Marionetten«, als »Masken«, »Larven und Lemuren« sind diese Figuren - so Kraus, der damit seine satirische Absicht treffend selbst charakterisiert - kalt und nüchtern »auf die Formel ihrer tätigen Wesenlosigkeit

---

34   A.a.O., S. 578.

gebracht«.[35] So verfährt eine Satire, die nicht mehr agitiert und polemisiert, sondern das Übel nullifiziert.

»Tätige Wesenlosigkeit«: das wiederum könnte sehr wohl auch von den dramatis personae, den karikierten Literaten und Dichtern der *Blechschmiede* des Arno Holz gesagt sein. Beide Werke – *Die Blechschmiede* und *Die letzten Tage der Menschheit* – erhellen sich gegenseitig in nicht wenigen Punkten. Von der Gesamtkonzeption beider Stücke, den poetischen und poetologischen Vorstellungen war auszugehen, die – hier wie dort Umschreibungen der Cross-reading-Idee – auf Gestaltung drängen. Ich erinnere nur an die Auffassung vom Drama als »Mosaik ... möglichst dokumentär« bei Holz und – auch hier wortwörtlich zu nehmen – an die Rede vom »Dokument« als »Figur« der Tragödie bei Kraus; »die grellsten Erfindungen sind Zitate«. Freilich werden im Vergleich auch die Unterschiede im Ganzen wie im szenischen Detail beider Dichtungen deutlich. Holz tendiert zum parodistischen Spiel mit literarischen Zitaten, spielerisch (und verspielt zugleich) ist seine ganze Nagelprobe auf das »windige Gewese« der Literatur; er travestiert, verballhornt, prügelt und pritscht munter drauflos. Kraus dagegen verzichtet auf solche Suggestivmittel und zielt statt dessen auf eine rationale und verbindliche Kritik der politischen Phrase, die er öffentlich Unheil stiften sieht; und er zwingt sie nachgerade dazu, sich selbst ins Auge zu blicken und daran zugrunde zu gehen, sich selbst das Urteil zu schreiben. – Es liegt jedoch in der Natur der Sache, daß die Anwendung des Cross-readings auf die großen poetischen Formen wie Roman und Drama nur die Ausnahme, nicht die Regel darstellen kann. Die durchgehende Tradition des Cross-readings als einer modernen poetischen Struktur läßt sich daher erst bei den kleineren poetischen Formen, vor allem in der Lyrik, nachweisen. In der Lyrik der Moderne finden sich denn auch die häufigsten und direktesten Entsprechungen zu unserm heuristischen Ausgangspunkt bei Lichtenberg.

---

35 A.a.O., S. 9.

In Erinnerung an den Aufbruch seiner Lyrik im Dadaismus, also etwa parallel zur dritten Fassung der *Blechschmiede* (1921) und zum Erscheinen der *Letzten Tage der Menschheit* (1919-1921), gibt Hans Arp über das Verfahren, nach welchem er damals Verse produzierte, den folgenden Bericht: »Wörter, Schlagworte, Sätze, die ich aus Tageszeitungen und besonders aus ihren Inseraten wählte, bildeten 1917 die Fundamente meiner Gedichte. Öfters bestimmte ich auch mit geschlossenen Augen Wörter und Sätze in Zeitungen, indem ich sie mit Bleistift anstrich. Ich nannte diese Gedichte *Arpaden*. Es war die schöne >Dadazeit<, in der wir das Ziselieren der Arbeit, die verwirrten Blicke der geistigen Ringkämpfer, die Titanen aus tiefstem Herzensgrund haßten und belachten. Ich schlang und flocht leicht improvisierend Wörter und Sätze um diese aus der Zeitung gewählten Wörter und Sätze«. So weit das Handwerkliche. Anders als bei Holz und Kraus erhält allerdings bei Arp die bezeichnete Technik keinen unmittelbar satirischen Anstrich, sondern - und daher eher Scheerbart vergleichbar - kritisches Gewicht im Zusammenhang einer weit gefaßten Reflexion über Dasein und Sprache. Das macht der Fortgang des Zitats deutlich, der die entscheidenden Kategorien des Verständnisses liefert: »Das Leben ist ein rätselhafter Hauch und die Folge daraus kann nicht mehr als ein rätselhafter Hauch sein. ... Wir meinten durch die Dinge hindurch in das Wesen des Lebens zu sehen, und darum ergriff uns ein Satz aus einer Tageszeitung mindestens so sehr wie der eines Dichterfürsten. / Viele Gedichte aus der *Wolkenpumpe* sind automatischen Gedichten verwandt. Sie sind wie die surrealistischen, automatischen Gedichte unmittelbar niedergeschrieben, ohne Überlegung oder Überarbeitung. ... Die *Wolkenpumpen* aber sind nicht nur automatische Gedichte, sondern schon Vorläufer meiner >papiers déchirés<, meiner >Zerreißbilder<, in denen die >Wirklichkeit< und der >Zufall< ungehemmt sich entwickeln können. Das Wesen von Leben und Vergehen ist durch das Zerreißen des Papieres oder der Zeichnung in das Bild einbezogen. Die

Wolkenpumpen sind 1917 in der gleichen Absicht entstanden«.[36]

Der Zufall selbst setzt sich frei: damit reflektiert Arp das Wesen moderner Collagenkunst, wie sie sich seit dem Frühkubismus (Picasso, Braque) entwickelt hat, in einer ihrer entscheidenden historischen Phasen. Das heißt freilich nicht, daß der Witz, das zentrale Regulativ des Zitatenspiels bei Lichtenberg, seiner Aufgabe völlig enthoben wäre; im Gegenteil! Im übrigen weist Arp mit »durch die Dinge hindurch in das Wesen des Lebens« ebenso zurück in die Romantik wie voraus, etwa auf Helmut Heißenbüttel und die neue Texttheorie. Das Unvergnügen am geistigen Ringkämpfer- und Titanentum hatte schon in Morgensterns Groteskpoesie sein Vorspiel gefunden. - Für das von Arp bezeichnete Verfahren finden sich Beispiele bei nahezu allen Dadaisten. Nehmen wir von Kurt Schwitters den Artikel *Aufruf*, erschienen im Jahrgang 1921 der Zeitschrift *Der Sturm*. Das ironisch als Epos bezeichnete Prosastück greift aus dem Zusammenhang gerissene Sprachäußerungen der verschiedensten Art auf, setzt Zitate aus Kriegsreportagen (»Mit voller Wucht stürmen die Feinde immer aufs neue ...«) neben den Arbeiteraufruf (»ARBEITER! Parteigenossen! erscheint in Massen zu unseren Kundgebungen ...«), mischt Inseratzeilen (»Seriöser Herr, welcher sehr gut Klavier spielt, findet dauerndes sehr behagliches HEIM bei einz. älterer DAME in schöner Wohnlage«) mit Ratschlägen aus dem medizinischen Handbuch (»Keine kalten Umschläge«); das Ganze ist mit Passagen aus Schwitters' eigener *Anna-Blume*-Lyrik durchzogen (»Weisst du es, Anna, weisst du es schon, man kann dich auch von hinten lesen, und du, du Herrlichste von allen (abrupt), du bist von hinten, wie von vorn: >A-N-N-A<«). Im Zusammenhang liest sich das dann etwa so: »Es geht ums Ganze, um Sein oder Nichtsein unseres Vaterlandes. Auch der Martinstag ist solch ein alter deutscher Kalendertag. Du schlichtes Mädchen im Alltagskleid, du liebes grünes Tier, ich liebe

---

36   Hans Arp, *Wortträume und schwarze Sterne*, Wiesbaden 1953, S. 6f

dir! Du, deiner, dich, dir, ich dir, du mir. - Wir? Daher muß jeder Kriegsanleihe zeichnen«. Absatz: »*DIE JUNG-FRAU* sammelt allwöchentlich einen frohen Kreis junger Mädchen um sich zu einem Plauderstündchen ...«.[37]

Die Begründung, aus der sich solche Montagen herleiten, lautet ähnlich wie die Paul Scheerbarts, der von der Erde als einem heillos verhauenen Kunstwerk und von der Disharmonie gesprochen hatte, die gar nicht mehr abzulösen sei von ihr. »Die Welt ist banal«, antwortet Schwitters, »und zwar um so banaler, je mehr sie sich betut«[38]; oder: »Die ganze Welt besteht nämlich aus zerrissenen Fäden, weil nämlich das Knäuel vorher zu verwirrt war und weil jeder an einem anderen Faden zerrt«.[39] Folgt man dem Bild, ist es letztlich einerlei, welche Fadenreste der Autor ans Licht hält; er wird, wo er auch hinlangt, immer nur auf die gleiche Wirrnis, das gleiche Durcheinander stoßen: weil das Material unwesentlich ist, darf er jedes beliebige Material nehmen. Um diese Nuance unterscheidet sich Schwitters von Karl Kraus und stellt sich - über Arno Holz hinaus - in die Tradition einer Unsinnspoesie, wie sie in ihren Grundzügen Christian Morgenstern schon vor dem ersten Weltkrieg skizziert hatte.[40] Auf unser Textbeispiel bezogen: es kommt nicht mehr darauf an, von einer bestimmten Position her einzelne Zitate in sich selbst zu entlarven oder gegeneinander auszuspielen, eine Kritik der Phrase zu betreiben, sondern darauf, alle Zitate in der ihnen eigenen Sinn- und Beziehungslosigkeit fremd und bizarr nebeneinander stehen zu lassen. Für die Freiheit, die so allem Zitierten gegenüber gewonnen wird, darf man übernehmen, was Schwitters (zu-

---

37 Kurt Schwitters, *Anna Blume und ich*, hrsg. von Ernst Schwitters, Zürich 1965, S. 91ff.
38 A.a.O., S. 33.
39 A.a.O., S. 34.
40 A.a.O., S. 15: »Mir tut der Unsinn leid, daß er bislang so selten künstlerisch geformt wurde, deshalb liebe ich Unsinn.« - Zu Morgenstern vergleiche dessen Vorrede zu den *Galgenliedern*: *Wie die Galgenlieder entstanden*. Unsinn interpretiert sich dort freilich zugleich als Unsinnliches; dazu meine Anmerkungen in *Moritat, Song, Bänkelsang*, Göttingen 1965, S. 38ff.

sammen mit Arp, Tristan Tzara u. a.) zur Vermischung der Kunstarten, die er intendiert, im *Manifest Proletkunst* (den Haag, den 6.3.1923) angemerkt hat: »Das, was wir ... vorbereiten, ist das Gesamtkunstwerk, welches erhaben ist über alle Plakate, ob sie für Sekt, Dada oder kommunistische Diktatur gemacht sind«.[41]

Vorläufig, heißt es lapidar, bestehe keinerlei Aussicht für den Zusammentritt der Dinge, die Lage habe keinerlei Hauptausschuß. Das ist - über allen Ideologien - die Position, aus der heraus Schwitters' scharfe Absage an die politische Wendung des Dadaismus, den (nach Richard Huelsenbeck) so von ihm getauften »Hülsendadaismus«, verständlich wird; dagegen hält der »Kerndadaismus« an den »guten alten Traditionen abstrakter Kunst« fest.[42] In ihr geht es Schwitters zunächst um die Fortführung und Erweiterung der von August Stramm gegebenen Impulse, wobei er dessen Ekstatik beim sprachrevolutionären Resultat nimmt und irritierend ummünzt. Läßt sich beispielsweise die berühmte Zeile aus Stramms Gedicht *Patrouille* - »Fenster grinst Verrat« - noch als gesteigerter Ausdruck von Erfahrung, als sprachliche Dynamisierung von Erlebnis verstehen, so läßt Schwitters - bei ähnlicher Sprachfigur - solche Verständlichkeit bewußt abreißen. Man betrachte wahllos herausgegriffene Sätze wie: »Der Hund glotzt den Schluck um die Achse des Likörs«; »Ich wandere am Leben einen toten Fisch«; oder: »Dill fischen deiner Finger Karpfenblut entgegen«.[43] Das syntaktische Schema stimmt, wird aber inhaltlos so gefüllt, daß die Worte aus verschiedensten und divergierendsten Sinnzusammenhängen beigezogen scheinen. Die Subjekt-Prädikat-Objekt-Ordnung, könnte man sagen, reibt sich an den ihr zugewiesenen Inhalten auf: nichts löst sich ein, Sinn wird radikal verweigert. Sehr wohl eine neue Wendung der Cross-reading-Idee! - Alle ›Erhabenheit‹ hindert freilich nicht, daß es dennoch in den

---

41   A.a.O., S. 25.
42   A.a.O., S. 22.
43   A.a.O., S. 123, S. 181, S. 115.

Schriften von Kurt Schwitters immer wieder auch zu Crossreading-Formulierungen im konkret politischen Sinn kommt, daß der Autor Partei ergreift und sich engagiert, z.B.: »Mit deutschem Gruß: / am anderen Ende öffnen!«[44] Die Gebrauchsanweisung unterläuft die in Mode kommende völkische Floskel; der Spott degradiert sie zur Ware, die sie ist, zum Scherzartikel.

Eine Nebenbemerkung zu Morgenstern: Nietzsches ›Umwertung aller Werte‹ wird ihm - so Michael Bauer in seiner Monographie - zur ›Umwortung aller Worte‹. Die Sprache zu »entbürgerlichen« erscheint ihm als die »vornehmste Aufgabe der Zukunft«. Wie Scheerbart neue Bilder, versucht er ganz neue Wörter und Begriffe zu schaffen, und zwar ebenfalls durch Zerlegen und Neufassen des Vorhandenen. Als Wort-Cross-readings dürfen seine zahlreichen Wortverschmelzungen gelten wie »Charleytantismus« (aus Charlys Tante, Scharlatan und irgendeinem -ismus), »Symbild« (aus Sinnbild und Symbol), »wesenziell« (aus wesentlich und essentiell) oder »sozumaßen« (aus sozusagen und dermaßen). Er schreibt: »Kritik der Sprache ist zuletzt auch nur ein Gesellschaftsspiel«.[45] Entsprechungen finden sich bei nahezu allen bisher genannten Autoren. Bei Kraus: »Journaille« (aus Journalismus und Kanaille)[46], bei Holz: »Wer wagt es, Knappersmann oder Ritt« (aus Schillers »Rittersmann oder Knapp«)[47], bei Schwitters: »Hülsendadaismus«. Erst recht bei Arp, in dessen Wortketten geradezu alle Wort mit allen kombinierbar werden: »Modemuskelhäuser«, »Waldhanswurstkadetten« oder »Gondelmehlsack«.[48] Freilich verliert sich auf der Ebene des Wortes der Charakter des Zitats, der doch das Wesen des Cross-readings ausmacht; das gilt auch für Schwitters' sinnwidrige Auffüllungen syntaktischer Schemata. - Schließen wir deshalb für

---

44 A.a.O., S. 158.
45 Zitiert nach Michael Bauer, *Christian Morgenstern, Leben und Werk*, München 1941, S. 162ff.
46 *Die Fackel*, 311/12, S. 13.
47 Arno Holz, *Die Blechschmiede*, S. 11.
48 Hans Arp, *Wortträume und schwarze Sterne*, S. 25, S. 33.

den Dadaismus mit einem Beispiel, in dem die zitierten Elemente deutlich als solche erkennbar sind und als Fertigfabrikate offen ihre Herkunft vor sich hertragen, mit Walter Mehrings *Die Reklame bemächtigt sich des Lebens*. »Am Ausgang abends ... Die Linden lang! plakatbeflaggt«:

>»The flying Brothers«
>»Sous les Ponts de Paris«
>und »Fischerin, du Kleine ...«
>(5 % Stromersparnis)
>»Pieck-Ass beim Zauberkönig«
>»Der Mann ohne Nasenknorpel«
>schielt nach der »Dame ohne Unterleib«
>Und das Fräulein lächelt
>in »Steiners Paradiesbett«
>Haushoch
>»Hanewaker, der naturreine Kräuterlikör
>im Jägerhut mit Gemsbart«
>...

– dies der Einsatz einer Aufzählung, die über fast zwei Druckseiten reicht; innerhalb der Reihe dann aber ausgesprochene Cross-reading-Effekte wie:

>»Kondensierte Alpenmilch«
>»Das Geheimnis des üppigen Busens«
>
>»Die Leda vom Wannsee-Lido«
>»Geprüfte Masseuse«
>
>»Babel-Berlin«
>»Die Hölle heizt mit Kaiserbriketts«.[49]

Der Text bringt, verglichen mit den bisherigen Beispielen, nichts wesentlich Neues: eben deshalb eignet er sich zur Rekapitulation. »Wörter, Schlagworte, Sätze, die ich aus Tageszeitungen und besonders aus ihren Inseraten wählte ...«, hieß es bei Arp; noch sehr viel ausschließlicher bildet bei Mehring die Reklame, statt der Zeitungsinserate jedoch das Affichenwirrwarr der Großstadt, das Fundament des Gedichts; leicht improvisierend schlingt auch er Wörter

---

49 Walter Mehring, *Neues Ketzerbrevier*, Köln und Berlin 1962, S. 19f.

und Sätze um die von der Straße gelesenen Wörter und Sätze. Werbesprüche, Slogans, Anpreisungen, Lichtschriften, Schlager, »Schilde und Schilder«: das Ganze ein »Mosaik« aus Zitaten wie *Die Blechscmiede* von Arno Holz, »möglichst dokumentär« wie *Die letzten Tage der Menschheit* von Karl Kraus; allerdings ist nicht der »tragische Karneval« des Krieges, sondern das »Pandämonium« des Nachkriegs Gegenstand der Bestandsaufnahme. Auch hier mangelt es nicht an Motiven: »Ausschweifungen in den Preislagen jeder Geschmacklosigkeit; Hochstapelei in Sach- und Ewigkeitswerten; Schmalz und Weltanschauung; Pornographie, Vaterlandsliebe und Hurrahsozialismus; Lust- und Fememord; Landsknechtstum im Solde jeder Demagogie. Der ganze Troß der Apokalyptischen Reiter, er ist zu haben so harlekinesk in unserem grauen Alltag wie im finstern Mittelalter«.[50] Im Detail sind die Arrangements ähnlich bizarr wie bei Schwitters, aber insgesamt ist der Text Mehrings - daran besteht kein Zweifel - leichter zugänglich, seine Satire vordergründiger und prompter. Das mag an den homogeneren Materialien liegen, die er benutzt, oder an der Situation, die er imitiert, eben: »Die Linden lang! plakatbeflaggt«. Ein »Spiel« mit »schäbigen Überbleibseln«, wie Hugo Ball den Dadaismus definiert hat[51], aber stärker auf ein lokales Publikum berechnet, das hier - lachendsten Übermuts, funkelndsten Zorns - seiner vertraut-unvertrauten Wirklichkeit konfrontiert wird: Als ›Reportageballade‹ kam dieses Gedicht 1918 auf der Berliner Kabarettbühne zum Vortrag. - Hätte er aufs Formale reflektiert, dann hätte sich Mehring in seiner *conférence provocative*, mit der er im Frühjahr 1919 das *Schall und Rauch* eröffnete, neben dem »Schutzpatron« François Villon (per Zufall) auch an Georg Christph Lichtenbergs *Nachahmung der englischen Cross-readings* als eines mögliches Vorbilds seiner damaligen Lyrik erinnern können.

---

50 A.a.O., S. 21.
51 Zitiert nach: *Dada, Monographie einer Bewegung*, hrsg. von Willy Verkauf, Zürich 1967, S. 15.

Ebenfalls fürs Dada-Kabarett entwickelten die Dadaisten die Idee des ›Poème simultan‹, des simultanistischen oder Simultan-Gedichts also, bei dem verschiedene Sprecher verschiedene Texte gleichzeitig verlesen, so daß ein Text den anderen überlappt, Sinn- und Lautfrakturen entstehen, Brechungen, Sprünge: ein perpetuelles Cross-reading im wörtlichsten Sinn.[52] Als Gedicht tituliert las Tristan Tzara 1920 in Paris einen zerschnipselten Zeitungsartikel vor. Es kommt zu den unterschiedlichsten graphischen Experimenten mit Cross-reading-Charakter. Die Nummer vier des ersten Jahrgangs der Dada-Zeitschrift *Der blutige Ernst* beispielsweise zeigt eine Zeichnung von George Grosz und als deren Hintergrund eine Montage über- und untereinandergeklebter Ausrisse aus Zeitungsartikeln und -inseraten; nach dem Cross-reading-Muster werden Manifeste und Plakate entworfen, Buchtitel, zum Beispiel Geheimrat Richard Huelsenbecks *En avant dada*, die erste zusammenfassende Darstellung der Bewegung überhaupt, mit den Randglossen: »Die Prügelszenen in Dresden, Prag, London, Paris, New York« / »Wie wäre es mit einem Schnaps« / »Lernen Sie beten«.[53] Anderes wäre zu nennen; noch sind von den Unternehmungen des Dadaismus, die dahin und dahin, in die verschiedensten Richtungen drängen, erst die Zipfel gelüftet. Es läge nah ...: doch werfen wir statt dessen einen kurzen Blick auf die zeitgenössische deutsche Literatur!

Paul Scheerbart starb - durch »Verweigerung jeder Nahrungsaufnahme« als »bewußt passive Resistenz«, wie Walter Mehring in seiner *Verlorenen Bibliothek* berichtet[54] - zu Beginn des Ersten Weltkrieges den freiwilligen Hungertod. Arno Holz starb 1929, sieben Jahre später Karl Kraus an den Folgen eines Verkehrsunfalls, der zu Gehirnblutungen und Gedächtnisschwächen führte. Hans Arp, Kurt Schwitters und Walter Mehring überlebten zwar den Zweiten Weltkrieg, blieben aber - fast vergessen - für die

---

52 Ein Beispiel, s. a a.O., S. 17.
53 Abbildung a.a.O., S. 52.
54 Walter Mehring, *Die verlorene Bibliothek* (Erste erweiterte und revidierte Neuausgabe), Icking und München 1964, S. 144.

deutsche Nachkriegsliteratur zunächst ohne jeden Einfluß. Obwohl der Ruin ähnlich perfekt, Ernüchterung und Verwirrung womöglich noch größer waren, ist die literarische Situation nach dem Zweiten Weltkrieg von der nach dem Ersten Weltkrieg grundsätzlich verschieden. Es fehlt eine Abrechnung großen Stils, wie sie Karl Kraus in seinen *Letzten Tagen der Menschheit* gegeben hatte, es fehlt die tabula rasa der *Blechschmieden*-Fassung von 1921, es fehlt schließlich auch die >Satyrfarce< des Dadaismus. Dagegen blüht die Naturlyrik in der Nachfolge auf Oskar Loerke und Wilhelm Lehmann, in deren Gefolge dann freilich eine erste bescheidene Rezeption des europäischen Surrealismus statthaben sollte. Erst in der Dichtung der 60er und 70er Jahre - in Abkehr vom Symbolismus, der Chiffren- und Metaphernlyrik der fünfziger Jahre - ist es zu einer systematischen und konsequenten Aufnahme und Weiterführung der avantgardistischen Tendenzen der frühen Jahrzehnte des 20. Jahrhunderts gekommen. Die *Wiener Gruppe*, bestimmte Ausprägungen der >konkreten Poesie< wären in Anschlag zu bringen: vor allem die Lyrik des Wieners Ernst Jandl stellt sich als eine raffinierte Reprise, geradezu als ein >Musterbuch< moderner Textverfahren seit 1900 dar.

Dies und das! In einigen seiner Stücke - gesammelt unter dem Titel *Laut und Luise* - setzt Ernst Jandl den Wiener Surrealismus fort, jene schwarze Heiterkeit, in der nahezu alle jungen Österreicher begonnen haben und Schule machten: Hans Carl Artmann voran, Konrad Bayer, Gerhard Rühm, Friedrich Achleitner. Schon der *schwoazzn dintn* der Gedichte aus »bradnsee« war anzumerken, daß sie nicht auf ein Tintenfaß beschränkt bleiben würde. Dialektnotation also: »doodngroowaaaaaaaaa« (Totengräber), »wo bleibb da / humoooa« (wo bleibt der Humor) oder »doode schbrooooochn« (tote Sprache). Daneben Einübungen in die Prosalyrik Hans Arps: »aus den astlöchern der straßenbahnkontrolleure schlüpfen honigfrische schmetterlinge«; Groteskerfindungen à la Christian Morgenstern: »die fußblume«, »das blumenhorn«; Lautgedichte nach Kurt Schwitters und Hugo Ball: »la zeechn u bapp / iileo zunggi«. Unter den Figurengedichten findet sich eins auf »einganzeslavoir«: »beschützmichgottvorsovielwasser«. - Aber greifen wir aus all diesen Sprachspielen eins heraus, in dem Jandl stärker zu sich selbst kommt: *calypso*. Drei der acht Strophen dieses Gedichts lauten:

> ich was not yet
> in brasilien
> nach brasilien
> wulld ich laik du go
>
> wer de wimen
> arr so ander
> so quait ander
> denn anderwo
>
> yes yes de senden
> mi across de meer
> wer ich was not yet
> ich laik du go sehr.[55]

Aus Schriftdeutsch (»ich«, »in brasilien / nach brasilien«, »meer«, »denn anderwo«, »wer ich«, »sehr«), aus Schriftenglisch (»was not yet«, »yes yes«, »across«, »go«) und der Aussprache des Englischen, wiedergegeben in deutscher Lautung, einer Art Lexikonsprache (»wulld« für would, »laik« für like, »wimen« für women, »mi« für me oder »quait« für quite), schafft Jandl ein kurioses Kauderwelsch, das einerseits internationales Touristengequassel karikieren soll, andererseits aber - über die Karikatur hinaus, die die Nähe zur Satire wahrt - ein elementares Sprachvergnügen ausbalanciert, das seinen Reiz dem unmittelbaren Sprechakt, der verzerrenden Artikulation entnimmt. In anderen Gedichten ist es der Buchstabentausch, sind es bewußte Fehl- und Falschschreibe, die das Sprachspiel inszenieren, z.B.: »eile mit feile«, »bette stellen sie die tassen auf den tesch«, »spül düch meun künd«. Nach seinen eigenen Worten zielt Jandl

---

55 Ernst Jandl, *Laut und Luise*, Olten 1966, S. 18f. (Vgl. meine Besprechung in den Neuen deutschen Heften, Jg. 13, H. 4, S. 152ff.).

auf eine in »verschiedener weise aus dem gewohnten in ein ungewohntes gleichgewicht gebrachte sprache«[56]:

> als ich anderschdehn
> mange lanquidsch
> willl ich anderschdehn
> auch lanquidsch in rioo.

Ging es bisher um die Auflösung verfestigter Sinnzusammenhänge, erstarrter Systeme, Sprachklischees und Phrasen, die im Zitatenspiel des Cross-reading entlarvt und ad absurdum geführt wurden, so hier - quersprechend durch zwei Sprachen, zwischen denen sonst nur die Übersetzung vermittelt - um die witzige >Auflösung< von Sprache (als dieser und keiner anderen) überhaupt: Deutsch und Englisch verlieren in diesem Gedicht ihre feste Kontur und verschwimmen zu einem heiteren Mischmasch. Das ist der Bezug, der es erlaubt, von einer neuen Variante des Cross-readings oder Cross-talkings zu sprechen. Auf Jandl gemünzt, müßte man Lichtenberg wie folgt umformulieren: >Wenn wir beim Sprechen uns den natürlichen Fügungen der Sprachformen überlassen, so kleben die Worte oft zu sehr an anderen, daß sie sich nicht mit denen vereinigen können, denen sie eigentlich zugehören<; oder: >Es ist nötig, alle Sprachen umzurühren und sich dann wieder setzen zu lassen, um zu sehen, wie sich alles setzt<.

Wenn man will, ist es mehr als nur der pure Zufall, daß Lichtenberg (ausgerechnet) englische Cross-readings nachahmt, Jandl (ausgerechnet) sich des Englischen bedient, um zu seinem Cross-talking-Effekt zu kommen; doch lassen wir das als Spielerei! - Wichtiger ist uns ein anderer >Zufall<! Weder Holz und Kraus, sagten wir, noch die Dadaisten hätten Einfluß gewonnen auf die deutsche Nachkriegsliteratur: die Ausnahme der experimentellen Poesie bestätigt nur die Regel. Die Naturlyrik dominiert. Die Ironie der Literaturgeschichte will es jedoch, daß von unerwarteter Seite Ersatz kommt und Impulse gegeben werden, die den

---

56 Ernst Jandl, *orientierung*. In: *Diskus* 2/1965, S. 9.

ausgefallenen gar nicht so unähnlich sind. Wer weiß, welche wachsende Bedeutung Gottfried Benn für die deutsche Nachkriegslyrik gehabt hat, wird ermessen, welches Gewicht einer Äußerung zukommt wie: »Wenn der Mann danach ist, dann kann der erste Vers aus dem Kursbuch sein und der zweite eine Gesangbuchstrophe und der dritte ein Mikoschwitz, und das Ganze ist doch ein Gedicht«.[57] Das könnte ohne weiteres auch von Arno Holz, von Hans Arp oder Kurt Schwitters gesagt sein; in den Zusammenhang des Cross-readings stellt sich dieser Satz von selbst. Mit ihm und ähnlichen Direktiven ist Gottfried Benn zum Initiator einer Lyrik geworden, deren vorherrschende Kennzeichen Zitat und Zitatmontage sind; ihr bedeutendster Vertreter ist – seit der Mitte der fünfziger Jahre – Hans Magnus Enzensberger. Aber auch andere Lyriker, die man in der Regel nicht unter den Begriff der Montagelyrik faßt, die ihr eher fernstehen, haben sich in diese Richtung bewegt, zum Beispiel Ingeborg Bachmann in den satirischen Gedichten ihres ersten Lyrikbandes von 1953, *Die gestundete Zeit*:

> am Brunnen vor dem Tore,
> blick nicht zu tief hinein,
> die Augen gehen dir über.[58]

– Volksliedzeile und Goetherelikt (*Der König in Thule*: »Die Augen gingen ihm über«) kühn ineins genommen; der Imperativ der mittleren Zeile baut die Brücke.
Kursbuch betitelte Hans Magnus Enzensberger seine im Suhrkamp Verlag herausgegebene Zeitschrift; Textelemente aus Kursbüchern hat Ferdinand Kriwet in seinen rundgeschriebenen ›Sehtexten‹ verwandt. – Literarische Zitate ins Gedicht einzubeziehen und (wie Ingeborg Bachmann) kritisch gegeneinander zu setzen, ja aus solchen Kontrasten ganze Gedichte zu konstruieren, wird bei Peter Rühmkorf geradezu Manier: *Irdisches Vergnügen in g, Kunststücke*, so die Titel

---

57 Gottfried Benn, *Gesammelte Werke*, hrsg. von Dieter Wellershoff, Wiesbaden 1958-1961, Bd. 4, S. 164.
58 Ingeborg Bachmann, *Die gestundete Zeit*, München 1957, S. 25.

seiner Publikationen. Dagegen ist bei Enzensberger das literarische Zitat nur ein Aspekt unter anderen; seine Lyrik basiert auf Zitaten verschiedenster Art: wie Arno Holz lockt ihn die Parodie, wie Karl Kraus zieht es ihn zur Entlarvung der Phrase, wie Schwitters und Mehring reibt er sich an den Trivialitäten einer trivialen Realität. »Als allgemeinstes Merkmal« seiner Verse, erklärt Reinhold Grimm, »wäre vielleicht die Einbeziehung sämtlicher überhaupt zugänglicher Sprachbereiche zu nennen. Rotwelschausdrücke stehen neben mythologischen und historischen Reminiszenzen, Zitate neben Sportjargon, Redensarten und Sprichworte neben Bibeldeutsch«; freilich sind sie, wo sie auftauchen, »meist schon umgeformt, aus ihren gewohnten Zusammenhängen gerissen und auf überraschende Weise neu verknüpft«.[59] Symptomatisch gleich Enzensbergers erster Lyrikband: *Verteidigung der Wölfe*. Beleg sind Gedichte wie *bildzeitung* oder *telegrammschalter null uhr zwölf*. - Reklamespruch und Märchen werden zusammengespannt zu:

tischlein deck dich:
du wirst reich sein.

eselin streck dich:
du wirst schön sein.

knüppel aus dem sack:
du wirst stark sein.[60]

Oder es kommentieren sich - »nach göteborg 40 pfennig das wort«, »60 pfennig pro wort nach valladolid« - telegraphische Kürzel wie: »mit allen tröstungen unsrer religion / sanft entschlafen ... dringend aufkauft malakka zinn loco / limit zwohundert das picul« und »mi dulce amor / mi muy dulce amor«.[61] Zu *scherzo* merkt Grimm interpretierend an: »Also ein Sprichwort wird zerlegt und eine Redensart aus

59 Reinhold Grimm: *Montierte Lyrik*. In: Heinz Otto Burger und Reinhold Grimm, *Evokation und Montage*, Göttingen ²1967, S. 49f.
60 Hans Magnus Enzensberger, *Verteidigung der Wölfe*, Frankfurt/Main 1957, S. 80.
61 A.a.O., S. 18.

dem Alltag geistreich neben eine Hölderlin-Reminiszenz montiert«; summa summarum: »Die Dichtung ist zum Mosaikspiel geworden: man kombiniert und montiert.«[62] Post scriptum: daß Enzensberger neben der Lyriktheorie des späten Gottfried Benn, auf deren Entsprechung im Werk Enzensbergers Grimm sehr nachdrücklich und dabei etwas zu ausschließlich den Finger legt, auch die Bertolt Brechts rezipiert und verarbeitet hat, ist durch die Übernahme des von Brecht initiierten Terminus >Gebrauchslyrik< verbürgt; das mag die durchweg kritische Ausrichtung von Enzensbergers Cross-reading-Formulierungen erklären.
Andererseits - und die Synthese Benn-Brecht steht nur dafür ein - ist es bezeichnend für Enzensberger, daß er am Gedicht im >herkömmlichen Sinn< durchaus festhält; zwar verzichtet er auf den Reim, aber Metrum, durchgezogener Rhythmus und strenger Strophenbau stiften die gemeinte Homogenität seiner Verskunst. Die Veränderungen, die Enzensberger an den Zitaten vornimmt, dienen nicht zuletzt deren Integration ins Gedicht; darin ähnelt sein Verfahren dem des Arno Holz, wo ja auch die Zitate einer klanglichen Einheit untergeordnet wurden, die ihre Herkunft verwischte. Erst in einigen seiner späteren Texte ist Enzensberger aus dem Gedicht heraus- und zur freien Montage, Schwitters' *Aufruf* vergleichbar, übergegangen.[63] - An diesen traditionellen Momenten des modernen Gedichts, seinem Verharren im Klang als significans, seinem Beibehalten metrisch-rhythmischer Schemata (und seien sie noch so originär), mußte sich daher eine Lyrik stoßen, der das Gedicht schlechthin suspekt geworden war und die (darüber hinaus) am »alten Grundmodell« der Sprache selbst - »Subjekt-Prädikat-Objekt« - zu zweifeln begann: »Wir benutzen es noch. Aber es ist bereits starr. Es erscheint abgenutzt, bröckelt ab, verwittert«. Die Forderung an die Poesie lautet daher, sie müsse versuchen, »ins Innere der Sprache einzudringen, sie

---

62 Burger und Grimm: *Evokation und Montage*, a.a.O., S. 51, S. 62.
63 Vgl. beispielsweise - unter dem Titel *Soziale Marktwirtschaft* - Enzensbergers Beitrag zur ersten Lieferung von Luchterhands Loseblatt-Lyrik.

aufzubrechen und in ihren verborgensten Zusammenhängen zu befragen«: »Satzsubjekte, Satzobjekte, Satzprädikate fallen weg, weil die Erfahrung, von der geredet wird, außerhalb der eindeutigen Subjekt-Objekt-Beziehung steht«.[64] Das sind - aus seinem Aufsatz *Voraussetzungen*, publiziert in der von Hans Bender herausgegebenen Anthologie *Mein Gedicht ist mein Messer* - Sätze von Helmut Heißenbüttel, der einer der frühsten Wortführer dieser Kritik war und zudem ihr fundiertester Anwalt geworden ist. Wir sprachen von ihm anläßlich der poetologischen Auslassungen Hans Arps; mit ihm kommt unser Überblick zu seinem Ende. Als letzten Beleg zur Technik des Cross-readings - als letztes Glied der Kette von Materialien, die vorzuführen war - wählen wir daher ein Beispiel aus Heißenbüttels 1960 erschienenem *Textbuch I*!

In der Abteilung *Pamphlete* dieses *Textbuches* lesen wir unter Nummer V; »aus Zeitungen« heißt es in einer beigefügten Erklärung neben der Ziffer - :

Anerkennungsmöglichkeit dürfte beweisbar sein
einhellige Anerkennung wäre eine Position
überhaupt wenn ja unter allen Umständen
Umstände die zur Folge haben
dergestalt daß
die bestmöglichen Diesbezüglichkeiten
in gewisser Hinsicht handelt es sich um ständig steigende Möglichkeiten
in gewisser Hinsicht wäre eine aussichtslose Position eine Möglichkeit.[65]

In dem Maß, in dem wir - illustrierend oder kontrastierend - die bisher gegebenen Beispiele beiziehen, verliert dieser Text die Sprödigkeit, die ihm anhaftet, und gibt seine spezifische Eigenart preis. Wie bei Lichtenberg liefert die Zeitung das Material; anders als bei Lichtenberg werden jedoch die einzelnen, offensichtlich auch hier disparat gewählten Zitate nicht syntaktisch aufeinander bezogen, sondern be-

---

64 Helmut Heissenbüttel, *Voraussetzungen*. In: *Mein Gedicht ist mein Messer*, hrsg. von Hans Bender, München 1961 (Listbücher 187), S. 89ff.
65 Helmut Heissenbüttel, *Textbuch I*, Olten und Freiburg im Breisgau 1960, S. 12.

haupten sich asyntaktisch nebeneinander; einzig die Zeilen vier bis sechs (»Umstände die zur Folge haben / dergestalt daß / die bestmöglichen Diesbezüglichkeiten«) sind fortlesbar dem grammatikalischen Verstand nach. Trotzdem handelt es sich - im Unterschied zu Arp - nicht um ›Zufallsfunde‹ des blinden Bleistifts, sondern im Gegenteil: die Auswahl folgt einem bestimmten Plan, einem festumrissenen, strengen Kalkül. Die ersten beiden und das letzte Zeilenpaar sind durch jeweils ein Bezugswort, das in Relation gestellt ist (»Anerkennung«, »Umstände«, »Möglichkeit, Möglichkeiten«), aneinander gebunden; zwischen dem ersten und dem letzten Zeilenpaar stellen die Worte »Möglichkeit« und »Position« eine Querverbindung her. Von Schwitters' Texten trennt diese ›Konstellation‹ der Zug zur Erkenntnis, der ihr innewohnt und den sie unkonventionell vermittelt; Satire eher im Sinn von Karl Kraus, als Parodie von der Art des Arno Holz, von dem Heißenbüttel sagt: »Man muß in seinem Werk graben wie in einem Steinbruch. ... Was lebendig an ihm war, ist ja nie tot gewesen. Man darf ihn nur nicht gleich zu den Unsterblichen rechnen«.[66] Ernst Jandls Rede von der in »verschiedener weise aus dem gewohnten in ein ungewohntes gleichgewicht gebrachten sprache« erscheint hier in neuer Färbung!

Trotz der Konjunktive (»dürfte«, »wäre«) hat der Einsatz unseres Beispiels konstatierenden Charakter: die »Anerkennungsmöglichkeit« darf als »beweisbar«, »einhellige Anerkennung« (sogar) als »Position« gelten. Die folgenden Zeilen stellen das Konstatierte nicht in Frage, zerreden es aber in eine Abfolge von Floskeln. Deutlich erkennbar ist die Diskrepanz des letzten Zeilenpaares, die durch den gleichen Anlaut beider Zeilen (»in gewisser Hinsicht«) nur herausgestrichen wird: hier liegt der ›Witz‹ des Ganzen. Während die vorletzte Zeile »ständig steigende Möglichkeiten« proklamiert, erklärt die Schlußzeile gerade die »aussichtslose Position« zur »Möglichkeit«. Beide Zeilen zusammenge-

---

66 Helmut Heissenbüttel, *Über Literatur*, Olten und Freiburg im Breisgau 1966, S. 38f.

nommen und rückwärts gelesen: je aussichtsloser die Position, desto steigender offensichtlich die Möglichkeiten. Es fällt nicht schwer, den konkreten politischen Bezug herzustellen; das Wort >Anerkennung< signalisiert ihn. Direkt (und vielleicht zu direkt) gesagt: der Dichter beleuchtet bundesrepublikanische Deutschlandpolitik in ihrem neuralgischen Punkt; ihr Paradox wird sichtbar. Weniger direkt gesagt: er ist irritiert und gibt die Irritation, wie er sie vorfindet, weiter. Das ist es, was die Präsentation »vorgeprägter Sprachstücke« beabsichtigt. Der Autor kommentiert nicht, er zitiert nur »aus Zeitungen«: voilà, er hat mit der Zeitung die Zeit zur Satire erhoben, er hat ein satirisches Cross-reading veranstaltet.

Die Zitate treten als Bruchstücke auf; die »grammatische Logik« ist ihnen entzogen. Durch diese antigrammatische Verfremdung soll die Aufmerksamkeit des Lesers für das Wesentliche - die Sprache - geschärft werden: dem Text gibt sie Präzision und Konzentration. »Antigrammatisches Sprechen«, »Dekomposition« usw. sind die Begriffe, die Heißenbüttel selbst zum Verständnis seines Textes und seiner Methode zu dichten, seiner Variante des Cross-readings bereitstellt. Als Umschreibung für Cross-reading darf man ansehen, was er als »offene Reproduktion« »vorgeprägter Sprachstücke« bezeichnet. Im Zusammenhang einer literar-historischen Reflexion heißt es dazu in seinen *Frankfurter Vorlesungen zur Poetik 1963*: »Dadaisten, Surrealisten und Gertrude Stein haben diesem Prinzip auf verschiedene Weise Geltung verschafft«. Wir würden die Namensliste um Georg Christoph Lichtenberg, Arno Holz und Karl Kraus erweitern und, was den Dadaismus betrifft, Hans Arp, Kurt Schwitters und Walter Mehring hervorheben. In Anlehnung an den Fortgang des Zitats bei Heißenbüttel, leicht modifiziert und entsprechend allgemeiner gefaßt, läßt sich das Resümee über unseren Gegenstand wie folgt formulieren: >In der Cross-reading-Montage, die das vorgeprägte Sprachstück sozusagen unvermittelt der herkömmlichen Logik entzieht, die diese Sprachteile zusammensetzt, wird gleichsam der Prozeß des gegenläufigen Sprechens selbst - das Wesen aller Satire - aufgedeckt<. Zumindest im Deutschen hat ja das >Quer< in >Querlesen< und >Quersprechen< auch diese Bedeutung des Gegenläufigen. >In den Reproduktionen der Montage wird Sprache bei der Sprache genommen, erkennt Sprache sich selbst, und das ist das Zeichen ihrer Literarität<. Damit sind wesentliche Gemeinsamkeiten der von uns aufgesuchten Beispiele zur Technik des Cross-readings dingfest gemacht. Nicht zur Sprache kommt die List des Verfahrens, die eben im Zitieren selbst, in der Ausschließlichkeit des Zitats als constituens der Satire liegt und ein nicht weniger wesentliches Merkmal im Spektrum seiner Möglichkeiten darstellt: für das ganze Spektrum und seine Facettierungen, wie sie in der Reichweite unseres Ansatzes bei Lichtenberg lagen, verweisen wir zurück auf die Interpretationen, die gegeben wurden. In ihnen ist der Umkreis formaler Möglichkeiten des Cross-readings in etwa festgelegt. - Anzumerken bleibt eben noch, daß uns Heißenbüttel im Gegenbegriff zur »offenen Reproduktion« eine neue Perspektive auf unseren Gegenstand öffnet, die zu verfolgen hier freilich kein Raum ist; wir zitieren wörtlich: »Von verdeckter Reproduktion könnte man« dagegen »überall dort sprechen, wo nicht das Wortwörtliche, sondern Bedeutungs- und Ideenbereiche zitathaft wiederholt ... und zueinander in Beziehung gesetzt werden. Hierher wäre das Werk Thomas Stearn Eliots oder Ezra Pounds zu rechnen, ebenso der *Ulysses* von James Joyce, aber, mit Einschränkung, auch die Rekapitulation der Berichtsprache bei Robert Walser, die von Traumsprache bei Franz Kafka oder die von Memoirensprache bei Marcel Proust. Ohne eine solche verdeckte Reproduktion ... ist die Literatur des 20. Jahrhunderts gar nicht mehr denkbar«.[67]

Rekapitulation und Explikation, Zusammenfassung und Ausblick, wie sie Heißenbüttel gibt, setzen den Schlußpunkt. Dennoch sei - sozusagen als ein zweiter Schluß - noch eine kurze Anmerkung erlaubt. Wir begannen mit der

---

67 A.a.O., S. 151f.

eigentlich nicht zur Sache gehörenden Beschreibung in Lichtenbergs Londoner Briefen: Cheapside und Fleetstreet an einem Dezemberabend. Eine der ersten bemerkenswerten Großstadtschilderungen deutscher Sprache, sagten wir. Anlaß, das Großstadtthema im Zusammenhang mit der Technik des Cross-readings wieder aufzugreifen, wäre bei Walter Mehring gegeben gewesen. Noch deutlicher tritt ein solcher Zusammenhang in Alfred Döblins *Berlin Alexanderplatz* zutage, vielfach als der ›erste deutsche Großstadtroman‹ oder gar ›einzige deutsche Großstadtroman‹ bezeichnet. Der Roman als Ganzes ist eine Montage; erst recht im Detail. Um das Berlin der zwanziger Jahre zu schildern, die Großstadt selbst zum Helden zu erheben und reden zu lassen, hat Döblin eine Unmasse von Materialien gesammelt, die ›roh‹ in seine Darstellung eingegangen sind. Über weite Partien, oft über mehrere Druckseiten weg werden Zeitungen und ihre Inserate zitiert, Aufrufe, Reklamesprüche wiedergegeben, ›Viehmarkt Auftrieb‹, Wetterberichte, öffentliche Reden und Erlasse, Parteiprogramme usw.; immer wieder sucht die Erzählung den Absprung in solche Material-Montagen, die im übrigen denen von Kurt Schwitters sehr nahe kommen.[68] Was Lichtenberg in seinem »flüchtigen Gemählde« durch die bewußte Setzung aufgeschnappter Reden und Ausrufe erreichte, wird hier zur beherrschenden poetischen ›Figur‹. Die gewählte Position erlaubt es auch hier dem Verfasser, nach vielen Seiten zugleich zu blicken und - soweit dies in Sprache möglich ist - eine Vielzahl gleichzeitiger Ereignisse dann auch gleichzeitig, im Nebeneinander darzustellen; so trifft auch er -

---

[68] Vgl. dazu Alfred Döblin, *Berlin Alexanderplatz*, z. B. 4. Buch, 1. Kap.: *Eine Handvoll Menschen um den Alex.* »Deutsche Volksgenossen, nie ist ein Volk schmählicher getäuscht worden ... Kanalisationsartikel, Fensterreinigungsgesellschaft, Schlaf ist Medizin, Steiners Paradiesbett. - ... Das Mieterschutzgesetz ist ein Fetzen Papier ... Der schweren Stunde wohl vorbereitet entgegenzugehen ist Wunsch und Pflicht jeder Frau ... Versorge dein Kind und deine Familie durch Abschluß einer Lebensversicherung ... Ihr Herz lacht! Ihr Herz lacht vor Freude ...«

und erst recht er - das Tumultuarische und Massenhafte der Erscheinung und bringt es zum Ausdruck. Wie für das Cross-reading von Lichtenberg auszugehen war, so ließe sich bei dieser für die Schilderung der Großstadt so charakteristischen Struktur des Nebeneinander mit Lichtenberg beginnen. Karl Gutzkow ist, wenn er vom ›Roman des Nebeneinander‹ redet[69], schon ein Spätling und bringt nur eine schon länger anstehende Diskussion zu ihrem vorläufigen Abschluß. - Doch das ist in mehrfacher Hinsicht ein anderes Thema ...

---

69 Karl Gutzkow, *Werke*, hrsg. von Reinhold Gensel, Berlin, Leipzig, Wien, Stuttgart o. J., Bd. 12, S. 111f.

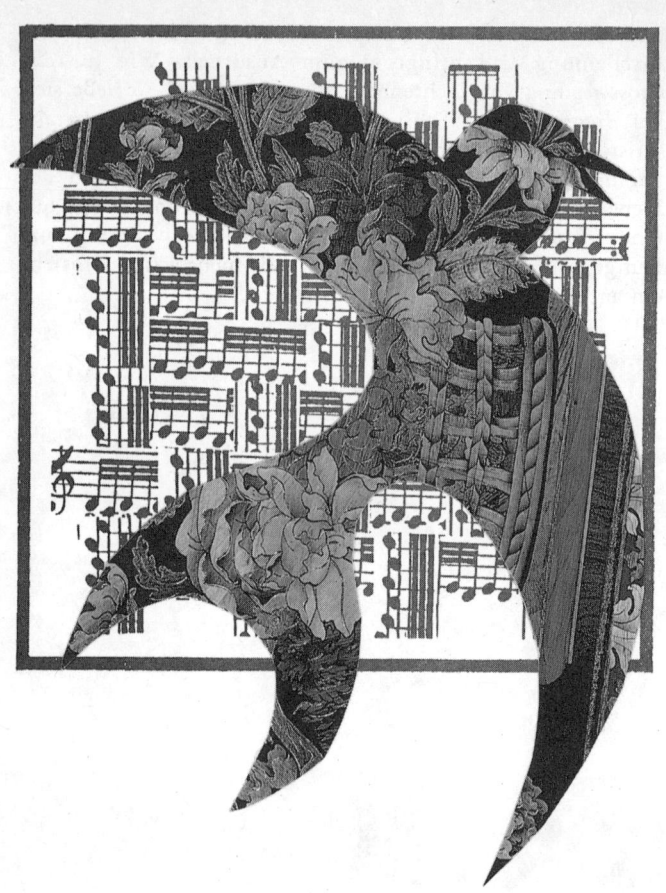

k.r.: mit den himmels-vögeln ...

Die Sprache der Vögel
Lautgedichte und phonetische Poesie

Im Märchen kann das Kind die Sprache der Vögel verstehen: - eine Sprache voller Wunder und ungeahnter Geheimnisse, die innere Sprache der Natur. Hat es aber seine kindliche Unschuld verloren, verstummt ihm diese Sprache und wird ihm rätselhaft.[1] Das hat - übers Märchen hinaus - seinen festen Symptom- und Symbolwert! Tatsächlich kennt die Linguistik primitive Sprachen, die sich in ihrem Lautbestand und ihrer Bewegung eng an die Pfeif- und Trillertöne der Vögel halten, also die menschlichen Formen der Verständigung mehr oder weniger direkt aus denen der gefiederten Bewohner des Himmels ableiten:

---

1 Vgl. *Motiv-Index of Folk-Literature*, hrsg. von Stith Thompson, ³1975, unter B 211,3,1ff. - Das Motiv findet sich auch in die Sage übernommen: Siegfried (Sigurd) kann die ›Sprache der Vögel‹ verstehen, sobald er seinen Finger ins Drachenblut getaucht hat; diese Fähigkeit geht durch einen Zaubertrank wieder verloren; so auch Richard Wagner in seiner Oper *Siegfried*; s. *Gesammelte Schriften und Dichtungen* von R. W., ³1898, Bd. 6, S. 139:
(Fafner hat sich im Sterben zur Seite gewälzt. Siegfried zieht
    das Schwert aus seiner Brust; dabei wird seine Hand vom Blute
    benetzt; er fährt heftig mit der Hand auf.)
Siegfried: Wie Feuer brennt das Blut!
(Er führt unwillkürlich die Finger zum Munde, um das Blut von
    ihnen abzusaugen. Wie er sinnend vor sich hinblickt, wird
    plötzlich seine Aufmerksamkeit von dem Gesange der
    Waldvögel angezogen. Er lauscht mit verhaltenem Atem.)
Siegfried: Ist mir doch fast -
    als sprächen die Vög'lein zu mir:
    deutlich dünken mich's Worte!
    Nützte mir das
    des Blutes Genuß? -
    Das selt'ne Vöglein hier -
    horch, was singt es mir?

Das Pfeifen war wahrscheinlich am Ursprung vieler menschlicher Sprachen, bevor die rein oralen Elemente noch ungenügend entwikkelt waren. Noch heute besitzen einige Volksstämme eine Pfeifsprache, vor allem in Gebirgsgegenden.[2]

Ein älterer, in die Poetik hinüberspielender Hinweis darauf, daß die Menschen, wenn schon nicht das Sprechen, so doch das Singen von den Vögeln gelernt haben, findet sich in Johann Christoph Gottscheds *Versuch einer Kritischen Dichtkunst* von 1730; es heißt dort im ersten Kapitel, in dem der Verfasser *Vom Ursprunge und Wachsthume der Poesie überhaupt* handelt und seine Ausführungen zum Nachahmungsprinzip eröffnet, das seiner Gattungslehre den Grund legt:

Einige wollen behaupten, daß die allerersten Menschen das Singen von den Vögeln gelernt haben. Es kann solches freylich wohl nicht ganz und gar geleugnet werden; vielmehr hat es eine ziemliche Wahrscheinlichkeit für sich. Leute, die im Anfange der Welt mehr in Gaerten oder angenehmen Lustwaeldern, als in Häusern wohnten, mußten ja taeglich das Gezwitscher so vieler Voegel hoeren, und den vielfaeltigen Unterschied ihres Geschreyes wahrnehmen. Von Natur waren sie, sowohl als unsre kleineste Kinder, uns Erwachsene selbst nicht ausgenommen, zum Nachahmen geneigt: daher konnten sie leicht Lust bekommen, den Gesang desjenigen Vogels, der ihnen am besten gefallen hatte, durch ihre eigene Stimme nachzumachen; und ihre Kehle zu allerley Abwechselungen der Toene zu gewoehnen. Diejenigen, welche vor andern gluecklich darinnen waren, erhielten den Beyfall der andern: und weil man sie gern hoerete, so legten sie sich desto eifriger auf dergleichen Melodeyen die gut ins Gehoer fielen; bis endlich diese vormalige Schueler des wilden Gevoegels, bald ihre Meister im Singen uebertrafen.[3]

In den zivilisierten Sprachen hat sich jedoch dieser Ursprung, wenn er es denn wirklich war, weitgehend verloren;

---

2   Raoul Hausmann, *Die Sprache der Fische und Vögel und die Phonie*, Frankfurt/Main 1978, o. S.; auch in: Karl Riha, *Da Dada da war ist Dada da,* München 1980, S. 228.

3   Johann Christoph Gottsched, *Ausgewählte Werke*, Bd. 6, 1: *Versuch einer Critischen Dichtkunst*, Berlin, New York 1973, S. 115f.

und so ist es uns eher eine komische Vorstellung, wir könnten - oder müßten - in unseren täglichen Geschäften, privat oder im Beruf, auf Kuckucks- oder Zeisigsweise miteinander kommunizieren. - Erhalten haben sich allenfalls indirekte Einflüsse. Pfiffe dienen als Erkennungszeichen. In übertragener Bedeutung sprechen wir davon, daß ein Liebhaber ›flötet‹, wenn es ihm bei seinem Mädchen wohl ums Herz ist; zwei Klatschbasen ›schnattern‹ miteinander, wenn sie über irgendjemand und irgendwas den Schnabel wetzen; wir ›zwitschern‹ einen, wenn wir uns kurz einen hinter die Binde gießen, oder ›krächzen‹, wenn wir es im Hals haben ...

Trotzdem gibt es eine ursprüngliche Faszination der ›Sprache der Vögel‹, die sich bis heute in der unterschiedlichsten Gestalt gehalten hat, durchaus vergleichbar der Bewunderung, die seit Ikarus' Zeiten, also seit jeher der Vogelflug - den Wunsch auslösend, es ihm gleichzutun - ausgeübt hat. Gemeint ist die wirkliche, die naturgegebene Vogelsprache und nicht eine nur angelernte menschliche, wie es etwa der Fall ist, wenn man einen Papagei dazu bringt, ›Lora‹ zu sagen oder sonst ein Wort oder eine Phrase zu reproduzieren. Ein eigenes Witz-Genre hat hier seinen Ursprung. Speziell auch in der didaktisierenden Fabeldichtung werden die Tiere und mit ihnen die Vögel vermenschlicht und artikulieren sich in der ›Sprache der Menschen‹:

Eine Lerche, die in einer Schlinge gefangen worden war, um als ›Leipziger Lerche‹ in den Magen der Menschen zu wandern, wehklagte laut: ›Ach ich elendes, unglückliches Vöglein, ich habe Niemandem Gold oder Silber, oder sonst etwas Kostbares entwendet, sondern ein kleines Weizenkörnlein, das meinen Appetit reizte, hat mir den Tod zugezogen, während jede Feldmaus ungestraft davon essen kann!‹ Diese Fabel ist eine Lehre für die Habsüchtigen, die sich um eines geringen Gewinnes willen großer Gefahr aussetzen.[4]

---

4   *Der neue Äsop*, Eine klassische Fabelsammlung von Lessing, Gellert, Pfeffel u.a., mit Illustrationen von Ernest Griset, Berlin 1878, S. 212.

Die modernisierte Fabel des achtzehnten Jahrhunderts steht hier für Fabel schlechthin und speziell auch für die antike Fabeldichtung, die sogar das Thema des Vogelgesangs auf diese Weise versprachlicht hat. In den *Äsopischen Fabeln* klagt der schöne Pfau, daß ihm nicht der Gesang der Nachtigall verliehen worden sei:

> Sie werd' von allen Vögeln stets gelobt, gepriesen,
> Doch verlache man, sobald er seine Stimme
> Vernehmen lasse.[5]

Juno tröstet ihn, indem sie auf die unterschiedlichen Qualitäten der Vögel verweist, deren jede ihren eigenen Sinn und eigenen Wert hat; eben deshalb solle man nach nichts streben, was einem nicht gegeben sei.

Es ist hier aber an den umgekehrten Fall, an die Imitation des Vogelgesangs durch die menschliche Stimme gedacht. Wenn wir im Frühjahr über die Münchener Dult oder im Herbst über das Münchener Oktoberfest laufen, können wir dort - seitab von den lärmenderen Sensationen des Jahrmarkts - den Vogel-Jakob hören: auf einem niedrigen Podest stehend, doch im Unterschied zum Bänkelsänger, der seine Bildertafel zur Hilfe nimmt, allein mit seiner Stimme arbeitend, imitiert er die unterschiedlichsten Vogelarten, trillert, quinquilliert, fiept, gackert, balzt - und interagiert mit seinem Publikum durch kurze Geschichten und Witze, in denen er mit seinen Stimmeffekten brillieren kann.[6] Für

---

[5] *Des Freigelassenen Phädrus Äsopische Fabeln*, dt. im Versmaße der Urschrift, mit Einl. und Erläuterungen, Leipzig o. J. (Reclam UB 1144), S. 36.

[6] Solche Vogelstimmen-Imitationen haben offensichtlich - mit wechselnden Hilfsmitteln - eine uralte Tradition; schon bei Plinius steht zu lesen: »homines repertos, qui sonum earum addita in transversas harundines aqua foramen inspirantes linguaeve aliqua opposita mora indiscreta redderent similitudine« (man habe Menschen gefunden, die den Ton der Nachtigallen täuschend ähnlich wiedergaben, indem sie zunächst Wasser in absteigend nebeneinander geordnete Schilfhalme gossen und dann in die Öffnungen

wenig Geld kann dann jeder, der will, das kleine Hilfsmittel - ein vibrierendes Gaumenplättchen - erwerben, um es mit etwas Geschick dem Vogel-Jakob gleichzutun. So perfekt wie der Vogel-Jakob selber kann es freilich keiner: und so bleiben die Leute im Geschiebe des Jahrmarkts immer wieder stehen und schenken ihm in all dem Trubel für einen Augenblick ihr Ohr. Denn: als ein Imitator, der durch Nachahmung auf Täuschung aus ist, gehört er natürlich hierher - unter die Luftschaukeln und das Riesenrad, die das Fliegen simulieren, neben die Wachsfigurenkabinette und Gespensterbahnen, die uns für einen Moment in die Welt der Schrecknisse entführen und uns das Gruseln lehren, zwischen die Glücks- und Losbuden, wo uns Fortuna winkt.

In der etwas höher gegriffenen Geschichte der Musik und Literatur begegnen wir freilich - an verschiedenstem Ort - auch komplizierteren Formen der Vogelstimmen-Imitation. Bei der Spieluhr ist es eine ausgetüftelte Vorrichtung, die einen mechanischen Vogel die Flügel spreizen, den Kopf wenden und dazu Triller ertönen läßt, die der Drehwalze oder einem raffinierten System kleiner Blasbälge entlockt werden.[7] Beim Komponisten ist es die Kunst des Einzelinstruments beziehungsweise eines ganzen Orchesters, die in den Dienst der Vogelstimme genommen werden kann. - Stellvertretend für zahlreiche Kompositionen, die sich anführen lassen, nenne ich hier die *Kindersinfonie* Leopold Mozarts, des Vaters von Wolfgang Amadeus Mozart, mit vollem Titel *Sinfonia Berchtholdgadensis a violino I, II, basso, Schnarre, Guckuck, Nacht-Eule, Trompete und Trommel, Cimbelstern, Wachtel*. Ursprünglich war Joseph Haydn, der in seinem Oratorium *Die Schöpfung* mit Flöten, Klarinetten, Streichinstrumenten und Hörnern den Gesang der Nachtigall aufgenommen und kunstmäßig umgesetzt hatte, als

---

hineinbliesen oder in gewissen Zwischenzeiten mit der Zunge anstießen).

7 Vgl. dazu das Märchen *Die Nachtigall* in: Hans Christian Andersen, *Märchen*, Leipzig 1913, Bd. 1, S. 281.

Urheber dieser *Sinfonie* angesehen worden; erst neuerdings erfolgte die Zuweisung in den Salzburger Umkreis der Mozart-Familie: »Im Berchtesgadener Land blühte seit über 200 Jahren die Tradition der Spielzeugmanufaktur, die neben holzgearbeiteten Puppen, Wagen, Schlitten, Nußknackern, Orgelschlägern und ›umlaufender Arbeit‹ mechanischer Spielwerke auch die Fabrikation von musikalischem Spielzeug pflegte«[8]. Auf Kindertrompeten, Ratschen, Trommeln und Pfeifen mit Kuckucks- und Wachtelrufen spielt jedenfalls - im Zusammenhang mit eben dieser Komposition - der vierzehnjährige Wolfgang Amadeus Mozart in einem Brief an seine Schwester an, den er ihr aus Bologna geschrieben hat: »Ich wünschte, daß ich bald könnte die Pertelskammersinfonien hören, und etwa ein trompetterl oder pfeifferl darzu blasen«[9].

Ein frühes und interessantes Beispiel für die dichterische Imitation von Vogelstimmen bietet in der deutschen Literatur der spätmittelalterliche Liederdichter und Liedersänger Oswald von Wolkenstein. In seinem Lied *Der mai mit lieber zal*, das auf die Vogelruf-Virelai des Johan von Vaillant zurückgeht, versuchte er, gleich ein Dutzend Vogelstimmen poetisch ins Spiel zu bringen; dabei übernehmen Lerche, Drossel, Zeisig und Nachtigall der »süssen Voglin schal«, während der ›gauch‹ - also der Kuckuck, mit der Nebenbedeutung ›Tor‹, ›Narr‹ - , den der Hunger plagt und der deshalb dem kleinen Gefieder mit Zinsforderungen nachstellt, in einem monotonen, dunklen »cu cu« verharrt:

---

[8] Leopold und Wolfgang Amadeus Mozart, *Kindersinfonie, Musikalische Schlittenfahrt, Deutsche Tänze*, Pro arte Kammerorchester München, Kurt Redel, RCA-Schallplattenproduktion 1972 (ZL 30532), Plattenhülle.

[9] Mozart, *Briefe und Aufzeichnungen, Gesamtausgabe*, hrsg. von W.A. Bauer und O.E. Deutsch, Bd. 1, Kassel, Basel, London, New York 1962, S. 395.

> Der mai mit lieber zal
> die erd bedecket überal,
> pühel, eben, berg und tal.
> auss süssen voglin schal
> erklingen, singen hohen hal
> galander, lerchen, droschel, die nachtigal.
> der gauch fleucht hinden hin nach
> zu grossem ungemach
> klainen vogelin gogelreich.
> höret, wie er sprach:
> >cu cu, cu cu, cu cu,
> den zins gib mir,
> den wil ich han von dir,
> der hunger macht lunger
> mir den magen schir.<
> >Ach ellend! nu wellent
> sol ich?< so sprach das kleine vich.
> küngel, zeisel, mais, lerch, nu komen wir singen:
> oci und tu ich tu ich tu ich tu ich,
> oci oci oci oci oci,
> fi fedeli fideli fideli fi,
> ci cieiri ci ci cieriri,
> ci ri ciwigk cidiwigk fici fici.[10]

Und wofür böte nicht schon die Antike ihr Paradigma? Auch Aristophanes beschränkt sich in seinem satirischen Drama *Die Vögel* nicht darauf, lediglich einige gefiederte Gäste unter die in seinem Stück auftretenden athenischen Bürger zu mischen, sondern stellt die Sprache der Vögel nach, mengt Vogellaute in den Dialog. Kuckuck und Nachtigall stimmen dabei, die anderen Vögel herbeizuholen, folgenden Lockruf an:

> Kikuk, kukuk, kukukukukuku!
> Io, io, hiho, hiho.
> Hervor, hierher, mein Mitgefieder allzumal!
> Die ihr im saatgrünen Feld des Landmanns umher,

---

10 *Die Lieder Oswalds von Wolkenstein*, hrsg. von Karl Kurt Klein, Tübingen 1962, S. 156ff.

Ihr Gerstennäscher, Tausende Tausende schwärmt,
Ihr Samenpicker, im Zug und im Flug so geschwind,
Schwirrend, zwitschernd, helle Stimmchen!
Tio, tio, tio, tio, tio, tio!
Und die ihr die Furchen hinab,
Scholl' um Scholle niederduckend, trippelig, küchelgluckend,
Zippernden Rufes irret!
Tio, tio, tio, tio, tio, tio!
Die im Gärtlein ihr, in Epheus schwankenden Ranken
Naschend, haschend schlüpft und hüpfelt!
Ihr Vögel der Höh', Berberitzenschwelger, Schleedornspatzen,
O geschwinde, geschwinde hierher auf meinen Ruf!
Trioto, trioto, totobrix!
(...)
Eilet, eilet, eilet, eilet!
Torotorotorotorotorotix!
Kikabau! Kikabau!
Torotorotorotorotorotix![11]

Natürlich bildete für den Übersetzer des neunzehnten Jahrhunderts - in unserem Fall der Altphilologe und Historiker Gustav Droysen - die Übertragung der Vogelrufe aus dem griechischen Original ins Deutsche ein eigenes Problem. Er konnte sich, was die deutsche Lautung des Nachtigallengesangs und anderer Vogelstimmen anging, an Transkribierungsversuche halten, wie sie bereits um 1800 Johann Matthäus Bechstein, ein näherer Verwandter des sehr viel bekannteren Märchen- und Sagensammlers Ludwig Bechstein, in seiner *Naturgeschichte der Hof- und Stubenvögel* angestellt hatte. Anders als die Sturm-und-Drang-Dichter des achtzehnten Jahrhunderts oder die späteren Romantiker verharrte er nicht bei Volkslied und Märchen als quasi natürlichen Formen der Poesie, sondern hielt sich an die

---

11 *Des Aristophanes Werke*, übers. von J.G. Droysen, Heidelberg o. J., 2. Teil, S. 33f. - Gerade in der Wiedergabe der Vogelrufe divergieren die unterschiedlichen Übersetzungen, die ich eingesehen habe: Statt »Kikuk, kukuk« etc. findet man beispielsweise »Epopoi popopo« etc. oder »Hup hup hup op op op« etc.

Natur selber, um sie in ihrer ›Poesie‹ zu belauschen – und so hat er mit den Mitteln unseres Alphabets in möglichst direkter Lautmalerei die Stimmen der Vögel zu porträtieren, ab- und nachzubilden versucht. Für die Nachtigall kommt er dabei zu folgender Notation:

> Tiuu tiuu tiuu tiuu,
> Spe tiu squa,
> Tio tio tio tio tio tio tio tix
> Qutio qutio qutio qutio,
> Zquo zquo zquo
> Tzü tzü tzü tzü tzü tzü tzü tzü tzü tzi
> Quorror tiu zqua pipiqui
> Zozozozozozozozozozozozo zirrhading;
> Tsisisi tsisisisisisisisi,
> Zorre zorre zorre zorre hi;
> Tzatn tzatn tzatn tzatn tzatn tzatn zi,
> Dlo dlo dlo dlo dlo dlo dlo dlo dlo dlo
> Quio tr rrrrrrrr itz
> Lü lü lü lüly ly ly ly li li li li
> Quio didl li lulyli;
> Ha gürr gürr quipio.
> Qui qui qui qui qi qi qi qi qi gi gi gi gi;
> Gollgollgollgoll gia hadadio.
> Quigi horr ha diadiadillsi!
> Hezezezezezezezezezezezezezezezeze quarrhozehoi;
> Quia quia quia quia quia quia quia quia quia ti.
> Qi qi qi jo jo jo jojojojo qi –
> Lü ly li le lä la lö lo didl io quia
> Higaigaigaigaigaigai giagaigaigai
> Quior zioio pi.[12]

Andere Vogelforscher sind ihm in dieser Methode, die Töne und Modulationen des Vogelgesangs durch menschliche Laute, Wörter und Sätze zu verdolmetschen, gefolgt; so etwa G. Grube in der Mitte und Eduard Boode zum Ende des neunzehnten Jahrhunderts. Da speziell der Gesang der

---

12 Zitiert nach Eduard Boode, *Die Sängerin der Nacht*, Regensburg 1909, S. 39f.

Nachtigall nicht stabil ist, sondern regional recht unterschiedlich ausgeprägt sein kann, ist es auf diesem Gebiet fast schon zu einer Vogelsprachendialektgeographie gekommen, wie die nachstehende Variante zur oben wiedergegebenen Notation zeigt:

> Ih ih ih ih ih watiwatiwati!
> Diwati quoi quoi quoiquoi quoi qui,
> Ita lülülülülülülülülü watiwatiwatih!
> Ihih titagirarrrrrrrrrr itz
> Lülülülülülülü watitititit;
> Twoi woiwoiwoiwoiwoiwoi ih;
> Lülülülülülülü dahidowitz,
> Twor twor twor twor twor twor twor tih!
> Dadada jetjetjetjetjetjetjetjet,
> Tü tü tü tü tü tü tü qui zatuzatuzatuzi;
> Iht iht iht iht iht iht zirhading,
> I i i i i i i i i a zatn zi,
> Rihp rihp rihp rihp rihp rihp rihp rihp rihp ih!
> Zezezezezezezäzäzäzäzäzäzazazazazazazazi,
> Ii jih güh güh güh güh güh dadahidowitz[13]

In allen möglichen Volksliedern tönen die Vogelrufe, und auch bei vielen Komponisten stoßen wir auf Vogelrufe-

---

13 A.a.O., S. 41f.; dort: »So sind z.B. die an den pommerschen Ostseeküsten wohnenden Nachtigallen die schlechtesten Schläger von allen, dagegen die, welche die reizende Gegend von Wörlitz im Herzogtum Anhalt-Dessau bewohnen, die besten, die ich je gehört habe. Die, welche sich hier bei meinem Wohnorte (Dorf Ziebigk im Herzogtum Anhalt-Dessau) und in meinem eigenen Wäldchen aufhalten, gehören unter die mehr als mittelmäßigen, sie können jedoch nicht unter die ganz guten gezählt werden. Je mehr und je längere Strophen ein solcher Schlag hat, je mehr von solchen darunter sind, die im Tone auf- oder abwärts steigen wie die vierzehnte und siebzehnte in der Bechsteinschen Angabe, und je weniger schirkende Töne oder kurze Strophen dabei sind, desto besser ist der Schlag. Etwas Eigentümliches im Schlage der meinigen sind zwei vielgebrauchte Schlußakkorde einzelner Strophen, die wie dadahidowitz und watiwatiwati lauten«.
Vgl. a.a.O., S. 57; dort zitiert nach François Lescuyer, Langange et chant des oiuseaux, Paris 1878.

Anleihen in ihren Partituren, so etwa bei Joseph Haydn oder
- wie hier abgebildet - bei Ludwig van Beethoven[14]:

Unabhängig von solchen Versuchen im Bannkreis der neueren >Naturgeschichte< zeigt die Sprache selbst für Benennungen der Vögel und ihre Sprache seit jeher ein ausgeprägtes lautimitatorisches Verhalten. Was die Dichtung angeht, wurde auf Aristophanes und Oswald von Wolkenstein bereits hingewiesen; die Belege für Antike und Mittelalter ließen sich leicht vermehren[15]. Durchaus im Zusammenhang mit den gegebenen Beispielen stehen zahlreiche Texte der >Natur<-Poesie des achtzehnten, der romantischen und

---

14   Vgl. den Artikel *Vogelgesang* in: *Das große Lexikon der Musik*, hrsg. von Marc Honegger und Günther Massenkeil, Freiburg i. Br. 1982, Bd. 8, S. 300f.
15   Zum Beispiel im Griechischen das den Vogelgesang nachahmende Verb teretizein, im Lateinischen die Verben pipillare, zinzillare, zinzilulare oder murmurare, im Arabischen bülbül für Nachtigall (aus bulbulu), im Deutschen zwitschern, Kuckuck u. ä. In altgriechischen Texten ist der Nachtigallenruf mit »ity, ity« wiedergegeben, in der altfranzösischen Dichtung mit »fier, fier, occi, occi«; Dupont de Nemours hört die Nachtigall so singen:
Nos jolis enfants,
Nos jolis, jolis, jolis, jolis, jolis,
Si jolis, si jolis, si jolis
Petits enfants!
In einem alten, von Grimm aufgezeichneten Märchen singt die Nachtigall »zicküt, zicküt, zicküt«; der Minnesänger Heinrich von Stretlingen dichtet: »deilidurei faledirannurei lidundei faladaritturei«, und vielleicht gehört auch Walther von der Vogelweides »tandaradei« hierher etc.

nachromantischen Literatur-Bewegung im neunzehnten Jahrhundert - sowie ihrer Trivialisierung. Mit den Vögeln selbst - als literarischem Motiv - nistet sich bei Hölty, Schubart, Uhland, Eichendorff etc. auch ihr Gesang fest in den Versen ein; da tririliert und quinquiliert es allenthalben. Als Beleg dafür, wie leicht sich mit Hilfe der bereitgestellten Übersetzungen der Natursprache der Vögel ins menschliche Alphabet ein Poem machen läßt, zugleich als Abschluß der Nachtigallen-Paradigmata ein Lied auf *Philomele* aus der Feder des Spätlings Paul Rathmann:

> Zack zack zack zack zirririrrie,
> Durch Hain und Garten schallt es,
> Lülü dorr dorr dorr diradie,
> Ich singe Neues und Altes.
> Und dünkt mich, daß ich mitten im Lied
> Das Brausen des Sturmes höre,
> Tzkrr tzkrr arrarrarr hüid,
> Dann sing' ich ein Miserere. -
> Dörradörra zack! zack! zack!
> Häßlich ist das Scheiden,
> Gorrorrorrorr tack tack tack,
> Will es niemand meiden,
> Quorror rä rä gallolololl,
> Leer das Nest, das Herz so voll,
> Hezezeh,
> Trennungsweh,
> Kann es nimmer leiden.[16]

Ein besonderes Licht fällt jedoch auf Bechsteins Buch, wenn wir es 1846, also im Umkreis der bürgerlichen Revolution von 1848/49, durch einen anonym gebliebenen, weil hinter seinem Pseudonym versteckten ›Bechstein den Jüngeren‹ nachgeahmt finden, der seine *Neue Naturgeschichte der Stubenvögel* als ein *Lehrgedicht* tituliert. Er hat bei dieser seiner Satire natürlich die phantastischen Vogelversionen im Auge, wie sie zeitlich in etwa parallel der französische Zeichner

---

16 Zit. nach Boode, a.a.O., S. 212f.

und Karikaturist Grandville in seinem *Staats- und Familienleben der Tiere* geschaffen hatte; dessen erstes Kapitel setzt mit der Reise eines Sperlings ein, »der eine vollkommene Regierung sucht«; wir begegnen einem Storch als Richter, einem Truthahn als Bankier, einem Falken, der durch die Revolution ruiniert worden ist, und nicht zuletzt einer jungen, schüchternen Bekassine, die »ein Lied eigener Komposition« bringt[17].

Ganz ähnlich springen bei >Bechstein dem Jüngeren< die Schilderungen einzelner Vögel nach der Natur in die Gesellschaftssatire um. Der Turmfalke »horstet hoch auf alten Türmen, / Die noch aus Vätertagen stehen«, die Nebelkrähe sucht und findet »der Kirchen nächste Nähe«; vor dem Kuckuck, der als ein falscher Prophet gilt, wird gewarnt. Hier als Beispiel einige Verse auf den proletarischen Rohrsperling oder Rohrammer:

> Rohrspatz ist ein sehr munterer Held,
> Voll Unruh und Bewegung.
> Er zieht umher in Rohr und Feld,
> Liebt schöner Künste Pflegung.
>
> >Iß! iß!< so lockt er fort und fort
> Ausdauernd, aber leise.
> Und sucht dabei sich hier und dort
> Gleich Andern, Trank und Speise.
>
> >Titu tuti - tuti titi
> Reitsch ah!< hört ihr ihn kreischen;
> Er scheint mit dieser Melodie
> Besonderes zu heischen.

---

[17] Die französische Originalausgabe - *Scénes de la Vie privée et publique des Animaux* - erschien 1842 in Paris; eine freie deutsche Übersetzung erschien 1846 in Leipzig; ein Nachdruck dieser Ausgabe - Grandville, *Bilder aus dem Staats- und Familienleben der Tiere* - erschien 1976 im Insel-Verlag.

> Das Tutti liebt er überaus,
> Liebt auch die Musikanten;
> Ja musikalische Neigung ist
> Sehr stark bei ihm vorhanden.[18]

An Musikalität übertreffen ihn freilich die Lerche und die Nachtigall, die denn auch in ihrer lyrischen Beschreibung durch sehr viel ausführlichere und sehr viel kompliziertere Lautfolgen fixiert werden. Die Lerche, die sich in keinen Käfig sperren läßt und frei in den Himmel schwingt - weshalb sie Johann Gottfried Herder, wie es im Text heißt, eine »fröhliche Himmelsschwinge« genannt hat - , darf sich ihr ›Lied‹ sogar selber singen:

> Tirili, tirili tirilili!
> Oben blau und unten grün!
> Tirili tirili tirili!
> Wie so herrlich die Bäume blühn!
> Titiridi di di di dia!
> Wer hat die Hand
> Voll Segen gestreckt?
> Titiridi di di di dia!
> Und rings im Land
> Mir den Tisch gedeckt?
> Tirilih tirilih lili lüh!
> Gott sei gelobet spät und früh![19]

Das letzte Gedicht des Buches gehört - wie könnte es anders sein - dem ›stummen Schwan‹ als Inbild des Schmerzes und der Einsamkeit ...
- - Doch: springen wir in die moderne, in die zeitgenössische Literatur! Als ein aktualisierter Aristophanes darf Walter Höllerer mit seiner zweiaktigen Komödie *Alle Vögel alle* passieren, die 1978 im Suhrkamp Verlag erschienen ist. Als Vögel treten auf:

---

18 *Neue Naturgeschichte der Stubenvögel, Ein Lehrgedicht von Bechstein dem Jüngeren*, Hannover 1846, S. 159f.
19 A.a.O., S. 215.

Robin
Jenny
Rocco, Vogel Rock
Schwarzer afrikanischer Storch
Portoricanische Fledermaus
Dralle Ralle
Klippenmaus
Webervogel
Pfefferfresser
Kiwi[20]

Das Stück spielt auf Island und dauert - laut Regieanweisung - »eine Sommernacht in der Gegenwart«. Verrückterweise ist es aber keine der Vogelfiguren, die voll mit ihrer Vogelsprache zum Zuge käme, sondern der Ornithologe Snafù, ein »völlig durchnäßter Vogelprofessor«, der vom Vogel Pfefferfresser aufgebracht und gemeinsam mit den Zweiflüglern Robin und Dralle Ralle in folgenden Dialog gezogen wird:

Pfefferfresser:	Dieses Wesen, das unausstehliche Geräusche macht, hat sich in unseren Abwehrreusen gefangen.
Snafù:	Kiotix Prix Ririlitis ...
Robin:	Reden Sie, wie Ihnen der Schnabel gewachsen ist.
Snafù:	Pink Pinkwis Sin Pinis ...
Dralle Ralle:	Was Rosarotes fehlt ihm, habt ihr gehört?[21]

Eine seltsame Umkehrung, die jedoch ein bezeichnendes Schlaglicht auf Wissenschaft und Wissenschaftssprache

---

[20] Walter Höllerer, *Alle Vögel alle, Komödie in zwei Akten samt einem Bericht und Anmerkungen zum Theater*, Frankfurt/Main 1978, S. 7. - Der Titel verweist gleichermaßen auf das Volkslied *Alle Vögel sind schon da, alle Vögel alle* wie auf Dadaistisches à la Kurt Schwitters:
Alle Fliegen, die schon da sind,
Alle Mütter, die Mama sind,
Alle Herren, die Papa sind,
Singen Lieder, die >dada< sind;
Alle Vögel alle.

[21] A.a.O., S. 87.

wirft: die Gelehrten, verloren umherirrend, geraten in Verwirrung, sobald ihnen ihr Gegenstand ›lebendig‹ gegenübertritt. Die Frage - in unserem Fall - lautet: »Was sind Vögel?« Die Antwort: »Vögel sind bunt. Vögel sind beweglich. Vögel haben Stimmen. Vögel lassen sich nicht unterkriegen«[22].

Nicht weniger paradox beleuchtet der Aktionskünstler Timm Ulrichs in einer Zeichnung aus dem Jahr 1968 das Phänomen der Vogelsprache. Er zeichnet die Umrisse eines Kuckucks und beschriftet sie in der Art eines Biologiebuchs mit dem Namen des Vogels; aber gleichzeitig taucht diese Benennung noch einmal als Inhalt einer Sprechblase auf, sozusagen als optisch gestalteter Kuckucksruf:

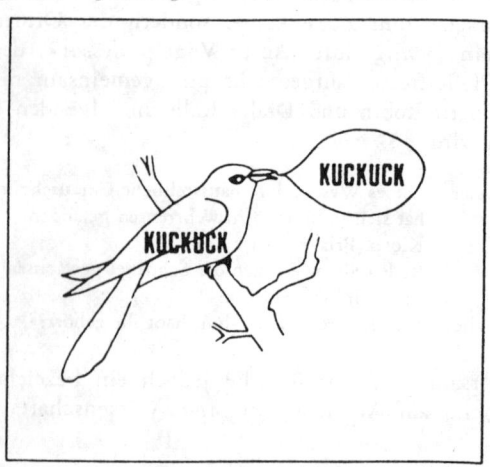

In der Erklärung, die dem Bild als Unterschrift, als Legende beigegeben ist, heißt es:

---

22 A.a.O., S. 105; dort weiter im Zitat: »Menschen, wenn sie in Vogelrollen fallen, spielen aus, was sie sonst kanalisieren, paralysieren, unterdrücken müssen. Wenn ich ein Vogel wär (...)«.

Der Kuckuck (cuculus canorus), das einzige lebewesen, das ausschließlich den eigenen namen besingt, nach beendigung seiner suche nach der verlorenen identität, die er - in fremdem nest, mit >fremden federn< und pseudonym aufgewachsen - verleugnet und vergessen hatte, ehe er flügge wurde.[23]

Der so charakterisierte Vogel steht natürlich für den Künstler selber, in dessen Arbeiten überhaupt die Herstellung frappierender Identitäten und Nichtidentitäten, Harmonien und Disharmonien und also - analog - auch Tautologien und Distautologien ein Hauptmoment ist. Dabei setzt er häufig bei sich selbst, bei seinem Ich, seinem Körper ein und zeigt im Detail ein scharfes Gespür für sprachliche Sachverhalte, Doppel- und Dreifachsinnigkeiten und natürlich auch für den Widersinn als Provokation.
An die vergessene *Naturgeschichte der Hof- und Stubenvögel* Johann Matthäus Bechsteins hat vor einiger Zeit Gerhard Rühm erinnert, freilich in äußerst frappierendem Zusammenhang: Selbst experimenteller Poet, stellte er die Vogelstimmen-Aufzeichnungen Bechsteins ins Vorfeld des modernistischen Lautgedichts, wie es von den Züricher Dadaisten

---

23   Timm Ulrichs, *Stil der Stillosigkeit*, Ausstellungskatalog, Kunstverein Celle, Celle 1973, o.: - Brieflich: »A propos Kuckuck: Die Schallplatte ist ganz einfach eine Kosmos-Schallplatte, ›Stimmen einheimischer Vögel‹. Den in Celle damals ausgestellten Text habe ich nicht parat, ich müßte ihn mal heraussuchen; er war ja noch nicht endgültig abgeschlossen. Er führt (auf 1 Schreibmaschinenseite) das aus, was der ohnehin schon barocke Titel anführt: Weil der Kuckuck eben so eine Art Kaspar-Hauser-Vogel ist, den Wirts- und Elterntieren untergeschoben, aufgewachsen unter Selbstverleugnung und falschem Namen und ›fremden Federn‹, hat er daher, erwachsen und sich auf sich selbst besinnend, doppelten Anlaß, sich immer wieder seiner Identität zu vergewissern und seinen eigenen Namen herauszuposaunen, zu besingen. Daher ist er auch der einzige Vogel, dessen Name und Gesangs-Text identisch sind (es gibt aber Leute, die dasselbe auch für den Uhu reklamieren, was aber nicht für alle europäischen Sprachen stimmt!). Das habe ich in dem Text noch weiter ausgewalzt und dann auf mich bezogen; den Kuckuck als mein Wappentier wählend, könnte das ein Hinweis dafür sein, daß ich so beständig mich selbst zum Kunst-Thema mache.«

und speziell mit Hugo Balls einschlägigem Vortrag im *Cabaret Voltaire* kreiert und in die Literatur eingeführt wurde[24].

In seinem Erinnerungsbuch *Am Anfang war Dada* hat Raoul Hausmann, der Berliner Dadaist, zur *Geschichte des Lautgedichts* angemerkt, bereits vor dem Ersten Weltkrieg habe das russische Dichter-Dreigestirn Khlebnikow, Krucenych und Iliasd mit seiner *Zaoum*-Dichtung als einer Mischung folklorer und magischer Tendenzen eine dem Lautgedicht vergleichbare Wendung vorweggenommen. Dabei müsse man die verschiedenen Formen von *Zaoum* unterscheiden: »in gewissen Fällen ist es eine Aufzeichnung von Tönen (z.B. in der Sprache der Vögel bei Khlebnikov oder bei Kamiensky)«[25]. Das konkrete Beispiel gewinnt folgende Gestalt:

Die Weisheit der Schlinge
Ein Morgen im Wald

Die Grasmücke: Betoëu - wjewjat!
Der Buchfink: Tjerti-jedigredi!
Die Ammer: Kri-ti-titi, tii!
Der Eichelhäher: Wjor-wjer-wiru, ssjek, ssjek!
Der Specht: Tprann, tprann, tprann, a-ann
Der grüne Laubsänger: Pryn, pzirep, pzirep! Pzirep ssesse sse!
Die Grasmücke: Bebotëu - wjewjat!
Die Waldgottheit mit aufgelöstem wallendem Haar, blauen Augen, drückt ein Kind an sich;
    Ach mein Kind, ich weiß, ich weiß,
        Was >Uhu!<, was >Huhu!< heißt.
Bedeckt denKopf des Kindes mit Küssen.
Die Grasmücke: Bebotëu - Wjewjat!

---

24 Gerhard Rühm, *Lautdichtung - Geschichte und Gegenwart*, Rundfunksendung, Sender Freies Berlin, 19./20. Juni 1973, masch. Sendemanuskript, S. 2.
25 Raoul Hausmann, *Am Anfang war Dada*, hrsg. von Günter Kämpf und Karl Riha, 2. Aufl., Gießen 1980, S. 36.

Die Vögel
Der Laubsänger vom Wipfel der Tanne, das silberne Kehlchen blähend: - Pitsch pet twitschan! Pitsch pet twitschan! Pitsch pet twitschan!
Die Ammer ruhig vom Wipfel eines Nußbaums: - Kri-ti-ti-ti-ti-ti-i, zy-zy-zy-sssyy.
Der Eichelhäher: - Wjer-wjör wiru ssjek-ssjek-sjek! Werwer wiru ssek-ssek-ssek!
Der Buchfink: - Tjorti jedigredi. Erblickt Menschen und versteckt sich in der hohen Tanne. Tjorti jedigredi!
Ammer auf dem Zweige wippend: - Zi-zi-zissssyy.
Der grüne Laubsänger einsam über dem grünen Meer der oberen, ewig durch einen sanften Wind wellenden und wogenden Baumwipfel treibend: - Prin! pzirep-pzirep! Pzirep! - zessessä.
Ammer: - Zy-ssy-ssy-ssssy. Sie schaukelt auf einem Schilfrohr.
Der Eichelhäher: - Piiu! piju! Pjak, pjak, pjak!
Die Schwalbe: - Ziwitt! Zisitt!
Die schwarzköpfige Grasmücke: - Bebot ä-u-weweh!
Der Kuckuck: - Ku-ku! Ku-ku! Schaukelt auf einem Wipfel. Schweigen.
Das sind die morgendlichen Worte der Vögel an die Sonne. Ein Junge, auf Vogelfang, geht mit einem Käfig vorüber.[26]

Hausmann mutmaßt, Hugo Ball müsse durch den Maler Wassilij Kandinsky mit den Neuerungen Chlebnikows vertraut gemacht worden sein. Auf Anregung Kandinskys seien jedenfalls 1916 im *Cabaret Voltaire* - in Anwesenheit Balls - Phoneme Chlebnikows rezitiert worden; Reflexe auf diesen Vortrag findet man in der *Dada-Chronik* Tristan Tzaras unterm Datum vom 14. Juli 1916:

Tzara, in Frack, erklärt vor dem Vorhang, trocken, nüchtern, die neue Ästhetik für die Tiere: Gymnastik-Gedicht, Vokal-Konzert, bruitistisches Gedicht, chemische Ordnung der Begriffe (...) Vokal-Gedicht: aao, aii (...)[27]

---

26 Velimir Chlebnikow, *Werke*, hrsg. von Peter Urban, Reinbek bei Hamburg 1972, Bd, 1, S. 351.
27 Hausmann, *Am Anfang war Dada*, a.a.O., S. 37. - Vgl. Tristan Tzara, *Chronique Zurichoise*, in: *Dada-Almanach*, im Auftrag des Zentralamts

Ball hat diese Anregungen aufgegriffen und eigenwillig weitergeführt, denn er ist in seinem Züricher Lautgedichtvortrag mit Texten und in einem Kostüm aufgetreten, in denen wir die Spuren dieser »Ästhetik für die Tiere« und dieser »Aufzeichnung von Tönen (...) in der Sprache der Vögel« wiederfinden. Er schreibt dazu - allerdings bereits unterm Datum des 23. Juni 1916 - in seinem Tagebuch *Die Flucht aus der Zeit*:

Ich habe eine neue Gattung von Versen erfunden, ›Verse ohne Worte‹ oder Lautgedichte, in denen das Balancement der Vokale nur nach dem Werte der Ansatzreihe erwogen und ausgeteilt wird. Die ersten dieser Verse habe ich heute abend vorgelesen. Ich hatte mir dazu ein eigenes Kostüm konstruiert. Meine Beine standen in einem Säulenrund aus blauglänzendem Karton, der mir schlank bis zur Hüfte reichte, so daß ich bis dahin wie ein Obelisk aussah. Darüber trug ich einen riesigen, aus Pappe geschnittenen Mantelkragen, der innen mit Scharlach und außen mit Gold beklebt, am Halse derart zusammengeklebt war, daß ich ihn durch ein Heben und Senken der Ellbogen flügelartig bewegen konnte. (...)

Ich hatte an allen drei Seiten des Podiums gegen das Publikum Notenständer errichtet und stellte darauf mein mit Rotstift gemaltes Manuskript, bald am einen, bald am anderen Notenständer zelebrierend. (...)

      gadji beri bimba
      glandridi lauli lonni cadori
      gadjama bim beri glassala
      glandridi glassala tuffm i zimbrabim
      blassa galassasa tuffm i zimbrabim[28].

der deutschen Dada-Bewegung hrsg. von Richard Huelsenbeck Berlin 1920, S. 14: »(...) Tzara en frac explique devant le rideau, sec sobre pour les animaux, la nouvelle estétique: poème gymnastique, concert de voyelles, poème bruitiste, poème statique arrangement chimique des notions, Biribum biribum saust der Ochs im Kreis herum (Huelsenbeck), poème de voyelles aaò, ieo, aii, novelle interprétation la folie subjective des artères la danse du coeur sur les incendies et l'acrobatie des spectateurs.«

[28] Hugo Ball, *Die Flucht aus der Zeit*, Luzern 1946, S. 98ff.

Der fortlaufende Bericht bringt das Vogelartige des Kostüms und das ›fleißige Schlagen mit den Flügeln‹ noch einmal ausdrücklich in Erinnerung. - Und - wie gesagt - auch die Texte geben der Vogelassoziation Raum. Zwar trägt das bekannteste der insgesamt sechs Lautgedichte Balls den Titel *Karawane* und imitiert in Klang und Rhythmus den schleppenden Schritt von Elefanten, doch ist ein anderes mit *Katzen und Pfauen* überschrieben, und wiederum in einem anderem begegnen wir - statt von der Erde oder aus den Wipfeln der Bäume heraus sich aufschwingend aus dem Wasser heraus aufsteigend - Flugfischen, also immerhin der genetischen Vorform des Vogels, die sich bis heute in einigen Arten erhalten hat.

Hugo Ball ist 1927 im Tessin gestorben, wohin er sich - an Krebs erkrankt - zurückgezogen hatte, zum Katholizismus konvertiert, ein asketisches Mönchsleben führend, von den Leuten im Kanton wegen »seiner Ehrenhaftigkeit und seiner Güte« fast als ein Heiliger verehrt, eine Art Franz von Assisi demnach, von dem man sich ja auch erzählte, daß er mit den Tieren - und besonders mit den Vögeln, die ihn liebten - Zwiesprache halten konnte[29]. Raoul Hausmann ist nach dem Zweiten Weltkrieg in einem kleinen Aufsatz noch einmal essayistisch auf den umrissenen Komplex der *Sprache der Vögel* zurückgekommen und hat den besonderen Wert dieser dichterischen Adaption vor dem Hintergrund einiger sprach- und kulturkritischer Überlegungen überhaupt erst in seiner vollen Dimension herausgestellt. Er schreibt:

Es ist eine Tatsache, wir hören aus jahrtausendelanger Gewohnheit nur mehr und mehr ausgewählte Klänge innerhalb der wenigen nach ganzen Schwingungszahlen harmonisierten Oktaven, und wir sind unfähig, Klänge aufzufassen, die sich außerhalb unseres Sinnes für Harmonie bilden. Wir haben uns in den Kopf gehämmert, daß keine

---

29 Vgl. *Die Blümlein des heiligen Franziskus von Assisi*, Leipzig 1911, S. 39ff.: *Wie der heilige Franziskus (...) den Vögeln predigte und den Schwalben Ruhe gebot.*

andere Tonskala >angenehm< oder >schön< zu hören sei und daß jeder andersartige Ton unerträglich und abstoßend sei. Das hat eine gewisse Taubheit der weißen Rasse verursacht, die nicht einmal mehr die Zwischen-Schwingungen im Gesang der Vögel vernimmt oder das Gleiten >nicht temperierter< Noten.

In anderer Formulierung:

Unser Hören und unsere Fähigkeit zur sprachlichen Wiedergabe sind derart verkalkt, daß wir schließlich in einer Halb-Taubheit gefangen sind. Schon wenn wir Geräusche anhören, sind unsere Ohren seit Jahrtausenden gewöhnt, nur das zu hören, was nach einer beträchtlichen Arbeit von mathematischer Auswahl als >hörbar< und >schön< zu werten ist, so daß wir nicht mehr die Fähigkeit haben, den Gesang der Vögel zu unterscheiden.[30]

Hausmann konstatiert also am Beispiel des »Gesangs der Vögel« einen ähnlichen Verlust der Unschuld, wie er einleitend am Beispiel des Märchens für die >Sprache der Vögel< aufgezeigt wurde. Der konstatierte Mangel wird aber nicht einfach hingenommen, sondern mit einem Angriff auf die >mathematischen Beziehungen< als »Grundprinzip der europäischen Musikalität«, auf die >Ordnung< der Tonleiter nach >Abständen<, »die die mathematische Rechnung ihnen aufzwingt« - »ein gänzlich unangemessenes System für Klänge und >natürliche< Geräusche« - attakkiert: »Die mathematische Ordnung hat eine unentwirrbare Unordnung geschaffen«.

Damit ist aber der Anschluß an die große sprachkritische Bewegung gegeben, die aus dem späten neunzehnten Jahrhundert heraus die ganze literarische Moderne - in ihren unterschiedlichen Ausrichtungen, die unterschiedlichen Bewertungen unterliegen - trägt. Stefan George befiel die Sehnsucht nach einer Sprache, »deren die unheilige Menge sich nie bedienen würde« und näherte sich ihr durch extreme

---

30 Hausmann, *Die Sprache der Fische und Vögel*, in: Riha, *Da Dada da war ist Dada da*, a.a.O., S. 229ff.

Stilisierung[31]. Karl Kraus hingegen tendierte angesichts der durch die ›Journaille‹ angerichteten Sprachverderbnis konsequent zur dokumentarischen, die Lemurenhaftigkeit der Zeit bloßstellenden Satire. Die Expressionisten um die Zeitschrift *Der Sturm* wiederum wählten - als ihre Form der Verweigerung und des Protests - den Weg der radikalen Sprachredukion: August Stramm entzog sich den Zwängen der herkömmlichen Grammatik und ging - als poetisches Bauelement - auf das einzelne, isolierte Wort zurück; Otto Nebel beschränkte sich in den Wortbildungen seiner Dichtungen auf eine Auswahl der Buchstaben des Alphabets und schuf sich so durch die Normalsprache hindurch eine eigene Sprachstringenz[32].

Kurt Schwitters, der vom *Sturm*-Expressionismus herkam, Dadaistisches in sich aufsog und eine eigene Größe gewann, nahm die Banalitäten, die ihm mit Zeitungsartikeln und Reklamesprüchen die Sprache seiner Zeit offerierte, und collagierte sie in der ihnen zuzumessenden unsinnigen Weise. Er nahm das Lautgedicht Hugo Balls und Raoul Hausmanns auf und trieb es - in »symphonischer Art« - zu seiner *Ursonate* weiter. Sein um 1946 im englischen Exil entstandener *Obervogelgesang* - mitinspiriert durch den erneuten Kontakt mit Hausmann, der sich zu eben diesem Zeitpunkt brieflich wiederhergestellt und die Idee einer

---

31 Stefan George, *Werke*, Düsseldorf, München 1958, Bd. 1, S. 506.
32 Otto Nebel, *Das dichterische Werk*, hrsg. von René Radrizzani, München 1979; für unser Thema interessant ein Text wie *Gegen Untiere* in Bd. 1, S. 227:

```
Zett
        zigitt
     zett-zett-zett
              tiri
       zigitt-zigitt
               turr
  zigitt-zigitt-zigitt
         ragu-zigitt
            turru
            zigitt
            TIER
```

gemeinsamen Publikation gezeitigt hatte, die nicht einfach
an Dada anknüpfen, sondern überhaupt helfen sollte, nach
dem Krieg das Prinzip schöpferischer Kunst erneut sichtbar
werden zu lassen - bringt uns auf unser konkretes Thema
zurück; innerhalb der Chronologie der experimentellen
Poesie markiert er deshalb ein wichtiges Bindeglied zwischen der virulenten prädadaistisch-dadaistischen Aufbruchsphase und unserer literarischen Gegenwart, für die
ich neben dem bereits genannten Timm Ulrichs auch auf
einen Autor wie Ernst Jandl hinweisen könnte:

    vögögögögögögögögEL
        zwitschitschitschitschitschitschitschERN[33]

Offensichtlich sollte, zumindest nach Ansicht Hausmanns,
die dichterische Co-Produktion entscheidend durch Lautpoesien geprägt sein. Schwitters arbeitete deshalb eigens für
diesen Zweck einen *Schlüssel zum Lesen von Lautgedichten* aus;
ich zitiere seinen *Obervogelgesang* in der Form, in der er ihn
Juli 1946 seinem »lieben Housemann« mitteilte:

       Ii
       Uü
       Aa
       P'gikk
       P' p' goll
       Beckedikee
       Lampedigaal
       P' p' beckedikee
       P' p' lampedigaal
       Ii Uü Oo ii Aa
       Nz' dott Nz' dott
       Doll
       Ee
       P'   gikk
       Lampedikrr

---

[33] Ernst Jandl, *Laut und Luise*, Olten und Freiburg im Br. 1966, S. 143f. (*auf dem land*).

> Gaal
> Brii　　nü　aan
> Ba　　　　　　baa³⁴

Was aber ist vor dem angerissenen zeitgeschichtlichen Horizont der genaue Ort eines solches Gedichts, einer solchen Hingabe an die ›Sprache der Vögel‹? Folgt man dem brieflichen Kontext, haben wir es mit Dichtungen zu tun, die sich bewußt dem ›intellektuellen Denken‹ entziehen und für den ›richtigen Gebrauch der Sinne‹ plädieren, der beschützt werden muß »gegen die Müllkästen«; haben wir es mit Texten zu tun »erfüllt von Mystik«, die ein »höheres formales Leben« ahnen lassen, abgesetzt gegen den »Mangel an Geist« rundum: »Ihre entobjektivierten« - abstrakten - »Inhalte sind so direkt, daß sie jenseits aller sprachlichen Bedeutung zu suchen sind«³⁵.

Also handelt es sich offensichtlich nicht oder doch nicht ausschließlich um satirische Kritik am verrotteten Sprachzustand der Zeit, auch nicht allein um ein reduktionistisches Rückzugsgefecht mit allen Spuren des Gewaltsamen und Verkrampften, das gerade aus der Konfrontation heraus die Opposition determiniert, sie festlegt und bestimmt, sondern um eine freie Gegensetzung, um die Entdeckung einer wirklich ganz anderen, wirklich ganz neuen, einer noch und wieder unbeschädigten oder himmlischen Sprache, absolut, wie es nach einem dem Textabdruck unmittelbar vorauslaufenden Passus im Brief an Hausmann, etwa die Bestimmung der ›Liebe‹ ist: »Was ist Liebe? Liebe braucht nicht erwidert zu werden von der anderen Seite. (...)«³⁶.

Das mag ein Irrtum sein, vor allem dann, wenn man davon ausgeht, daß es grundsätzlich kein Zurück in die Unschuld

---

34　Kurt Schwitters, *Wir spielen, bis uns der Tod abholt,* Briefe aus fünf Jahrzehnten, Frankfurt/Main 1974, S. 215; *Schlüssel zum Lesen von Lautgedichten,* S. 235f.
35　A.a.O., S. 218 (Schwitters zitiert hier aus einem Vorwortentwurf Hausmanns).
36　A.a.O., S. 215.

gibt. Als eine Ahnung und Hoffnung läßt es sich aber doch formulieren, und gerade die Dichtung ist dafür der richtige Ort. Abschließend deshalb ein Gedicht, das diese Sehnsucht, die sich mit der ›Sprache der Vögel‹ verbindet, direkt - auch sprachlich direkt, also nicht in Lautgedichtform, sondern in Gestalt eines relativ herkömmlichen Gedichts - aufnimmt; ein Gedicht Hans Arps, der aus dem Züricher Dadaismus hervorgegangen ist und als Maler-Dichter eine ähnlich herausgehobene Position wie Kurt Schwitters behauptet; speziell er ist nach 1945 einer der wenigen Autoren, die Hausmann und Schwitters im Bannkreis ihres gemeinsamen Buchprojekts immer wieder erwähnen und als gleichgerichtet anerkennen. Die Verse sind *Mit den Himmelsvögeln* überschrieben und zwischen 1935 und 1938 verfaßt:

> Flügel aus Licht sind mir gewachsen!
> Sie schimmern wie die Blätter um Wasserfälle.
> Meine Flügel werden groß und stark.
> Bald werde ich mich aus dem Nest der Gottesferne schwingen,
> mitten in die singenden, jubelnden Himmelvögel hinein.
> Immer stärker werden meine Flügel.
> Immer schimmernder wird mein Gefieder.
> Mit meinen mächtigen, silbernen Flügeln
> werde ich die Höhe und die Tiefe durchfliegen.
> Höher und höher, tiefer und tiefer werde ich fliegen
> und mit den Himmelsvögeln singen und jubeln.[37]

---

[37] Hans Arp, *wortträume und schwarze sterne*, Wiesbaden 1953, S. 67f.

»Ich hätt geküßt die Spur von deinem Tritt«
Zu den Gesangsparodien und Musikclownerien Karl Valentins

Regelrechten Musikunterricht nahm er nur zur Erlernung des Zither- und Mandolinenspiels; als Autodidakt beherrschte er aber Trompete, Posaune, Tuba, Waldhorn, Klarinette, Pikkoloflöte, Fagott, Ziehharmonika, Gitarre und Violine. Unter seinem bürgerlichen Namen Valentin Ludwig Fey startete Karl Valentin vor dem Ersten Weltkrieg als Musikclown - mit Hilfe eines von ihm selbst konstruierten Orchestrions, das ihm die gleichzeitige Betätigung von etwa zwanzig Musikinstrumenten erlaubte. Er blieb aber erfolglos. Nachdem er mit dem aufwendigen Automaten gescheitert war, kam er als Coupletsänger in diversen Münchener Lokalen und Unterhaltungsetablissements zu ersten Erfolgen, wobei er sich auf den komischen Effekt seiner hageren Gestalt kaprizierte. Hier lernte er auch seine spätere Partnerin - Liesl Karlstadt - kennen, auf welche die dialogische Struktur der meisten seiner sketchartigen Szenen und Kurzdramen zugeschnitten ist; das erste, 1913 aufgeführte Stück, in dem das Paar gemeinsam agierte, hieß *Alpensängerterzett* und stellte eine Persiflage jenes Volkssängermilieus dar, das beide aus nächster Nähe kannten: »Alle Schwächen jener mediokren und betont bajuwarischen Gesangsnummern« wurden »in parodistischer Form bloßgelegt«[1]. Musikclownerien und Gesangsparodien stehen aber nicht nur am Anfang der Komiker-Karriere Karl Valentins, sondern durchziehen - immer wieder aufgenommen, bald als Solonummer freigestellt, bald dramatisch integriert - sein

---

1 Michael Schulte, *Karl Valentin in Selbstzeugnissen und Dokumenten*, Reinbek b. Hamburg 1968, S. 37.

ganzes Schaffen. Stellt man sie einmal zusammen, sind die einschlägigen Nummern voll überraschender Wendungen, deren Techniken und Effekte nicht nur als Witz und Nonsense, Blödelei und Klamauk, sondern vor allem auch deshalb frappieren, weil sie an Tendenzen heranreichen, die wir sonst nur in der ausgesprochen ›modernen‹, in der avantgardistischen Literatur der Zeit ausgeprägt finden. Deren Spannbreite läßt sich durch das Interesse, das der junge Bertolt Brecht an dem ›Münchener Original‹ genommen hat, wie durch das isolierte und deshalb instruktive Faktum belegen, daß sich unter den wenigen Büchern, die Valentin besaß, ausgerechnet ein Bändchen mit Texten und Gedichten von Kurt Schwitters fand[2], mit dessen Hilfe sich eine verdeckte Verbindungslinie zur Dada- und Merzkunst ziehen läßt. Es ist deshalb legitim, eine solche Nachbarschaft auch offen anzusprechen, auch wenn ihr der Künstler seiner vordergründigen Erscheinung und seiner Eigeneinschätzung nach sicher widerspricht. Greifen wir einige Beispiele und mit ihnen einige dieser parodistischen Verfahren heraus ...

Verfremdung durch Abschweifung:
Die Uhr von Loewe[3]

Gestatten Sie, daß ich eine Ballade von Loewe zum Vortrag bringe: *Die Uhr* von Loewe. Ich setze voraus, daß ich mich dabei selbst begleite - mit der Gitarre. *Die Uhr* von Loewe!

Ich trage, wo ich gehe,
stets ...

---

2 A.a.O., S. 114.
3 Zitiert in der Abschrift der Schallplattenversion nach: Karl Valentin u. Liesl Karlstadt, *Alles von Karl Valentin und Liesl Karlstadt*, Emi/Odeon C 148-29788/89, S. 1. - Die stärker variierende Druckfassung: Karl Valentin, *Sturzflüge im Zuschauerraum*, München 1969, S. 42f.

Verzeihung, ich schicke voraus, daß der Loewe kein Uhrmacher war, sondern Komponist, das werden Sie sowieso wissen. *Die Uhr* von Loewe - mit Gitarrenbegleitung! Gitarre ist eigentlich zu schwach für diese Ballade, aber ich spiele sehr gut. Ich spiele schon seit meiner Jugend dieses Instrument. Ich kann mich noch gut erinnern, wie mir mein Vater das Gitarrenspiel lernen hat lassen. Da hat er mir bei einem Tändler, einem Trödler, eine ganz alte, billige Gitarre gekauft, um zwei Mark. Auf dieser Gitarre war keine einzige Saite mehr drauf, also nicht einmal eine. Aber mein Vater hat g'sagt, zum Lernen ist die gut genug. Also: *Die Uhr* von Loewe.

Ich trage, wo ich gehe,
stets eine Uhr bei mir.
Wieviel es ge...

Sehen Sie, weil wir eben von einer Uhr sprechen, mein Urgroßvater, der lebt nämlich noch und dem wurde vor kurzer Zeit seine Uhr gestohlen - und seit dieser Zeit fühlt er sich wieder bedeutend jünger. Denn jetzt ist er wieder nur mehr 'Großvater'. Also zur Sache: *Die Uhr* von Loewe!

Ich ...

Ich habe auch einmal mit einem Uhrmacher einen Streit gehabt wegen einer Taschenuhr. Ich hab die Uhr bei ihm gekauft und - zu Hause angekommen - habe ich bemerkt, daß auf dieser modernen Taschenuhr gar kein Zifferblatt war, auch kein Zeiger. Vor lauter Wut habe ich die Uhr an die Wand hingeschmissen. Die Uhr ist dadurch in lauter Scherben zerbrochen - und unter diesen Scherben lag ein Zifferblatt. Und weiter! Also muß doch ein Zifferblatt dabei gewesen sein bei dieser Uhr. Sofort bin ich wieder zu dem Uhrmacher hingegangen und habe ihm den ganzen Vorfall erzählt. >Ja<, sagt der zu mir, >Sie hätten doch nur den Sprungdeckel aufschnappen lassen brauchen, dann hätten Sie doch das Zifferblatt sehen müssen.< >Das sagen Sie mir jetzt, weil die Uhr kaputt ist, jetzt ist es zu spät.< Na ja, das gehört nicht hierher. Also: *Die Uhr* von Loewe!

Ich trage, wo ich gehe,
stets eine Uhr bei mir,
Wieviel es geschlagen habe,
genau seh ich's an ihr.
Es war ein ...

... gemeiner Kerl, dieser Uhrmacher, weil er mir das nicht gleich gesagt hat von dem Sprungdeckel. Dann habe ich mir bei ihm statt der Taschenuhr eine altmodische Wanduhr gekauft, mit Bleigewichten und langen Messingketten, habe mir mit einem Hammer einen kleinen Nagel in die Brust geschlagen und die Uhr hingehängt. Aber es war entsetzlich! Unterm

Gehen sind mir immer die beiden Gewichte zwischen die Füße gekommen
und der Nagel hat mir wehgetan. *Die Uhr* von Loewe!

...

Leider kann ich Ihnen die Ballade nicht mehr ganz vorsingen, weil auf der
Schallplatte dafür kein Platz mehr vorhanden ist. Schade, eine Schallplatte
müßte eigentlich einen Meter Durchmesser haben. Entschuldigen Sie also
vielleicht vielmals den plötzlichen Schluß.

Bei der literarischen Vorlage, dem angekündigten Gesangsvortrag, handelt es sich um die populäre, schon früh auf der Schallplatte reproduzierte Ballade Carl Loewes, *Die Uhr*. Valentin imitiert zunächst die konzertante Vortragssituation - »Gestatten Sie ...« - , doch nur, um sie parlierend zu unterlaufen: er kommt trotz mehrfachem Ansatz, den er jeweils mit »Also« oder »Also zur Sache« einleitet, über die ersten Liedzeilen nicht hinaus. Die Erklärungen, in die er verfällt, lassen ihn immer wieder aus der Stimmungslage des Liedes heraustreten, das auf diese Weise in seiner sentimentalen Einheit gestört wird. Dabei ist die Reihenfolge der Irritationen etwa wie folgt. Zwei Selbstverständlichkeiten - daß der Vortragende sich selbst auf der Gitarre begleitet, was aus dem Auftritt mit Instrument ersichtlich ist, und daß Carl Loewe kein Uhrmacher, sondern eben der Komponist der Ballade *Die Uhr* sei - werden vorausgeschickt. Auf den Hinweis, so ein >starkes< Stück Poesie habe eigentlich ein gewichtigeres musikalisches Geleit als das der Gitarre verdient, folgt eine längere Erinnerung an das Erlernen dieses Saiteninstruments, das eigentlich - mangels Saiten - gar keines war, allenfalls eine Art Schattenspiel. Alle diese Abweichungen - und so auch der Kalauer mit dem >Uhr<-Großvater - haben aber nur vorbereitenden Charakter. Mit seiner Hauptauslassung zielt Valentin darauf ab, »auch« er habe einmal Streit mit einem Uhrmacher wegen einer Taschenuhr gehabt. Mit ihr bringt er die Vorlage auf ein ganz falsches Geleis und entspricht ihr doch auf fatale Weise exakt, denn natürlich ist die schmerzhafte Prozedur mit der »altmodischen Wanduhr«, die einen Nagel in der Brust notwendig macht, um mitgeführt werden zu können, eine bissige Replik auf Loewes »Ich trage, wo ich gehe, / stets eine Uhr bei mir« und auf das elegische Innewerden, dem Ablauf der Zeit verfallen zu sein, dem der Dichter im Uhr-Symbol Gestalt gibt. Eine Art generelle Zeit-Negierung ist es ja, wenn das Lied, das es vorzutragen gilt, überhaupt nicht von der Stelle kommt und - als Satire auf einen Schlager, der *Die Uhr* ja war, besonders plausibel - bei den ersten, in diesem Genre meist einprägsamsten Zeilen hängen bleibt. Die umständliche Entschuldigung für den »plötzlichen Schluß« platzt deshalb mitten in die kaum entfaltete Einleitung des Erzählpoems hinein und verweist den Zuhörer auf die zunächst als Störung empfundenen, in sich wenig zusammenhängenden Ausblendungen als eigentlichen erzählerischen Vorgang. Loewes Ballade bleibt bei dieser Attacke voll auf der Strecke.

Verfremdung durch >bruitistischen Lärmeinbruch<: *Das Lied vom Sonntag*[4]

Es war ein Sonntag hell und klar,
Ein Sonntag wirklich wunderbar,
Der Sonntag war so einzig schön,
Ich hab nicht leicht ein' schönern g'sehn,
Es geht ei'm wirklich durchs Gemüt,
Wenn man ein' solchen Sonntag sieht.
Doch dauerte es gar nicht lang,
Weil bald der Abend kam heran,
Stockfinster wurd' es um mich her
Und ich sah keinen Sonntag mehr.

An der elektrischen Straßenbahn,
Da hängt oft hint' ein Wagen dran,
Der Wagen, der da hängt daran,

Im folgenden zitiert in der Schallplattenversion nach: Karl Valentin, *Das große Erinnerungsalbum. Bisher unveröffentlichte Originalaufnahmen zum erstenmal auf Schallplatte*, 2. Folge, Telefunken TS 3170/1-2 (6.28028 DP), S. 4. - Druckfassung: Valentin, *Sturzflüge im Zuschauerraum*, a.a.O., S. 83, hier mit dem Titel *Romanze in c-Moll oder Das Lied vom Sonntag*.

> Anhängewagen heißt er dann.
> Er hängt daran nur dann und wann
> An der elektrischen Straßenbahn.
> Doch hängt er einmal nicht daran,
> Was auch sehr oft stattfinden kann,
> Dann kann es doch nicht anders sein,
> Dann fährt der vord're Wagen allein.

Wie bei der *Uhr* von Loewe ist der szenische Ausgangspunkt mit der Nachahmung einer gesanglichen Vortragssituation gegeben; der Sänger nennt den Titel des Liedes, das er darbieten möchte. Aber: noch bevor er in dieser Rolle mit dem Gesang anheben kann, muß Valentin im Publikum eine Dame mit Hund entdecken; er fordert sie auf: »Tun's den Hund 'naus!« Drohendes Unheil ahnend, schließt er gleich an: »Net, daß er mir da was drein macht!«, »Wär' schad' um das schöne Lied!« Doch genau so kommt es. Der Künstler hat in seinem Vortrag kaum die ersten Zeilen hinter sich gebracht, als ein erstes kräftiges Hundebellen ausbricht und die angeschlagene besinnliche Vortragsstimmung destruiert. Die Fortführung des Liedes ist dann - der Hauptsache nach - nur mehr ein unwirsches und verzweifeltes Ankämpfen gegen die anhaltende Störung, immer wieder ausbrechend in Ausrufe wie: »Es ist ja furchtbar!«, »Das ist ja entsetzlich!« Anders aber als bei der Persiflage der Loewe-Ballade wird hier keine fixe und allseits bekannte literarische Vorlage hergenommen, sondern allenfalls eine bestimmte, erfolgsträchtige Lied- und Lyrik-Richtung parodistisch angegangen. Das *Lob des Sonntags* soll gesungen werden:

> Es war ein Sonntag hell und klar,
> Ein Sonntag wirklich wunderbar,
> Der Sonntag war so einzig schön,
> Ich hab' nicht leicht ein' schönern g'sehn.

Weitergeführt, bleibt jedoch der Text bei einer solchen einfachen Form nachahmender Parodie nicht stehen, sondern wechselt in die wirklich groteske Verspottung über und tritt auf spezifische Weise in den Bereich des Alogischen und Absurden ein. Der »Sonntag hell und klar« endet nämlich für den Sänger mit dem Einbruch des Abends, wobei die Vorstellung von >Sonntag< auf >Tageszeit, während der die Sonne scheint< - ein Wortspiel, wie so oft bei Valentin - eingeschränkt wird:

> Stockfinster wurd' es um mich her
> Und ich sah keinen Sonntag mehr.

Und in der nachfolgenden Strophe wechselt abrupt überhaupt das Sujet:

> An der elektrischen Eisenbahn
> da hängt oft hint' ein Wagen dran.

Es besteht kein ersichtlicher thematischer Zusammenhang zwischen dem Sonntagslob und der technischen, auch als Wortspiel entwickelten Feststellung, daß ein der Straßenbahn angehängter Wagen eben ein »Anhängewagen« sei; allenfalls bietet sich aus der Notlage des Sängers, an eine erste präsentierte Liedstrophe nun eine zweite >ankoppeln< zu müssen, eine assoziative Verbindungsmöglichkeit. Doch bleibt das Ganze in seiner gedanklichen und poetischen Qualität so gestört, daß das Hundegebell in eine echte Protestfunktion hineinwachsen kann. Dabei ist die Beobachtung wichtig, daß Valentin die Störungen nicht dem Zufall überlassen, sondern sehr genau konstruiert und eingesetzt hat: niemals bellt der Hund quer in eine Verszeile hinein, er meldet sich nur an den Versenden und damit jeweils am Ende eines >Gedankengangs< zu Wort; beim verfehlten Tremolo schweigt das Tier. Man darf deshalb fast von einer Art Duett zwischen beiden sprechen. Der tiefere Witz des Dialog-Sketches liegt dann darin, daß das lärmende Ungeheuer dem Sänger impulsive Äußerungen entlockt, die in ihm den Dialektsprecher gegen den hochdeutschen Artisten freisetzen: auf dieser tiefer liegenden Sprach- und Emotionalebene kritisiert er nicht nur das deplazierte Hundevieh, sondern trifft sich mit »Es ist ja furchtbar!«, »Das ist ja entsetzlich!« selbst aufs treffendste. In dieser Hinsicht wäre der bekämpfte Lärmeinbruch nur das auslösende Moment einer gelungenen Selbst-Beschimpfung und Selbst-Parodie.

Zur Kombinierbarkeit des Inkohärenten, Simultanpoem, Collage, Montage: *Wer uns getraut*[5]

(V = Karl Valentin; K = Klavierbegleiter)

V: Ich gestatte mir, Ihnen ein Lied zum Vortrag zu bringen: *Wer uns getraut*. Aus der Operette: *Der Zigeunerbaron* - von Johann Strauß. - Haben S' Ihre Noten?

K: Nein, Noten habe ich keine, Herr ...

V: Ja, 'n Text. Ja, nach 'n Text können S' nicht spielen. Den Text brauch ich. Ich hab' aber keinen Text. Müssen wir: La la la ...

K: Text ist ja nicht wichtig, Musik ist wichtig.

V: Wo ist es, ja. - Spielen S' ruhig weiter. Ich sing: la la la ... (singt) Das hört sich aber saudumm an. Das hört sich saudumm an. ... Ich hab von dem >Verlorenen Glück< da ... da hab ich den Text da, aber da hab' ich keine Noten. Die Noten brauch ich ja nicht zum Text. Ja spielen Sie. Spielen Sie. Kümmern Sie sich nicht um mich. Spielen Sie das Lied >Wer uns getraut< und ich spiel ... von dem >Verlorenen Glück< spiel ich den Text, sing ich den Text. Das harmoniert ganz gut z'sam. Probiern S' mal!
(singt)
So oft der Frühling durch das offne Fenster am
Sonntagmorgen uns hat angelacht, da zogen wir ...
... von deinem Blicke gern

K: Halt, da wär jetzt der Originaltext.

V: Ja, da haben wir jetzt den Originaltext: >Wer uns getraut<, der richtige, ja. ... Wir sind ja schon gleich ... Haben S' noch was? Ja, da muß ich noch singen, den kleinen Schluß:
(singt)
Die Liebe, die Liebe, ist eine Himmelsmacht.
Ja, das ist was anders, der g'hört dazu.

5   Im folgenden zitiert in der Schallplattenversion nach: Valentin, *Das große Erinnerungsalbaum*, 2. Folge, a.a.O., S. 1.

»Ich gestatte mir, Ihnen ein Lied zum Vortrag zu bringen« - auch hier! Der Vortragskünstler hat aber, wie er im Gespräch mit seinem Klavier-Begleiter feststellt, zur beliebten Operettenarie, zu der er eben ansetzt, den Text nicht parat. Er versucht deshalb, sich zunächst mit »la, la, la« zu behelfen, greift dann aber - »das harmoniert ganz gut z'sam« - zu einem Ersatztext und findet erst ganz zum Schluß, nachdem das vermißte Notenblatt nun doch noch gefunden ist, mit dem letzten Vers ins vertraute Gesangsstück *Wer uns getraut* aus dem *Zigeunerbaron*:

> Die Liebe, die Lie-iebe ist eine Himmelsmacht.

Den Haupteffekt des Musiksketchs macht zweifellos das breit ausgespielte Mittelstück, das besonders deshalb zum Lachen reizt, weil zugrundegelegte Melodie und aufgesetzter Text - mit dem nicht unpassenden Titel *Vom verlorenen Glück* - partout nicht zusammenpassen wollen. Karl Valentin ist deshalb gezwungen, diesen Textersatz ins Prokrustesbett der Operettenmusik zu zwängen, an der er eben festhält; er zerstört dabei Strophe, Reim, Vers, Satz- und Wortlaut des *Verlorenen Glücks* und paßt das auf diese Weise gewonnene Sprachmaterial rigoros dem Takt und Rhythmus von *Wer uns getraut* an. Das läßt sich graphisch, wie folgt, veranschaulichen:

> sooft derfrüh ling durchdas off
> ne festeram sonn-tagmor-gen ...

Eine seltsame Ehe, die da im Operetten-Schlager-Milieu gestiftet wird! Verfremdet Valentin mit Hilfe des untergeschobenen Textes ein populäres Gesangsstück auch hier, so liefert er doch auch - und das ist gegenüber den zuvor angesprochenen Beispielen neu - als musikalische Manipulation eben dieses Textes ein Musterstück sprachlicher Dekomposition. Gerade diese doppelte, nach beiden Seiten gerichtete Irritation erlaubt es, an die Verfahren dadaistischer Simultanpoeme und Collagen zu erinnern, bei denen es zu ähnlichen Durchdringungen und Überlagerungen vorgegebener und widersprüchlicher Elemente kommt. Daß sich zum guten Ende doch noch der verloren geglaubte »Originaltext« einstellt und dem Vortragskünstler mit der gerade noch bewerkstelligten >Originalschlußzeile< die Möglichkeit zur Feststellung gibt, dies sei ja nun doch etwas ganz anderes, dieser Text passe jetzt zur Musik, ist dann nicht mehr als eine gute Pointe, die eben aus ihrer Vorbereitung lebt, eine Art Kadenz zurück ins Ordentliche, Normale, Richtige etc., bei dem man sich aber nun fragt, ob es wirklich so >in der Reih< und so >im Lot< ist.

Lautgedicht: *Expressionistischer Gesang, Futuristisches Couplet* und *Chinesisches Couplet*[6]

Im *Expressionistischen Gesang* und *Futuristischen Couplet* nimmt Valentin karikierend auf >modernes< Dichten Bezug. Er liegt damit erst einmal auf einer Linie mit den zahlreichen Witzen und Karikaturen, die in den zeitgenössischen Humor- und Satirezeitschriften immer wieder auf die neue Kunst und Literatur gemacht werden:

> Wie die Maler heute malen
> Wie der Dichter heute dicht
> So will ich jetzt humoristeln
> Ob es gut ist oder nicht.

Konkretisiert sieht das dann - etwa auf die komprimierende Wortkunst August Stramms abhebend - so aus:

> Kanapee glüht Meeresfreiheit
> Lippen blau aus Abendrot
> Stille Nacht in Marmelade
> Edle Kunst, behüt dich Gott.

---

[6] Im folgenden zitiert nach den Druckfassungen in: Valentin, *Sturzflüge im Zuschauerraum*, a.a.O., S. 90ff., 93 u. 94f. - Schallplattenaufnahme des *Chinesischen Couplets:* Valentin u. Karlstadt, *Alles von Karl Valentin und Liesl Karlstadt*, a.a.O., S. 2.

Als habe er Kurt Schwitters' poetische Bemühung ums *Alphabet von hinten* im Auge gehabt, schließt sich in der folgenden Strophe ein nun vom Kopf wieder auf die Füße gestelltes *Alphabet von vorn* an:

> A-b-c-d-e-f-g-h
> I-k-l-m-n-o-p
> Q-r-s-t-u-v-w-x
> Ypsilon-z-f-f-f (drei Pfiffe).

Und in der nächsten Strophe wieder wird auf Christian Morgensterns *Großes Lalula* angespielt, ein Stück also, das einen wichtigen Vorläufer aller experimentellen Poesie bis heute abgibt:

> La la la la la la la la
> La la la la la la li
> Li li li li li li li li
> Li li li li li li la.

Verblüffend fährt aber Valentin nun nicht in dieser imitierenden Verspottung modern-modernistischer Poesie fort, sondern wechselt in die eigene, aus den frühen Musikclownerien heraus entwickelte und unverkennbar durch ihn geprägte - blödelianische, nonsensikalische - Tonart über, die sich ihre satirischen Gegenstände gewiß nicht in der zeitgenössischen expressionistischen Literatur suchen mußte, sondern überall in der Sprache vorfand, und besonders dort, wo sie sich trivial und alltäglich präsentierte. Indem er jedoch auch diese und gerade diese Verse unter *Expressionistischer Gesang* laufen läßt, deutet Valentin ein anderes als nur spitz-parodistisches Verhältnis zur aktuellen Literaturmoderne an. Dafür - aus den nachfolgenden insgesamt zwölf nur die beiden unmittelbar anschließenden Strophen als Beispiel:

> In der Nacht die Sterne funkeln
> Und der Rundfunk funkelt auch
> Funkeln tun auch die Karfunkeln
> Und ein funkelnagelneuer Anzug auch.

> Wer will unter die Soldaten
> Der muß haben ein Gewehr
> Das muß er mit Pulver laden
> Und so weiter und so weiter.

Das futuristische Couplet - im Untertitel ironisch-unironisch ausdrücklich als *Ein Gegenstück zu der modernen Malerei* bezeichnet - bestätigt diese Sicht. Der Verfahrensweise und inneren Struktur nach handelt es sich um ein >Crossreading<, >Cross-writing<, >Cross-talking< oder >Cross-hearing<, also um eine collagenhafte Verknüpfung heterogener, aus ihrem ursprünglichen Zusammenhang gerissener und dann frappierend neu zusammengesetzter Montageelemente. Im vorliegenden Fall werden sie durch Valentin grammatikalisch korrekt, aber ohne einen rechten Sinn zu ergeben, miteinander oder - besser - gegeneinander kombiniert:

> In Nürnberg kam das Ganze,
> Es sind ja mal erst recht.
> Doch als es mir ganz falsch war,
> Ist es ohnedies zu schlecht.
> Mit wessen ich grad dachte,
> Von ohne sie berührt,
> So sind sie denn von vorne rein
> Ganze ohne disziplit.

Es folgen - ganz ähnlich organisiert - noch zwei weitere Strophen. Hier und dort dringen Cross-Setzungen sogar in die Binnenstruktur der Montageelemente ein und verrätseln den sprachlichen Bezug; dabei können einfach Sinn-Löcher oder, wie »disziplit« zeigt, auch neue, bislang nicht gehörte und deshalb fremdartige Worte entstehen. - Noch radikaler in die Spracherfindung geht dann allerdings erst das *Chinesische Couplet,* eine Vortragsnummer Liesl Karlstadts; und hier alle drei Strophen im Zitat:

Chinesisches Couplet

1
Mantsche Mantsche Pantsche Hon kon Tsching Tschang
Kaifu schin sie Pering gigi wai hai wai

Titschi tatschi makka zippi zippi zappi
Guggi dutti suppi Mongolei.
Tingeles Tangeles Hundi Hundi guschdi
Tschinschinati wuschi wuschi tam tam tam
Wann i ko na kimmi, kummi aber nimmi
Kim i, kumm i, aber i kim kam.
Wo wie we wie bobi hopsi tsching tschang
Asi Stasi Wasi Wisi Tschin Tschin Tschin
Taubi Taubi Piepi Piepi sei si indi ändi
Wase bobi widdi midi Lanolin.
China drinna kenna Kinda mi alsamm
Tam - Tam - Tam.
Refrain: Ziggi zam ziggi zam Tschin Tschin wuggi gu
Wassi Wassi tscheng patschi zsching wuh-hu wu.

2
Ni widi tschen lali gan demi detti
La bade schon wette wett wum wum
Goll wudi bum bim wuschi wuschi sitz wetz
Sussi sussi sussi witschi schrumm
So von om runte, giglgilgoggi
Da legst di nieder plim plam plum.
Tutti tutti grossi, heiße Suppi blosi
Rahm o schlecken un on inten rum
Anni wiedi well well tam di diti tam tam
Schlucki schlucki wust gudi dudi gut.
Bier ham mi nimi, sauf ma halt a Wassi
Magi der is lari nachher wirst kaput
Niki nischi waschi schliffi schnack
Wauh, wauh, wauh.
Refrain: Ziggi zam ziggi zam Tschin Tschin wuggi gu
Wassi Wassi tscheng patschi zsching wuh-hu wu.

3
Snekrededeng widi putzpomade Sachti
Boane wecke, tutti frutti wasch, wasch, wasch
Poopi nanni quaste Millen dunsen,
Haferl gocken, Schneckt betzi Gwasch
Ka ko ki ka Kika Keki Wanzi
Magi, Magi, Magi, Magi, Magi, Magi mag i net
Humi wepsi bieni, um halb elfi gimmi
Heidi bobi tschingreding ins bet.
Tsching Tschang Tsching Tschang gibidani busi
Meini lippi xaxixaxixaxixaxixax
Tsching Tschang Tsching Tschang gisidanan fusi
Andigigiolipappi haxi haxi hax

> Glaub mich lachen aus weil bin Chinese
> Was ist des?
> *Refrain*: Ziggi zam ziggi zam Tschin Tschin wuggi gu
> Wassi Wassi tscheng patschi zsching wuh-hu wu.

Freilich ist man an Kinderlieder - »Tri Chinisi mit die Kintribiß« - oder als konkretes literarisches Vorbild an den Gesang der Wilden - »Spißi, spaßi Kasperladi / Hicki, hacki Karbonadi« etc.[7] - in einem der Kasperstücke des Münchener Grafen Pocci erinnert, ein populäres, letztlich ja bis in die Kinderbücher vorgedrungenes Stück Lautpoesie bereits des neunzehnten Jahrhunderts. Valentin bleibt mit einzelnen Versen ähnlich ›verständlich‹ wie Pocci, weil durch die unvertraute Schreib- und Sprechweise in Bruchstücken das gewohnte Bayrisch durchschimmert: mit der Abfolge von »Kim i, kumm i« (›komm ich, so komme ich‹) in der ersten, »Da legst di nieder ... / Tutti tutti grossi« (›Da legst du dich lang hin ... / Alle Brüste so groß‹) in der zweiten und »gibidani busi« (›küsse ich dich‹) in der dritten Strophe ergibt sich sogar so etwas wie eine spezifisch-bayrische Folklore-Assoziation. Der Zuhörer will aber gar nicht das Maskerade-Chinesisch bis ins letzte zurückübersetzt haben ins Heimatidiom, sondern läßt es sich mit Andeutungen genug sein und gibt sich im übrigen spielerisch dem abstrakten Sing-Sang hin, erheitert gerade dadurch, daß sich hier Buchstaben in Noten ummünzen und Worte in Musik verwandeln. Als volkstümliche Kontrafaktur sicher ein gebrochenes Verhältnis zur dadaistischen Lautpoesie dokumentierend, liegt deshalb das *Chinesische Couplet* aus Bayern doch ganz grad auf einer Linie mit dieser umstürzlerischen Dada-Erfindung, die im Schweizer Exil während des Ersten Weltkriegs gewonnene Erfahrung der Initiatoren des Züricher *Cabaret Voltaire* in die zwanziger und frühen dreißiger Jahre hinein bestätigend, daß der »Versuch,

---

7   Franz von Pocci, *Kasperl unter den Wilden*, zit. nach: *Kasperletheater für Erwachsene*, hg. v. Norbert Miller u. Karl Riha, Frankfurt/Main 1978, S. 263.

das Publikum von der Kabarettbühne herunter zu unterhalten«, »in ebenso anregender wie instruktiver Weise zum ununterbrochen Lebendigen, Neuen, Naiven« führe[8].

Unter Hitler, im Bannbereich des >Dritten Reichs<, ging Valentin dieser Spielraum - der ganzen Breite des Wortes nach - verloren. Das zeigt unter anderem 1942 ein Versuch im politischen Gedicht wie *Wenn ich einmal der Herrgott wär* nach der Melodie *Da streiten sich die Leut herum*. Auch wenn sich ein unausrottbarer Hang zur Kombinatorik behauptet - es werden ja die Eingangszeilen eines beliebten Trinklieds des neunzehnten Jahrhunderts mit der Musik des wohl berühmtesten Couplets von Ferdinand Raimund, dem sogenannten *Hobellied* aus dem *Verschwender*, zusammengenommen - , ist das Stück durch den weitgehenden Verzicht auf heitere Unsinnserhellung, die Hauptstoßrichtung der Valentin'schen Komik, gekennzeichnet. Der Autor bleibt - in seiner Hilflosigkeit - an den poetischen und politischen Horizont des historischen Musters zurückgebunden. Es ist ja auch ein >Valentin<, dem bei Raimund das Couplet in den Mund gelegt wird - und noch dazu ein >gewesener Tischlergesell< wie Valentin Fey auch, der nach dem Wunsch des Vaters 1897 eine Schreinerlehre begonnen und auch mit der Gesellenprüfung abgeschlossen hatte, ehe er 1902 und dann endgültig 1906 ins Varieté, die Musikclownerie und die Couplet-Sängerei wechselte. Die Politisierung des literarischen Kabaretts, wie sie für die Entwicklung dieser literarischen Institution in der Weimarer Republik kennzeichnend ist, lag außerhalb des Blickfelds und außerhalb der künstlerischen Möglichkeiten Karl Valentins; an sie also konnte er sich jetzt auch nicht anschließen. So beschwört er, eigentlich unpolitisch, mit Hilfe des ad absurdum geführten Trinklieds (»Doch weil ich nicht der Herrgott bin«, heißt es gleich in der ersten Strophe) - ganz ähnlich wie Karl Kraus im Weltuntergangsdrama *Die letzten Tage der Menschheit* zum Schluß des Ersten Weltkriegs - die Zerstörung dieser jetzi-

---

8 Hugo Ball, *Die Flucht aus der Zeit*, Luzern 1946, S. 75.

gen Welt durch den Eingriff einer außerirdischen göttlichen Macht, die Rebellion der Natur gegen diese schreckliche Zeit:

> Ja, lieber Herrgott, tu das doch,
> Du hast die Macht in Händen,
> Du könntest diesen Wirrwarr doch
> Mit einem Schlag beenden.
> Die Welt, die Du erschaffen hast,
> Die sollst auch Du regieren!
> Wenn Du die Menschheit nicht ersäufst,
> Dann laß sie halt erfrieren.[9]

---

[9] Valentin, *Sturzflüge im Zuschauerraum*, a.a.O., S. 103f.

Texte mit Handicap
Zur Literatur ohne R
und andere Buchstaben des Alphabets

Unter den hunderten von Damen und Halbdamen, die er in der Geschichte seines Lebens Revue passieren läßt, hebt Giacomo Casanova - anläßlich eines kurzen Aufenthalts in Ludwigsburg bei Stuttgart - eine hübsche verheiratete Schauspielerin hervor: »Sie hatte nur einen Fehler, sie konnte das R nicht richtig aussprechen.«[1]
»Wie schade, Madame«, erklärt Casanova bei Tisch, »daß Ihre Zungenspitze mit dem R nicht fertig wird«, stellt aber ein Zaubermittel in Aussicht, für das er sich nur das Rollenmanuskript der nächsten Aufführung ausbittet; schlage es fehl, wolle er mit einer Ohrfeige bestraft sein, zeitige es jedoch den gewünschten Erfolg - daß die Schauspielerin ihre Rolle vortragen könne, ohne daß man ihr Sprachgebrechen merkt - , werde er einen »zärtlichen Kuß« erhalten.
In der Nacht machte er sich an die Arbeit, um die Zauberei zu bewerkstelligen. »Ich verbrachte«, heißt es in der Autobiographie, »sechs Stunden damit, die Rolle der Vestris abzuschreiben, ohne mehr zu ändern als den Bau der Sätze, um Worte ohne R verwenden zu können. Das war eine undankbare Arbeit, aber mich verlangte danach, in Gegenwart ihres Mannes die schönen Lippen der Vestris zu küssen. Ich änderte den Satz ›Das Verhalten des Mannes kränkt und ärgert mich; ich muß danach trachten, ihn loszuwerden‹ und setzte dafür ›Das Gehabe dieses Mannes beleidigt und peinigt mich; ich muß von ihm loskommen‹. Aus ›Er redet sich ein, ich wäre in ihn vernarrt‹, machte ich ›Seine

---

1 Dieses und die folgenden Zitate: Giacomo Casanova, *Geschichte meines Lebens*, Frankfurt/Main, Berlin 1964, Bd. 10, S. 281ff.

Annahme ist, ich liebe ihn<. Und so verfuhr ich bis zum Schluß; dann schlief ich drei Stunden und zog mich wieder an.«

Der Schauspielerin gefällt am andern Morgen die gelungene Zauberei so gut, daß sie in laute Freudenschreie ausbricht, ihrem Gatten schwört, nie mehr eine Rolle zu spielen, in der ein R vorkomme, und Casanova gern seinen Kuß gewährt. Und - kaum gewonnen - schlägt Casanova gleich noch einmal eine ähnliche Probe vor: »Wetten wir noch einmal eine Ohrfeige oder einen Kuß, daß ich mit Ihnen den ganzen Tag ohne R spreche. Wir können gleich anfangen.«

Die Dame läßt sich darauf nicht mehr ein, renommiert aber umgehend gegenüber einem Stückeschreiber mit dem durch ihren Sprachfehler herausgeforderten literarischen Kunststück. Dieser wiederum zieht den amourösen Sprachartisten in ein Streitgespräch und bietet ihm so die Möglichkeit zur Ablegung neuer - nun improvisierter - Zauberproben: »Wie würden Sie es anstellen (...), wenn Sie sagen wollten, sie sei reizend, außergewöhnlich und verehrungswürdig?« - »Ich würde sagen, daß sie einzig ist und daß man sie anbeten und in den Himmel heben muß.«

So exzeptionell diese Episode erscheint, es gibt sogar einen poetologischen Namen dafür, wenn man - wie Casanova hier - statt mit allen Buchstaben, die zur Verfügung stehen, nur mit einem Teil des Alphabets beziehungsweise unter Auslassung eines oder mehrerer seiner Buchstaben Literatur macht: man spricht dann vom >Lipogramm<.

Dabei steigt die Schwierigkeit, je öfter der Buchstabe oder die Buchstabengruppe, auf die man sich kapriziert, in der gesprochenen und geschriebenen Normalsprache vorkommt. Auf das X oder Y zu verfallen, würde deshalb keinen Wert haben, weil es ohnedies nur wenige Wörter mit diesen beiden Buchstaben gibt. So besagt es also nichts, wenn man feststellt, in Goethes *Nachtlied* sei aufs X und Y lipogrammatisch verzichtet: ein solcher Verzicht lag ja im allgemeinen Charakter der Sprache und forderte gar nicht die spezielle Absicht des Verfassers.

Anders beim R, neben dem S und N der am häufigsten eingesetzte Konsonant und damit neben den Vokalen der überhaupt am häufigsten eingesetzte Buchstabe unserer Sprache! Von seiner Unverzichtbarkeit kann man sich leicht überzeugen, wenn man auf einer beliebigen Druckseite eben diesen Buchstaben extrahiert oder sich selbst dem Experiment stellt, einmal eine Unterhaltung ohne den Buchstaben R zu führen oder einen Text zu verfassen.

Zur literarischen Tradition des Lipogramms hat 1963 Alfred Liede in *Dichtung als Spiel, Studien zur Unsinnspoesie an den Grenzen der Sprache* die wichtigsten Fakten und Daten zusammengetragen[2]. Danach handelt es sich um eine Form des Buchstabenspiels, für die es bereits in der Antike zahlreiche Beispiele gibt. So schrieb Lasos in der Mitte des sechsten vorchristlichen Jahrhunderts Gedichte ohne Sigma - und sein Schüler Pindar folgte ihm darin mit einer Ode. Nestor von Laranda verfaßte im dritten Jahrhundert vor Chr. eine *Ilias* mit vierundzwanzig Gesängen und vermied in der Folge dieser Gesänge jeweils einen Buchstaben des Alphabets; in diesem Schema ahmte ihn im fünften bzw. sechsten nachchristlichen Jahrhundert Tryphiodor mit einer *Odyssee* und Fabius Planciades Fulgentius, den Jean Paul des öfteren erwähnt, mit einer Weltgeschichte - *De aetatibus mundi et hominis* - nach.

Auch das Mittelalter bietet vereinzelte Beispiele. Verstärkt aber kommt es mit dem Beginn des siebzehnten Jahrhunderts zu Lipogrammatischem in der Literatur - darunter vermehrt auch Vermeidungen des R: so zum Beispiel in gleich drei italienischen Werken[3]. Der Spanier Alonso de Alcalá y

---

2   Alfred Liede, *Dichtung als Spiel, Studien zur Unsinnspoesie an den Grenzen der Sprache*, 2 Bde., Berlin 1963, Bd. 2, S. 90ff. - Vgl. auch Ernst Schulz-Besser, *Deutsche Dichtungen ohne den Buchstaben R*, in: Zeitschrift für Bücherfreunde, N.F., 1909/10, S. 382ff.

3   Giovanni Nicola Ciminello Cardone, *L'R sbandita, sopra la potenza d'amore*, Neapel 1619. Vom gleichen Verfasser *L'Alfabeto distrutto* (Reden mit fehlenden Buchstaben in der Folge des Alphabets);

Herrera schrieb fünf Novellen, in denen er - der Reihe nach
- die fünf Vokale ausließ.
In Deutschland findet man ähnliche Tendenzen bei den
Pegnitzschäfern. Georg Philipp Harsdörffer gab in den
Frauenzimmer Gesprächsspielen Erzählungen ohne M und L
und erdichtete eine *Süße Bestrafung* ohne L[4]. Die Verschmä-
hung des R scheint überdies in diesem Barockjahrhundert
eine beliebte Rhetorenübung, speziell für Kanzelredner,
gewesen zu sein; jedenfalls enthält Erdmann Uhses
Wohlinformierter Redner eine Weihnachtspredigt und eine
Leichenabdankung ohne R für die »von Natur schnarrenden,
aber durch die Kunst lieblich redenden Prediger«[5]. Parallel dazu hat Christian Weise in seinem Roman *Die drei
ärgsten Erznarren in der ganzen Welt* von 1672 einem »Schnarr-
peter«, der das R nicht richtig artikulieren kann, Konversa-
tionsempfehlungen gegeben, mit deren Hilfe sich dieser
»Hunds-Buchstabe« vermeiden läßt, und ihm - als literarisches Muster - eine ganz und gar R-lose Rede aufgesetzt,
die sich sogar in ein Versexempel steigert:

> Lebe wol, du liebe Seele,
> Lebe nun und ewig wohl,
> Bis des blassen Leibes Höle,
> Deinem Sitze folgen soll.
> Du bist selig, wo dein Gott
> Ohne Seuffzen Angst und Spott
> Seine liebsten Söhne weidet.
> Wolte Gott, es könten alle
> Gleich so Tod und selig seyn,
> Daß sie mit beliebtem Schalle
> Hüpften in des Himmels Schein.
> Nun wohlan es kömmt die Zeit,
> Daß die süsse Seligkeit,

Orazio Fidele, *L'R sbandita, sopra la potenza d'amore*, Turin 1633;
Gregorio Leti, *R sbandita, orazione*, Bologna 1653.

4   Georg Philipp Harsdörffer, *Frauen-Zimmer Gesprächs-Spiele*, Tübingen
    1968 ff., Bd. 2, S. 138 ff., Bd. 8, S. 50ff.

5   Erdmann Uhse, *Wohl-informierter Redner*, Leipzig 1709.

> Uns ingleichem soll entbinden
> Deine Wollust zu empfinden.[6]

Im achtzehnten Jahrhundert nutzte Barthold Hinrich Brockes einmal den Einsatz, das andere Mal die Aussparung des R in lautmalerischer Absicht und begründete den beabsichtigten Effekt - mit dem später auch Goethe operierte - wie folgt:

Es hat der Herr Verfasser in gegenwärtigem Gedichte vor andern eine Probe gegeben, wie Wortreich die Teutsche Sprache sey, indem Er, wie man finden wird, ein schönes angenehmes Wetter, mit gäntzlicher Vermeidung des sonst männlich- und etwas hartlautenden R, beschreybet; in Beschreibung eines Ungewitters aber, diesen Buchstaben häufig, und zwar, nach Erforderung der Sachen, mehr oder weniger wiederholet; wodurch zugleich der Einwurf sattsam gehoben wird, als wenn sich die Teutsche Sprache zur Music nicht schicke.[7]

Gedichte ohne den Buchstaben R schuf 1788 - und damit zeitlich in etwa auf der Höhe der *Memoiren* Casanovas - der dichterische Sonderling und Improvisationskünstler Gottlob Wilhelm Burmann. Obwohl er eine verkrüppelte linke Hand mit nur vier Fingern hatte, entwickelte sich der kleine hinkende Mann, der in dürftigsten Verhältnissen lebte, zu einem gern gehörten Klavierspieler, vor allem

---

6   Christian Weise, *Die drei ärgsten Erznarren in der ganzen Welt*, Neudruck der Ausgabe von 1673, Halle 1967, S. 129ff.
7   Barthold Hinrich Brockes, *Irdisches Vergnügen in Gott*, Bern 1970, Bd. 1, S. 149f. - Der einleitende Passus ohne R hat folgenden Wortlaut:
> Nachdem die Sonne jüngst, seit zweymahl fünfzehn Tagen,
> Die neu-beblühmte Welt beständig angelacht;
> Schwamm alles, was man sah, in Wollust und Behagen.
> Die Gluht, die alles hell, die alles lebhaft, macht,
> Befloß so Stadt als Land, bedeckte See und Flüsse.
> Sie senckte sich so tief in Tellus Schos hinein,
> Daß Feld und Felsen glüht'; es glänzte Sand und Stein;
> Man kennete fast nicht die feuchten Wolcken-Güsse,
> Bis endlich sich einmal, bey schwühlen Mittags-Stunden,
> Ein kleines Wölckchen zeigt', und in den Augenblick
> Sich auszuspannen schien (...)

Es folgt nach dem hier einsetzenden R-Gewitter noch einmal ein längerer Schluß-Passus ohne R.

auch deshalb, weil er die besondere Fähigkeit besaß, den Stil anderer Komponisten - wie Bach, Haydn oder Händel - zu imitieren; und es wird berichtet, daß er oft stundenlang in Versen improvisieren konnte. Vor diesem Hintergrund künstlerischer Begabung und erbärmlicher Lebensverhältnisse, die auch durch eine Redakteurstätigkeit bei der *Spenerschen Zeitung* kaum verbessert wurden, ist das nachfolgend zitierte Gedicht *An die Tonkunst* zu sehen, vom Verfasser bescheiden als »Tändelei« charakterisiert und doch mit dem Ziel verfaßt, die deutsche Sprache »in einem ganz weichen Dialekt« zu zeigen, »weil sie sich wirklich ganz anders ohne r als mit r macht«:

> Göttin, die vom Himmel steigt,
> Und das Weh des Lebens beugt,
> Allgewalt ist deine Macht,
> Wo du hintönst, flieht die Nacht!
>
> Stets bist du ein Gilead,
> Welches Lebensbalsam hat,
> Und dem matten Seelenlauf
> Helfen deine Schwingen auf.
>
> Könige machst du entzückt,
> Wenn dein Himmel sie beglückt;
> Und des Landmanns Flötenspiel
> Weyhest du zum Festgefühl.
>
> Kettende Melancholie
> Bleibt in deinen Seelen nie,
> Jedes Wölkchen Dunkelheit
> Flieht, so bald dein Werk gebeut.
>
> Göttin, die vom Himmel stammt,
> Wonne schaffen, ist dein Amt;
> O besieg in Welt und Zeit
> Menschenelend, Menschenleid![8]

---

[8] Gottlob Wilhelm Burmann, *Gedichte ohne den Buchstaben R*, Berlin 1788 bzw. 1796; hier zitiert nach Schulze-Besser, a.a.O., S. 384ff., dort auch das folgende Zitat aus Burmanns *Vorrede*.

Burmann selbst war der Meinung, er würde so schnell keine Konkurrenten in seiner R-lipogrammatischen Poesie zu fürchten haben, »denn die Sache ist so ganz leicht nicht, auch muß man wegen dieser Buchstabengrille manchen guten Gedanken töten, ein Umstand, der allein schon hinreichend ist, keine Bände r-loser Gedichte Mode zu machen.« Er fand ihn jedoch rascher als gedacht - in Franz Rittler, der sich gegen gleich drei R in seinem eigenen Namen verschwor und 1813 unter dem Titel *Die Zwillinge* einen ganzen Roman ohne R verfaßt und veröffentlicht hat, zusätzlich erschwert durch das Handicap, daß er sich in der Abfolge des Erzählten an »60 aufgegebene Worte« halten wollte.

Hier als Leseprobe der Anfang dieses seltsamen Romans, den sein Verfasser in der späteren Auflage von 1820 sogar noch um einen zweiten Teil vermehrte:

An einem schönen Juni-Abend saß Valentin Ewald, Schultheiß zu Buchenthal - ein Mann, dessen Andenken heut noch unzählige Menschen segnen - auf dem Bänkchen an seinem Hause, das zwei eben blühende Linden beschatteten, und schmauchte genügsam sein Pfeifchen.

Bald fanden sich auch heut einige um ihn wohnende gute Bekannte ein, die mit dem Schultheiß gewöhnlich in diesen Stunden von häuslichen und ökonomischen Angelegenheiten zu schwatzen pflegten, in welchem Fache Ewald die ausgedehntesten Kenntnisse besaß, und dieselben Jedem wohlwollend mittheilte, indeß sich um sein gutes Weib die Mädchen und Gattinnen des Fleckens aus ähnlichen Absichten sammelten.

Sie hatten dieß Mahl noch nicht lange beisammen gesessen, als ein Wagen, von zehn bis zwölf Soldaten begleitet, ankam, auf dem sich ein an Händen und Füßen gefesseltes Weib, in der Gesellschaft eines noch kleinen Knaben befand. - Man hielt an Ewalds Hause.

Um noch nach Lilienstein - dem Städtchen, in welchem das Justiz-Amt seinen Sitz hatte - zu gelangen, sagten die Soldaten, sey es schon zu spät, die Nacht auch keinem Menschen hold, deshalb wollten sie in diesem Flecken bleiben, und bäthen den Schultheiß, den Gefangenen ein festes Verhältnis im Stockhause bis zum kommenden Tage anzuweisen.

Dieß, in diesen Gegenden so seltene Schauspiel, hatte bald Jung und Alt aus den Wohnungen von dem Abendessen und aus den Gassen vom Spiele an den Wagen gelockt, den Sammelplatz des gaffenden Haufens. - Ewalds Blicke fielen auf den Knaben, dessen schöne Züge gewaltig gegen die Häßlichkeit des neben ihm sitzenden Weibes abstachen. Seine jugendliche Unbefangenheit, das kindisch unschuldige Geschwätz des Kleinen, bestimmten den Schultheiß, ihn einstweilen vom Wagen heben und in seinem Hause einige Speisen geben zu lassen. (...)[9]

Eine spannungsträchtige, mit vielerlei Verwicklungen gespickte Geschichte kann ihren Anfang nehmen; und wenn man nicht besonders darauf achtet, merkt man gar nicht, unter welchem lautlichen Zugzwang der Autor steht: er überspielt ihn einfach literarisch. -
Durch das ganze neunzehnte Jahrhundert hindurch lassen sich - als direkte Folge der Entöffentlichung des kulturellen Lebens während der Restaurationsperioden nach 1815 und 1849 - zahlreiche unterströmige Literaturaktivitäten beobachten, die häufig die innere und äußere Form eines literarischen Clubs oder Vereins annahmen. Ihr Einfluß auf die unterhaltende Literatur, die Gründung humoristischer Zeitschriften und speziell auch ihre Bedeutung für die Aufrechterhaltung und Weiterführung der Traditionen literarischen Spiels sind kaum zu überschätzen. Es ist deshalb in diesem Zusammenhang außerordentlich signifikant, wenn man darauf hinweisen kann, daß Rittlers *Zwillings*-Roman im Vorfeld des bedeutendsten Wiener Literatur-Clubs der ersten Hälfte des neunzehnten Jahrhunderts - der 1817 gegründeten Wiener *Ludlamshöhle*, der nach Franz Grillparzer »bald alle besseren Maler, Musiker und Literatoren der Residenz« angehörten[10] - angesiedelt ist.
Der Name der Vereinigung war von einem gleichnamigen Theaterstück Adam Oehlenschlägers hergenommen; als Treffpunkt diente ein Wiener Wirtslokal: die Mitglieder gaben sich gegenseitig Spitznamen und vereinigten sich »zu unerschöpflich fröhlichem Unsinn«. Man hielt witzige

---

9 Franz Rittler, *Die Zwillinge, Versuch, aus 60 aufgegebenen Worten einen Roman ohne R zu schreiben*, Leipzig 1813 bzw. 1815, in der dritten Auflage vermehrt um *Emma und Gustav von Falkenau, Eine Fortsetzung des Versuchs, aus sechzig aufgegebenen Worten einen kleinen Roman ohne R zu schreiben, Zweiter Teil der Zwillinge*, Wien 1820, Neudruck, hrsg. von Karl Riha, Heidelberg 1979, S. 17f.
10 Franz Grillparzer, *Sämtliche Werke*, hrsg. von August Sauer und R. Backmann, Wien 1909-48, Bd. 16, S. 207 ff. und Anm. S. 372ff.

Vorträge, improvisierte Parodien zu Theaterstücken, die man eben am Abend erst gesehen hatte, gab sich einen eigenen Kalender mit frisch erfundenen Monats- und Tagesnamen wie »Punschaffendi«, »Eiergreis« und »Kalbsfüßl« oder veranstaltete Dichterwettbewerbe, so um Dramen wie *Wahnsinn oder Stockfischfang* oder *Die Titel in Lebensgefahr.*
Vorläufer dieser *Höhle* entwickelten sich bereits während des *Wiener Kongresses*, ein historisches Ereignis, dem sich - zeitlich parallel zu seinem *Roman ohne R* - Rittler im humoristisch-satirischen Erzählgenre voll hingegeben hat. Gelegentlich als Österreichs »armer Poet« apostrophiert, der sich nach den napoleonischen Kriegen in keine feste Anstellung zwängen lassen wollte und deshalb als Privatgelehrter den unterschiedlichsten literarischen Beschäftigungen nachging - oft »in der traurigsten Abhängigkeit von dem Speculationsgeiste seiner Verleger« - , verfolgte er 1818 die *Komischen Schicksale eines Fünf-Gulden-Scheins auf seinen Wanderungen durch Wien und die Umgebungen, zur Zeit des Kongresses* oder begab sich 1819 auf literarische *Wanderungen durch Wien und die Umgebungen zur Zeit des Kongresses, Ein satirisches Gemälde nach dem wirklichen Leben entworfen von einem Fünf-Gulden-Schein; als Fortsetzung seiner komischen Schicksale.*
In der Vorrede zur ersten Auflage seines *Romans ohne R* wehrt sich der Verfasser selbst gegen den Stempel der puren Kuriosität, den man ihm vielleicht aufdrücken könnte; jedenfalls möchte er seinen Versuch »zu keiner ganz zwecklosen Spielerei herabgewürdigt sehen«[11]. Das Buch ist auch heute noch gegen diese Abqualifikation in Schutz zu nehmen. Wie immer kapriziert und kurios Rittlers Annäherung an die Form des Romans ausgefallen sein mag, sie ist literarisch markant und deckt gerade auch fürs Erzählen fixe poetische Möglichkeiten auf: allerdings war die Entwicklung des Romans im neunzehnten Jahrhundert - hin zu realistischer Wirklichkeitsdarstellung und veristischer Psycholo-

---

11   *Die Zwillinge*, a.a.O., Neudruck, S. 3.

gie - solcher artistischen Verweisfunktion gegenüber eher blind:

> So ganz ernst hat der Literaturbetrieb diese Übungen noch nie genommen. Die Autoren, die sich mit solchen >Spielereien< befaßten, wurden in der Regel in die Ecke der literarischen Wirrköpfe abgeschoben und ihre Hervorbringungen als literarische Frivolitäten, als Kuriosa, als philologische Amusements, Verirrungen und pathologische Sprachmonstrositäten abgetan. Als literarische Ungeheuer klassifiziert, verstauben ihre Texte irgendwo in den hintersten Regalen von Universitätsbibliotheken und werden nur in Spezialexika der Kuriosität halber erwähnt.[12]

Das gilt speziell auch für die engere Nachfolge auf Franz Rittler, für die sich - zum Ende des neunzehnten Jahrhunderts - Paul von Schönthan mit seiner *Eigentümlichen Geschichte*[13] anführen läßt, deren Heldin den >plebejischen< Namen Barbara führt; unmelodisch liegt er ihr wie das Geräusch einer Sägemühle im Ohr. In ihrem Widerwillen gegen den Buchstaben R stellt sie deshalb dem Erzähler die Aufgabe - ehe sie bereit ist, ihm die Hand zur Ehe zu reichen - , ein r-loses Feuilleton abzufassen; und das gelingt dem Liebhaber in der Erzählerrolle denn auch mit ähnlicher Leichtigkeit wie dem eingangs zitierten Meister aller Liebhaber - Casanova - in seiner Umsetzung eines dramatischen Dialogs für eine Schauspielerin.

Anders avantgardistische Literaturtendenzen, experimentelle Poesie und moderner Roman! - Eugen Helmlé hat in einem Aufsatz, der 1977 in der Literaturzeitschrift *Akzente* erschienen ist, einige Hinweise gegeben und Beispiele vor allem

---

12 Eugen Helmlé, *Anton Voyl verschwand dahin, Über das Leipogramm und George Perecs >Disparition<*, in: *Akzente*, H. 5/1977, S. 455.
13 Franz und Paul Schönthan, *Kleine Humoresken*, Stuttgart 1882-87. - Zeitlich parallel zu Rittler nachzutragen: Leopold Kolbe, *Keine Liebe ohne Qualen, Eine kleine Geschichte, einfach und doch künstlich*, Pest 1816. - Weil sich die Wortkunststücke des Arabischen im Deutschen nicht ohne weiteres nachahmen lassen, hat Friedrich Rückert in seiner Übertragung von Hariris *Verwandlungen des Abu Seid von Serug* zur >Imitation< punktierter und nicht punktierter Buchstaben die Elimination des R innerhalb einer Bittschrift genutzt.

aus der jüngeren und jüngsten französischen Literatur beigebracht, die sich auf verblüffende Weise an die aufgezeigte lipogrammatische Tradition anlehnen und ihr eine neue programmatische Richtung geben.
Raymond Queneau hat sich in einem Aufsatz über die von ihm mitbegründete Werkstatt für potentielle Literatur mit lipogrammatischen Schwierigkeiten befaßt und dabei folgende Überlegungen angestellt:

Die Häufigkeit der Letter W ist im Englischen zum Beispiel 0,02, so daß der Schwierigkeitsgrad eines Textes von hundert Wörtern ohne W gleich 2 ist. Da die Häufigkeit des E bei 0,13 liegt (im Deutschen liegt sie sogar noch höher), wird ein Schwierigkeitsgrad von 13 erreicht, wenn man einen Text von 100 Wörtern schreibt, ohne den Buchstaben E zu benutzen.[14]

Die Probe aufs Exempel liefert 1969 Georges Perec mit seinem Roman *La Disparition*, etwa zu übersetzen mit *Das Verschwinden*; man sieht also bereits am Titel, daß der Autor die formale Schwierigkeit, der er sich auf rund hundertzwanzig Druckseiten mit der völligen Aussparung des Buchstabens E unterwirft, im Thema der Geschichte, die er erzählt, aufgreift und variiert.
Der Name des Helden, Voyl, ist - eben durch Streichungen der E's - sprachlich aus >Voyelle< (zu deutsch: Vokal, Selbstlaut) abgeleitet. Der sprachlichen Disposition entspricht die Anlage der Figur als »verstümmelte, eingeschränkte Persönlichkeit«: sie verschwindet im Verlauf der Handlung - Gelegenheit, den Roman in »verwickelte und teilweise blutrünstige Abenteuer« im Stil eines Kriminalromans aufzulösen. - Als Probe auch hier die ersten Partien des Romans, *Buch Primo*, wobei auf die besondere Problematik der Übersetzung nur eben hingewiesen, nicht aber genauer eingegangen werden kann:

Anton Voyl hat Schlaf nötig, doch Anton kommt nicht an und macht Licht. Zwölf Uhr zwanzig nachts. Darauf griff Anton zum Buch, schlugs auf und las, doch lang ging das nicht gut. Zwar las Anton Wort für Wort, doch

---

14 Zit. nach Helmlé, *Anton Voyl verschwand dahin* (...), a.a.O., S. 455.

das gab nicht Sinn noch Signifikation. Also schlug Anton das Buch zu, ging aufs Klo und fuhr sich dort mit Handtuch und Naß durchs Antlitz, doch auch das half nichts.
Antons Puls ging laut und stark. Vorhin war ihm warm, nun ist ihm kalt. Anton sah durchs Wandloch mit Glas davor zum Mond hinauf. Richtig idyllisch war das Bild, das sich ihm bot. Vom Vorort drang Lärm zu ihm rauf und vom Kirchturm schlugs fünfmal - so lang schon wach und schlaflos? Im Kanal Saint-Martin fuhr sanft das Sandschiff dahin und pfiff schrill.
Nun blickt Voyl hoch und schaut: Floh auf Glas. Noch ist sich Anton nicht schlüssig, ging zunächst mal nah ran, sagt sich, ich mach ihn kaputt, da hüpft das Flohkind fort.

Dann ging Anton zum Kühlschrank, nahm Milch raus, trank langsam, Schluck um Schluck. Darauf schritt Anton zur Couch, wo das Journal lag, raucht dort das Zigarillo und ruht sich aus. Nun hört Anton Radio: Bossanova, Tango, Foxtrott. Barbara singt Aragons Madrigal, Stich-Randall singt aus Aida.
Nach Musik und Tanz kommt das Politik-Magazin. Norodom Sihanouk ist in Zürich und sagt dort, daß ihn nichts nach Washington bringt, und das fühlt man ihm nach. In Paris spricht Pompidou im Hinblick auf Boykottandrohung im Lohnkampf plötzlich von Status quo, womit Pompidou natürlich nicht durchkommt. In Biafra Konflikt auf Konflikt, in Konakry spricht man von Putsch, in Tristan da Cunha Taifun und Orkan.

Zum Schluß noch Sportinformation: im Davis Pokal-Kampf schlug Santana Darmon acht : fünf, zwo : fünf, zwölf : acht, acht : zwo, fünf : acht.
Anton knipst das Radio aus und sinkt hin, das Haupt voll Schlaf, schnappt nach Luft und schläft.[15]

Der Entschluß, beim Schreiben diesen oder jenen Buchstaben des Alphabets zu eliminieren, stellt einen Zwang dar; das wird bei Perecs *Disparition* sehr viel deutlicher als bei Rittlers *Zwillingen*, und nicht nur, weil das Weglassen des Buchstabens E auf anderen sprachlichen Voraussetzungen beruht und eine andere Konsequenz zeitigt als die des Buchstabens R, sondern wohl gerade auch deshalb, weil hier der Autor das Handicap nicht elegant zu überspie-

---

15   A.a.O., S. 460. - Vgl. Georges Perec, *Anton Voyls Fortgang*, Hamburg 1991, *Buch Primo*.

len sucht, sondern - auffällig - aus seinem Schlagschatten heraus eine einprägsame stilistische Strategie verfolgt.

Ohne R ist kein episches Erzähl-Präteritum >Es war einmal< möglich, das dynamisch-verbale Moment ist entscheidend restringiert, wie ein Blick auf die im Deutschen zahlreichen Wörter für rasche Bewegung mit R im Anlaut zeigt: >rennen<, >rasen<, >rudern<, >rodeln<, >ringen<, >rollen<, >raffen<, >reffen<, >rammen<, >rammeln<, >raufen<, >rupfen<, >rütteln<, >reiben<, >rücken<, >rutschen<, >rinnen< etc.[16] Die Komparativbildung der Adjektive wird verhindert. Mit dem Wegfall des E hingegen hängt der notwendige Verzicht auf alle unbestimmten und bestimmten Artikel des männlichen und weiblichen Geschlechts, auf die meisten Mehrzahlbildungen zusammen; Deklination, Konjugation und die Bildung von Relativsätzen werden stark eingeschränkt.

---

16 Vgl. Arthur Nowy, *Zauber der Laute unserer Sprache, Feststellungen und Anregungen zum Umgang mit der Sprache*, Stuttgart 1979, S. 42. Der Titel steht für eine breite, insgesamt jedoch problematische Literatur zum Thema der >Lautwesenkunde<, die in ihrer neueren Form auf Rudolf Steiner zurückgeht. - In lyrischer Weise hat sich Josef Weinheber in seiner *Ode an die Buchstaben* (*Adel und Untergang*, München 1937, S. 100ff.) mit Lauterwerb und Lautsinn der einzelnen Buchstaben des Alphabets beschäftigt. - Ein interessantes Plädoyer für den Buchstaben R lieferte im neunzehnten Jahrhundert Friedrich Theodor Vischer mit seiner *Jeremiade* über die Auslassung und Ersetzung dieses Buchstabens im gesprochenen Dialekt (im Berlinischen, Thüringischen, Sächsischen) unter dem Titel *Leiden des armen Buchstabens R auf seiner Wanderung durch Deutschland, Ein Beitrag zum Besten der Rechtsprechung*: »In der Tat, das R ist schwer, ist der schwerste Laut im ABC. Die Kinder lernen es am spätesten und Viele lernen es nie. Darunter sind nun freilich Manche, die es nur nicht gelernt haben, weil es Mühe kostet oder weil sie nicht wollten«. Die Ersetzung des R durch den Buchstaben A demonstriert Vischer zum Schluß seines Aufsatzes - *Kritische Gänge*, München 1922, Bd. 6, S. 245 ff. - wie folgt: »Da Mensch soll sich von da bloßen Natua zua Kultua abheben und dies voanehmlich auch an da Sprache zeigen, in dem ea die gröbaen Ualaute daselben mildat. Ein solcha Ualaut ist namentlich das R.«

All das engt den Autor jedoch nicht nur ein, hemmt ihn - als unbequemes Sprachkorsett - in seinem freien Ausdruckswillen und seiner vollen literarischen Beweglichkeit, sondern kommt ihm - im Sinn der modernen Poetik - auch entgegen. Man verfolgt mit Neugier, welche Mittel und Wege der Autor findet, den Defekt zu steuern und der selbstauferlegten Schreibeinschränkung Herr zu werden; wenn ihn die Sprache dabei im Spielraum determiniert, erlaubt sie ihm doch auch die Ausprägung eines eigenen Erzählstils und einer eigenen, zum Thema des Romans passenden, es überhaupt erst herausarbeitenden Erzählintention. Eugen Helmlé spricht von der »fast militaristischen Verknappung der Aussage«, vom »Telegrammstilartigen der Mitteilung«, und notiert, den im französischen Original wie in der Übersetzung durchdringenden Effekt der linguistischen Manipulation im Auge: .

Der Verzicht auf die (...) Letter E verleiht dem Text etwas Eisiges, beinah Liebloses, die Sprache, ihrer konzilianten, verbindenden, gefälligen E's beraubt, treibt die Handlung fast automatisch ins Düstere und Ausweglose, sie beschreibt Zustände, die gerade wegen der amputierten Mittel, mit denen sie beschrieben werden, etwas zusätzlich Inhumanes bekommen. Sätze der Anteilnahme, des Mitgefühls, des persönlichen Interesses, die im täglichen Umgang so ungemein zählen und die menschlichen Beziehungen einigermaßen erträglich gestalten, sind in dieser Sprache nicht mehr möglich. Die Redundanz, die in der Alltagssprache eine so große Rolle spielt, ist hier ausgeschaltet. (...)[17]

Deutet sich also hinter der Vordergründigkeit der Buchstabenmanipulation ein großer sprachkritischer und sprachkonzeptioneller Horizont an? Die verfestigten und starr gewordenen Formen der Sprache aufzulösen und zu unterlaufen, ist ein fester Grundzug aller modernen und damit gerade der experimentell-avantgardistischen Literatur seit der Jahrhundertwende. Erst in ihrem Bezugsfeld gewinnt Perecs Roman seine volle Kontur. Die älteren, der manieristischen und sprachspielerischen Tradition verpflichteten Beispiele,

---

17 Helmlé, *Anton Voyl verschwand dahin* (...), a.a.O., S. 458f.

auf die hingewiesen wurde, dürfen zwar nicht zu direkten
Vorläufern dieser neuen Literatur erhoben werden, treten
aber zu ihr in ein frappierend-interessantes Spannungsverhältnis.
Die Literatur aufs Prinzip der Letter und des Buchstabens
abzustellen, wie es hier aufgezeigt wurde, ordnet sich in
diese Perspektive auf die Moderne ein und erhält in ihr
einen signifikanten Stellenwert. Die Züricher und Berliner
Dadaisten kreierten das Lautgedicht - »Verse ohne Worte
(...), in denen das Balancement der Vokale nur nach dem
Wert der Ansatzreihe erwogen und ausgeteilt wird« - und
lettristische Poeme, die sie in verwirrender Typographie als
Plakate druckten. Kurt Schwitters legte sich als lyrische
Reduktion bzw. Reduktion des Lyrischen aufs deutsch geschriebene i fest:

Lies: rauf, runter, rauf, Pünktchen drauf[18].

Und Otto Nebel begnügte sich in weiten Teilen seines literarischen Werkes mit Worten, die sich aus neun, zwölf und
sechzehn Buchstaben des Alphabets bilden ließen: »Wer A
sagt«, heißt es in den Aphorismen, »ist durchaus nicht verpflichtet Be zu sagen«[19]. Nebel gab diesen Buchstaben germanisierend den Namen ›Runen‹ und kennzeichnete das
Kompositionsprinzip mit dem musikalischen Terminus der
›Fuge‹. Die früheste Dichtung dieser Art - *Zuginsfeld* - entstand Dezember 1918 in englischer Kriegsgefangenschaft;
den Schaffensakt, der aus solchem Vorgehen resultiert, fi-

---

18   Kurt Schwitters, *Das literarische Werk*, Bd. 1, *Lyrik*, hrsg. von
     Friedhelm Lach, Köln 1972, S. 206.
19   Otto Nebel, *Das dichterische Werk*, hrsg. von René Radrizzani, 3 Bde.,
     München 1979, Bd. 3, S. 154.

xiert der Autor in einem späteren Dialog zwischen >Maler<
und >Dichter< wie folgt:

Das fortdauernde Nachsinnen über die Reihen bildbarer Grundwörter hat
zur Folge gehabt, daß die Wortvorräte der aus den neun Zeugerrunen
UEI
NFG
TRZ
bildbaren Schlüsselwerte immer größer, also die mehrenden Möglichkeiten
immer aufschlußreicher wurden. Andrerseits wiederum vermehrte die solchermaßen nährend gespeiste und zusehends wachsende Dichtung fortwährend selbstfördernd das Runenwort-Sinngut, sodaß uns jener alte
Glaube an ein >PERPETUUM MOBILE< nicht mehr wie ein alberner
Wahnwitz erscheinen wollte. Etwa allein schon an der Gestaltenreihe im
halblustigen Hauptstück dieser Fuge, das aus dem Urwortgebinde:
»Funfzig Irre treten ein« aufwuchs und die Überschrift bekam: »Funfzig
Irre unter neun Runen (Nur fuer Unirre geeignet, einigen Freien zugeeignet«) - könnte man auf eine recht anschauliche Art dartun, was bei
Entstehen dieses Teils der Neun-Runen-Fuge UNFEIG bereits im Bereiche
der Auswertungsmöglichkeiten lag. Das Hauptstück umfaßt rund siebenhundert erzählende Satzgefüge (Zeilen), die die Geschichte von fünfzig
Irren schildern, welche allesamt unverwechselbare Taufnamen tragen und
vorbildlich erfundene Narren sind.[20]

Einem >magischen Alphabet<, der >geheimnisvollen Hieroglyphe< ist Gerard de Nerval auf der Spur, den >unbekannten Vokal< jagt Jean Tardieu. - Schließen wir mit einem
Text Arthur Rimbauds, der mit seinem Verzicht aufs E noch
einmal das ausgeprägte lipogrammatische Verfahren vorführt, seiner Entstehung nach ins neunzehnte, seiner poetischen Bedeutung nach in unser zwanzigstes Jahrhundert
gehörend, aus dem ihm Ludwig Harig als sprach- und sinnverwandter Übersetzer ins Deutsche beispringt:

A schwarz (dann blank), I rot, U grün, O blau, Vokal:
bald künd ich vom Warum, vom Ursprung, vom Woraus.
A Bruststück schwarz von Haar an glänzig Mück und Laus,
äks! bäks! puh! pfui! und stinkt im Schwarm ums Aas, ganz fahl.
Ist schattig Gras im Golf, Kristall von Dampf und Haus,
Harpun von König, Riff, von Schafbockskraut im Tal.

---

20 Nebel, *Das dichterische Werk*, a.a.O., Bd. 3, S. 140f.

I Purpur, Blutsturz, Lust von Mund, unschätzbar schmal
im Zorn und auch im Rausch schon büßt man im Voraus.
U Zyklus, Konvulsion, wo Schlick und Flut sich mühn,
doch wonniglich als Ruh auf Flur und Grund mit Kühn
und runzlig Ruh auf Stirn: das alchimistisch Glück.
O maximal das Horn, von Komik schrillts, wohin?
Man hört das Gras das wächst mit Mond und Sylph darin.
O fraglos Imikron und Lilastrahl im Blick.[21]

---

21   Helmlé, *Anton Voyl verschwand dahin* (...), a.a.O., S. 467f.

```
             ein
             ana
            gramm
             iste
             ist
            immer
             ein
             ana
            gramm
             iste
     etsimargananagrammiste
     emanmargtsistgramname
       maregantsistnageram
         ratsnegamagenstar
           gnretsmamsterng
            negtsarastgen
             gnertstreng
              tseregst
              tserest
               tsest
                ere
                 r
```

k.r.: ein anagrammiste ist immer ...

Buchstabentausch und Fehlschreibe
Zur Kunst des Versprechers
in der Moderne ...
Oder: ein mißlungener Versuch,
dem Anagramm aus dem Weg zu gehen,
denn zuguterletzt lande ich doch beim Anagramm!

Zugegeben: - ich wollte dem angesetzten Anagramm-Thema aus dem Weg gehen - und warum? Etwa deshalb, weil ich selbst früher bei gelegentlichen eigenen anagrammatischen Spielereien über den >nakt(en) kant< und einen >apostelziz pestalozzi< nicht hinausgekommen war? Oder - weil ich meinen Vater erinnerte, der in seinen letzten Lebensjahren nur noch zwei Dingen hinterhersann und sich mit ihnen den Kopf zerbrach: der Unendlichkeit des Sternenhimmels einerseits mit seinen unvorstellbaren Dimensionen in Lichtjahren und andererseits Worten bzw. Sätzen, die man von hinten wie von vorne lesen konnte? Er war auf eine seltsame Weise von der Magie der Buchstaben gebannt, legte lange Listen mit Worten an, die aus vier Buchstaben und sonst nach merkwürdigen Prinzipien gebaut waren. Wahrscheinlich holte er in sein herzkranzgeschädigtes und kalk-vergreistes Alter irgendein vergessenes Schulwissen herauf, das ihn immer noch umtrieb, denn: natürlich konnte er noch immer den Anfang der *Odyssee* aus dem Schlaf rezitieren und wußte um den seltsamen Satz vom >Neger mit Gazelle, der im Regen nie zagt< und dessen lateinisches Pendant, die wohl einst - in den Jahren nach dem Ersten Weltkrieg - eine gewisse Rolle in seinem gymnasialen Unterricht gespielt haben mochten.
Ließen mich diese privaten Assoziationen und die Spur, die sie wiesen, zögern? Andererseits hatte ich vor kurzem in ersten spielerischen Anläufen den Versuch zu einer sogenannten >Elementarpoetik< unternommen, mit der Probe aufs

Exempel, ob es möglich sei, eine Systematik der Literatur aus ihren Elementen heraus - aufsteigend von Laut, Buchstabe, Silbe und Wort zu einfachen Wortverbindungen, Sätzen und komplizierteren poetischen Formen - aufzubauen, und war dabei zwangsläufig auch auf das Prinzip des Anagramms gestoßen, weil es ja ganz offensichtlich als eine Art Buchstabenspiel agierte. Von »Letternkehr« und »Umstellung der in einem Namen (Satz, Wort, Wortgruppe) enthaltenen Buchstaben zu anderer Reihenfolge und neuem Sinn« sprach das *Sachwörterbuch der Literatur*[1], und Alfred Liede lieferte mir in seiner materialreichen Untersuchung unter dem Titel *Dichtung als Spiel* eine Fülle historischer Beispiele[2]. Den Literaturangaben entnahm ich, daß es zum Ende des neunzehnten Jahrhunderts sogar ein gewisses herausgestochenes Interesse für diese >Curiosität< bzw. >Frivolität< der Literatur gegeben hatte, dem dann erst seit den siebziger Jahren unseres Jahrhunderts einige neuerliche Arbeiten zum Anagramm folgen sollten. In den Notizen herumblätternd, die ich mir seinerzeit gemacht hatte, fragte ich mich aber auch gleich, ob damit das Thema nicht ausgereizt und erschöpft sei - nicht nur für mich, sondern generell?

Andererseits nahm ich als jüngste literarische Impulse in Richtung >Anagramm< Andreas Thalmayrs (sprich: Hans Magnus Enzensbergers) *Wasserzeichen der Poesie* und Oskar Pastiors *Jalousien aufgemacht* zur Kenntnis, der eine darauf hinweisend, daß sich aus der Variation eines »vorgegebenen Vorrats von Buchstaben« auch heute noch und immer wieder ein interessantes Gedicht machen lasse[3] - Beleg: Kurt Mautzens anagrammatische Variationen zu dem Wort >Germanisten< (»nistgermane«, »sagterminne«, »stangenreim«

---

1 Gero von Wilpert, *Sachwörterbuch der Literatur*, 7. Aufl., Stuttgart 1989, S. 26.
2 Alfred Liede, *Dichtung als Spiel, Studien zur Unsinnspoesie an den Grenzen der Sprache*, 2 Bde., Berlin 1963.
3 Andreas Thalmayr (d. i. Hans Magnus Enzensberger), *Wasserzeichen der Poesie (...)*, Nördlingen 1985.

etc.) - , der andere durch poetische Beispiele, poetologische Reflexionen und das schöne persönliche Bekenntnis glänzend: »Wo ich stehe, bin ich ein Stück Anagramm«[4]. Das könnte mich schon ködern, dachte ich mir; doch reichte dieser Reiz aus, fiel mir auch hier sofort wieder der Zweifel in den Arm, darauf einen eigenen Vortrag aufzubauen?

Man sieht: es gibt Gründe genug, dem Thema aus dem Weg zu gehen und in eine andere - separate Richtung - auszuweichen! Mit ›Buchstabentausch‹ und ›Fehlschreibe‹ schwebten mir natürlich konkrete Beispiele vor; Ernst Jandl etwa mit *fortschreitende räude*, einem Text, den der Autor seiner Brisanz wegen seinerzeit - 1966 - aus *Laut und Luise* hatte herausnehmen müssen, wie er in seiner *Frankfurter Poetikvorlesung* erneut erklärt hatte. Der erste Satz des Genesisberichts der Bibel, in dem von der Schöpfung der Welt aus dem Worte Gottes die Rede ist, dient ihm in diesem seriellen Text mit Variation als Ausgangspunkt für den am Sprachmaterial selbst vorgeführten Prozeß des Verschleißes und der Verschandelung; aus dem ›Anfang, an dem das Wort war‹, wird so etwa:

schim schanflang war das wort schund das wort war blei
flott schund flott war das wort schund das wort schist
fleisch gewlorden schund schat schunter schuns gewlohnt[5].

Hier konnte man mit kultur- und zivilisationskritischen Überlegungen unmittelbar anschließen - oder als ganz spezifische österreichische Tradition der Sprachkritik zurückverweisen auf Karl Kraus, für den Druckfehler und Versprecher eine geradezu satanische Selbstentlarvung der so gespenstisch vor sich hinschreibenden und hinredenden Gegenwart betrieben, in der zu leben ihm aufgetragen war;

---

4   Oskar Pastior, *Jalousien aufgemacht, Ein Lesebuch*, hrsg. von Klaus Ramm, München 1987, S. 117.
5   Ernst Jandl, *Gesammelte Werke*, hrsg. von Klaus Siblewski, Darmstadt 1985, Bd. 1, S. 473 (*fortschreitende räude*).

sie kündeten ihm von Schreibern und Sprechern, die, eingesponnen in den Alptraum ihrer ihnen entfremdeten Sprache, nicht mehr wußten, wovon sie redeten und schrieben. Ich gebe als herausgegriffenes Beispiel die Rede jenes kriegsbegeisterungs-trunkenen Wieners wieder, der im ersten Akt der *Letzten Tage der Menschheit* auf eine Bank klettert und mit seiner Ansprache die umstehenden Passanten wie folgt attackiert:

(...) denn wir mußten die Manen des ermordeten Thronfolgers befolgen, da hats keine Spompanadeln geben - darum, Mitbürger, sage ich auch - wie ein Mann wollen wir uns mit fliehenden Fahnen an das Vaterland anschließen in dera großen Zeit! Sind wir doch umgerungen von lauter Feinden! Mir führn einen heilinger Verteilungskrieg führn mir! (...) Daß sie's nur hören die Feind, es ist ein heilinger Verteilungskrieg, was mir führn! Wiar ein Phönix stehma da, den s' nicht durchbrechen wern, dementsprechend - mir san mit und Österreich wird auferstehn wie ein Phallanx ausm Weltbrand sag ich! Die Sache für die wir ausgezogen wurden, ist eine gerechte, da gibts keine Würschteln, und darum sage ich auch, Serbien - muß sterbien![6]

In Rage geredet, geht die Sprache mit dem Sprecher durch und stellt sich decouvrierend gegen ihn: die Phrase vom ›heiligen Verteidigungskrieg‹ springt so in »heiliger Verteilungskrieg« um, und aus der ›Sache, für die wir eingezogen wurden‹ wird so eine »Sache, für die wir ausgezogen wurden«. Das Ganze ist mehr als komisch, denn der Versprecher hat ja sozusagen eine höhere Logik: er deckt die ›wahren Verhältnisse‹ auf, welche die Sprache der Propaganda so hartnäckig zu vernebeln sucht, bis sie sich ganz an ihre Stelle gesetzt und das allgemeine Bewußtsein restlos infiltriert hat.

Mit seiner Methode des entlarvenden Zitierens steht Kraus in einer großen satirischen Linie, für die man beispielsweise auf die Tradition der politischen Karikatur verweisen kann, wie sie sich parallel zu den bürgerlichen Revolutionen seit

---

6 Karl Kraus, *Werke*, hrsg. von Heinrich Fischer, Bd. 5, *Die letzten Tage der Menschheit*, München 1957, 1. Akt, Szene 1.

dem Ende des achtzehnten Jahrhunderts als republikanisch-moderne Kunst quer durch ganz Europa ausgeprägt hatte, mit Konsequenzen vor allem für jene humoristisch-satirisch-karikaturistische Presse, die allenthalben aus dem Boden schoß, in England der *Punch*, in Frankreich *La Caricature* und *Le Charivari*, in Deutschland die *Fliegenden Blätter* und der *Kladderadatsch*. In all diesen Blättern findet - bald spielerisch, bald in zugespitzter Schärfe - eine ständige Auseinandersetzung mit der Phraseologie der Zeit statt, als deren sprachkritische Basis man mit Walter Benjamin das Bilderrätsel (Rebus) ansehen kann, wie es zu den herausstechenden unterhaltenden Belustigungen der Zeitungen eben dieser Zeit gehörte. In seinem kleinen Aufsatz *Worüber sich unsere Großeltern den Kopf zerbrachen* merkt er dazu an:

Vielleicht mußte die Ehrfurcht des Menschen vor dem Wort schon ein wenig geschwunden sein, ehe er es wagen konnte, den scheinbar so festen Zusammenhang von Laut und Bedeutung zu lockern und zum Spiele miteinander einzuladen. (...) Die Aktualitäten einer anderen Zeit schlugen sich in anderen Zeichen nieder. Man denke nur an den Stil der politischen Karikatur in der Mitte des vorigen Jahrhunderts, der wir heute nichts ähnliches an die Seite zu stellen haben. Und eben damals blühte das Bilderrätsel, das sich über die Autorität der Rechtschreibung genauso hinwegsetzte wie Cham oder Daumier über die Autoritäten des Ministeriums. Der eigentliche Patron dieser Rebus aber war der geniale Illustrator Grandville, dessen zeichnerische Demagogie nicht nur Himmel und Erde, sondern Möbel, Kleider und Instrumente gegen den Herrn der Schöpfung mobil machte und noch den Buchstaben die Gliedmaßen und den Übermut lieh, mit denen sie hier den Leser mystifizieren[7].

Eine besondere Spielart dieser satirischen Methode stellten Texte in einer bewußt verfremdeten Stillage dar, die eine eigene Aussage behauptet. So berichtete etwa Georg Weerth, den man etwas pathetisch, aber doch wohl zu Recht den ›ersten Dichter des deutschen Proletariats‹ genannt hat, über die ersten parlamentarischen Versammlungen der

---

7   Walter Benjamin, *Gesammelte Schriften*, hrsg. von Rolf Tiedemann und Hermann Schweppenhäuser, Bd. IV, 2, hrsg. von Tillman Rexroth, Frankfurt/Main 1972, S. 622f.

Deutschen in der Manier mittelalterlicher Chroniken, um auf diese Weise zu signalisieren, daß man noch lange nicht in der wahren >Republik< angelangt sei. Aus der Mitte des neunzehnten Jahrhunderts läßt sich der Bogen einer solchen aus dem verräterischen Versprecher her agierenden Satire bis herauf zu Ludwig Thomas *Briefwechsel eines bayrischen Landtagsabgeordneten* ziehen, der bekanntlich aus der Feder des fiktiven bajuwarischen Hinterbänklers Josef Filzer fließt. Aus der ländlichen Provinz nach München gesandter Parlamentarier, gibt er in schauriger Orthographie den zuhause gebliebenen Freunden brieflich Rechenschaft; dem Jakob Absreiter in Mingharting - »Bosd daselbst« - berichtet er auf diese Weise wie folgt:

Indem du mich aufgevodert hast, wil ich mich hinsetzen und Dir unsere Bolidik beschreiben. (...) Um zehn Uhr get die Bolidik an und mir gehen in das Barlamend hinein in den Sahl. Auf der einen Seit und in der Mitt sizen mir und machen beinah alles voll, denn mir sind die Mehreren, dan komen die lüberalen freimaurer und dan komen die Sozi usw. usf.[8]

Doch zurück zu Ernst Jandl! Der sprachverhunzte Genesis-Bericht und seine Fixierung als Satire ist ja im Gesamtwerk nur ein Beispiel unter anderen. Zahlreiche der hier relevanten Texte Ernst Jandls balancieren ein elementares Sprach- und Sprechvergnügen aus, das seine Reize der verzerrenden Artikulation, den unterschiedlichsten Willkürlichkeiten der Rechtschreibung, jedwedem Buchstabentausch und überhaupt diversestem Scherz mit der Sprache verdankt. Dimensions- und assoziationsreich, vielleicht sogar philosophisch durchtrieben, wird der Spaß dort, wo sich Sinn- und Hintersinn-Fallgruben auftun: »manche meinen / lechts und rinks / kann man nicht / velwechsern. / werch ein illtum«[9]. Ein Sprichwort, ein fertiger, vorgegebener Satz oder eben eine Phrase - »das Kleingeld des >gesunden Menschenverstandes<« - werden hergenommen und vom Dichter gegen

---

8   Ludwig Thoma, *Josef Filsers Briefwechsel*, München 1974, S. 8ff.
9   Ernst Jandl, *Gesammelte Werke*, a.a.O., Bd. 1, S. 249.

den Strich gebürstet, indem beispielsweise durchweg die Buchstaben >r< und >l< gegenseitig ausgewechselt, einzelne Worte in ihre Silben und Laute zerlegt, zerdehnt, durch Entzug der Vokale oder Konsonanten verfremdet bzw. in faszinierende Schnauf-, Räusper- und Rasselarien aufgelöst werden, damit endlich der Fluch der >toten Sprache< gelöst und dem »hummoooa« wieder Platz in der Poesie gegeben sei.

Und schließlich - mit den Lyrikpublikationen der siebziger Jahre - Texte, »deren sprache, im gegensatz zu aller herkömmlichen poesie, unter dem niveau der alltagssprache liegt«: »es ist die sprache von leuten, die deutsch zu reden genötigt sind, ohne es je systematisch erlernt zu haben. manche nennen es >gastarbeiterdeutsch<, ich aber, im hinblick auf poesie, nenne es eine >heruntergekommene sprache<«[10]. Auffallendes Merkmal ist ein aufs erste - und oft auch noch aufs zweite - Lesen verblüffendes, weil betont widerspenstiges Gegen-die-herkömmliche-Grammatik-Formulieren. Ich entdecke nachgestellte, nachhinkende Satzsubjekte und überhaupt zahlreiche Verstöße gegen das gewohnte Satzschema, falsch gebeugte Substantiva, falsch flektierte Verben, auf ihren Stamm reduzierte und so ihrer gezielten Sprecherziehung entzogene Worte. Aber unter welchen Vorzeichen steht diesmal Jandls Versuch, das Balancement der Sprache zu irritieren und in verblüffender Weise umzupolen? Als einschlägige Erklärung stoßen wir in dem vom Autor selbst verfaßten und somit authentischen Klappentext zum Lyrikband *Der gelbe Hund* von 1980 auf folgende Erklärung:

Auf der Basis der Alltagssprache übt sich der Autor in der Kunst des Ausgleitens, Hinfälligkeit demonstrierend durch die gewaltsame Verformung auf der Wort- und Satzebene. Angesichts der Fehlerhaftigkeit des menschlichen Lebens wird der sprachliche Fehler zum Kunstmittel gemacht, analog zu den Störungen und Zerstörungen in Musik, Plastik und Malerei. Die Unscheinbarkeit der eigenen Person und Existenz verbindet

---

10 Ernst Jandl, a.a.O., S. 351.

den Autor mit nahezu allen gleichzeitig Lebenden. Das macht ihn sicher, verstanden zu werden, gerade auch dann, wenn er sich selbst, seine dürftige Rolle jetzt, die kläglichen Reste seiner Vergangenheit und sein Beharren auf der Unmöglichkeit von Zukunft in seine Gedichte mit aufnimmt[11].

Neben dem Gedicht *von einen sprachen*, das eine direkte Entsprechung zu diesen programmatischen Sätzen bietet, verweise ich auf jene Verse, die Jandl mit *von lachen* überschrieben hat. Da ist vom »erstickenen sollen an deinen eigenen lachen« die Rede: »du so liegen, rührens unfähigen / nicht ein zentimeter bewegens in deinen kräften« etc. In der Formulierung »du nicht mehr hochkommst mit schnauzen«, die eine geläufige redensart aufgreift, korrigiert sich der autor: »soll heißen munden und nasen«[12]. Dieses Detail hat einigen Symptomwert! Die menschliche Perspektive scheint nachgeordnet, erst der zweite Griff packt sie; so dominiert die tierische - und als ihr Kennzeichen alle Einschränkungen einer verwehrten Metaphysik, einer vernagelten Transzendenz. Der seltsam im Defekt verharrenden, der routinierten Grammatik und Semantik entsagenden Sprache dieser Gedichte gelingt es, dieses desillusionistisch aus seiner Animalität entworfene Bild des Menschen - seiner physisch-materiellen Alltäglichkeit, seiner Vernichtung, seiner Nichtigkeit etc. - nicht nur in neuer Nuance, sondern wirklich in einer neuen poetischen Qualität in Erscheinung treten zu lassen.

An dieser Stelle wird deutlich, hoffe ich, welche innovative Funktion Buchstabentausch und Fehlschreibe bei Jandl übernehmen, indem er sie über die pure Satire hinaushebt und zur Grundlage einer neuartigen lyrischen Ich-Aussage erhebt. Damit tritt eine eigene Dynamik in Erscheinung, die man zunächst im Sprachspiel gar nicht vermutete - und die doch in ihm angelegt sein mußte. Das angeschlagene Verfahren bleibt nicht auf Mikroelemente der Poesie be-

---

11 Ernst Jandl, *Der gelbe Hund*, Darmstadt und Neuwied 1980 (Rückendeckel).
12 Jandl, *Gesammelte Werke*, a.a.O., Bd. 2, S. 322.

schränkt, sondern scheint ein geeignetes Instrument, auch größere poetische Formen, ja, die poetische Schreibweise als solche zu transformieren, wie es seit jeher Aufgabe einer aktuellen, die Zeitimpulse aufgreifenden Poesie war.
Konnte das Anagramm hier mithalten? Lag mein Widerstand gegen das einschlägige Thema vielleicht gerade daran, daß mir das anagrammatische Prinzip letztlich doch eindimensionaler zu sein schien, als ich es für die Verfahrensweisen des Buchstabentauschs und der Fehlschreibe, die doch immerhin in einer gewissen Nähe lagen, behauptete. Ging es nicht beim Anagramm gerade doch wieder darum, aus Worten Worte abzuleiten, quasi wie ein Zauberkünstler vorzuführen, daß eine bestimmte Ansammlung von Buchstaben, die ein bekanntes Wort bilden, durch anhaltende Perturbationen in andere bekannte Wörter überführt werden können, wobei es den Reiz dieses Verweises erhöht, wenn es zu deutlichen Kontrastierungen, frappierenden Übereinstimmungen oder sonst überraschenden Pointierungen kommt? Wer so dichtet, gleicht dem Alchimisten mit seinem Dampf, seinen Säuren und Laugen, der bekannte Stoffe in ihre Partikel auflöst und diese in neue Verbindungen bringt, dem Magier, der Kaninchen um Kaninchen aus seinem Zylinder hüpfen läßt, oder dem Witz-Artisten, der uns durch seine überraschenden Gedankenblitze in Erstaunen versetzt.
Die besten Anagramme, die wir kennen, sind solche in sich geschlossenen Figuren, die zwei Worte, Begriffe, Sätze, Phrasen etc. in einen unmittelbaren Rapport bringen, der uns gerade als spezifischer Kurz-Schluß in seinen Bann zieht: ›quid est veritas‹ - ›est vir qui adest‹ (Pilatus im Johannes-Evangelium), ›helikon‹ - ›ein kohl‹ (Philipp von Zesen), ›anonym‹ - ›mynona‹ (Salomo Friedländer), ›natur‹ = ›unrat‹ (Timm Ulrichs) etc.! Jedes dieser Paradigmata überzeugt für sich, doch läßt sich in poetologischer Hinsicht sofort auch fragen: markieren ›Wort‹ und ›Satz‹ gleich auch die obere Grenze des Anagramms - und sind ihm höhere Textformen naturgemäß versperrt? Wohl gibt es Texte, die mit einem selektiven Vorrat des Alphabets

auskommen, gibt es Romane, die ganz ohne die Buchstaben >r< oder >e< geschrieben sind, aber ist ein anagrammatischer Roman denkbar, und was besagt es, wenn eine poetische Technik nur bedingt anwendbar erscheint? Scheidet sie damit nicht zwangsläufig als Hebel einer umfassenden - tatsächlich die ganze Literatur erfassenden - Innovation aus, wie es doch seit jeher die Forderung nach einer Evolution bzw. Revolution der Literatur aus ihren Elementen heraus war?
Ich zögere die Antwort für den Augenblick hinaus und entsinne mich im rechten Moment einer eigenen editorischen Unternehmung, die mich in den letzten Jahren umgetrieben hat; ich mußte sie wohl verdrängt haben. Im nordrheinwestfälischen Siegen, wo ich zur Zeit lebe, war, ehe er 1970 starb, der Maler Reinhold Koehler zuhause, den die Annalen der modernen Kunstgeschichte als Miterfinder der >Décollage< führen: er arbeitete mit Papierabrissen und Abreibungen aus Zeitungen, die er zu seriellen Formationen fügte, oder faltete Blechdosen auf und benutzte sie als Druckstöcke. In seinen letzten Lebensjahren versuchte er, die Erfahrungen, die er in seiner avantgardistischen Malerei gemacht hatte, auch auf die Literatur zu übertragen. Er nannte diese Hervorbringungen *Contra-Texte*. Dabei handelte es sich durchweg um Anagramme, die - auf eine imaginäre Mittelachse bezogen und per Farbdruck in >schwarz< und >rot< aufgespalten - größere optische Einheiten bildeten und auf diese Weise mehrere, in ihrer Folge zusammenhängende Seiten füllten. Eine erste Probe dieser Arbeiten war sogar noch zu Lebzeiten des Malers als Heft publiziert worden, ein zweites geschlossenes und für den Druck bereits ausgezeichnetes Manuskript fand sich im Nachlaß, daneben handschriftliche Entwürfe, als Notizen einige biographisch-programmatische Erklärungen und sogar ein ausformulierter Aufsatz Helmut Heißenbüttels *Zu den Texten von Reinhold Koehler*, Dokument jener Kontakte, die den Siegener Maler mit der Autoren- und Künstlergruppe um den Philosophen Max Bense in Stuttgart verbanden, Keimzelle der >konkreten< Nachkriegspoesie.

All dieses Material war mir in die Hände geraten, als ich mich in die Spuren vertiefte, die dieser so interessante Künstler an diesem Provinzort hinterlassen hatte. Was läßt sich damit anfangen - hier und jetzt!
Heißenbüttel faßt die Décollagier-Kunst Koehlers als »Eingriff ins Material« und damit als Eingriff und Angriff »auf den Bildgrund«; dazu heißt es in etwas größerem Zusammenhang:

Allerdings griff Reinhold Köhler nicht abstrakt in den Bildgrund ein. Er schlitzte nicht die Leinwand auf wie Lucio Fontana oder versetzte den Grund in eine visuelle Irritation nach vorn und hinten wie sein Freund Rupprecht Geiger. Er rekonstruierte nicht Grund aus den Löchern des Materials wie Alberto Burri, er strich ihn nicht aus wie Cy Twombly oder malte ihn nicht weg wie Arnulf Rainer. Er identifizierte Material und Bildgrund und griff in den Bildgrund ein über den Eingriff ins Material. Was sich als Formkontur gegenüber der rechteckigen Begrenzung des Bildfeldes absetzte, war die Vermittlung und das Instrument, über das er in den Bildgrund eingriff. Bild entstand bei ihm aus diesem Wechselspiel. Der Akt und die Spur, die der Akt im Bildgrund hinterließ, gaben den Inhalt des Bildes, wenn man so sagen kann. Seine Bilder haben alle etwas von diesem Grundvorgang. Sie sind, über einen bestimmten Vermittlungsweg hinweg, Entdeckungen in den Grund, in die Materie hinein[13].

Wie in seinen Bildern und Objekten sei Koehler - so Heißenbüttel weiter - »auch in der Sprache zu Entdeckungen« gekommen: er habe eine Entdeckung gemacht, präzisiert er, die bereits »in Kindersprüchen und volkstümlichen Sätzen vorkommt: daß Wörter und Wortgruppen, wenn man ihre Buchstabenfolge umkehrt, ebenso lesbar sind wie von vorn. Das bekannteste Beispiel der deutschen Sprache: Ein Neger mit Gazelle zagt im Regen nie. Alle Contra-Texte benutzen diese Entdeckung. Sie sind symmetrisch spiegelgleich rechts und links von einer Mittelachse angeordnet« und:

Es scheint mir wichtig, zunächst einmal den Charakter der Entdeckung zu betonen. Denn es handelt sich bei dieser Art von Texten von Anfang an

---

13 Reinhold Koehler, *Contra-Texte*, hrsg. von Angela Koehler und Karl Riha, Köln 1988, o. S. (Nachwort).

nicht darum, einen Inhalt mithilfe von Wörtern und Sätzen zu vermitteln, Sprache also zu benutzen als ein Transportmittel für Ausdruck oder Mitteilung, die als vor der Vermittlung vorzustellen sind. Es handelt sich darum, daß Sprache nicht instrumental, sondern material verstanden wird. Material, das heißt, daß in dieser Form der Sprache so etwas wie Inhalt unauflösbar und unablösbar in den Zeichencharakter eingeschlossen ist. Die Buchstaben und das, was sich aus ihnen zusammensetzen läßt, sind unauflösbare Einheiten. Sprache befindet sich in einem geronnenen Zustand. Wenn man diesen Zustand aufbricht, zerstört man das Ganze, es zerfällt in seine Elemente, ins Alphabet. / Ich würde sagen, es gehörte zu Koehlers Entdeckung, daß er erkannte, es lassen sich solche Sprachzustände herstellen. Vergleichbar wäre die Bildung von Schüttelreimen. Indem man ein Wort oder eine Wortkette ausspricht, bemerkt man, daß dieses Wort oder diese Wortkette auch einen Sinn ergibt mit vertauschten Anfangskonsonanten: Segelflieger - Flegelsieger. Im Einschießen dieser Feststellung sind die beiden Bedeutungen aneinander gekoppelt, vollkommen äußerlich, durch eine Mechanik der Sprache. In dieser mechanisch-äußerlichen Koppelung wird Sinn als tiefere Bedeutung, als übergreifender Bedeutungszusammenhang abgewehrt. Ja, er wird ausgestoßen. Sprache erscheint, erzeugt aus der ihr eigenen Mechanik. Genauer, aus der Mechanik der ihr eigenen Elemente.

Man sieht: das gegebene Beispiel und Heißenbüttels Anmerkungen dazu bestätigen und bestärken meinen Vorbehalt der anagrammatischen Poesie gegenüber, öffnen aber zugleich den Blick für ihre Besonderheiten; aus der neuen Perspektive heraus erweist sich das Verfahren der Décollage als ein äußerst aufschlußreiches Analogon. Das Anagramm scheint bei Koehler gerade nicht auf den Überraschungseffekt des in sich geschlossenen Einzelparadigmas eingeschränkt, sondern präsentiert sich als offene Verweisfunktion mit der Tendenz zu längeren Textabläufen. - Und darüber hinaus als Resultat einer eigenen Sprachphilosophie, die Heißenbüttel - mit Blick auf den zweiten Teil der *Contra-Texte*, Titel-Motto: >ART NOCH CONTRA< (auch von hinten zu lesen) - wie folgt fixiert:

Bezeichnend erscheint (...), daß Christian Hofmann von Hofmannswaldau im Titel des ersten Stücks genannt wird. Das deutet auf einen Bezug zum Sprachspiel des Barock. Im 17. Jahrhundert wurden die möglichen Folgerungen aus der Mechanik der Sprachelemente mystisch verstanden. Das heißt, es wurde gerade dieser Form der Sprache der Hinweis auf das höchste Geheimnis zugetraut. Die sich ergebenden Koppelungen erschienen als Schlüssel zum göttlichen Sinn. Das Sprachspiel erschien als der wahre und letzte sprachliche Baustein zur Schöpfung. Wenn ein solcher Bezug gemeint ist von Koehler, dann bedeutet das, daß er die Austreibung des übergreifenden Bedeutungszusammenhangs auf die Probe stellen wollte. Er wollte ausprobieren, wie weit sich vielleicht dennoch aus der Rückführung von Sprache auf ihre materielle Mechanik neuer Sinn ergeben könnte. So erscheinen die Texte der zweiten Gruppe Contra-Texte dem üblichen Textverständnis näher gerückt. Was sich zeigt, ist jedoch etwas anderes als das, was die Barockdichter zu beschwören meinten, ja das, was sich zeigt, ist das Gegenteil solcher Beschwörung. Was sinnvoller erscheint, sagt nun ausdrücklich, daß Sinn im Sinne von metaphysischem oder philosophischem System nicht zu finden ist. Wenn es eine Transzendenz gibt, dann eben nur die in diese Feststellung der sprachlichen Materialität.

Bis hierher gelangt, drehe ich mich um und schaue auf den krummen Weg, den ich nun doch zum Anagramm gegangen bin, zurück. Oder - eigentlich sind es ja zwei Wege, die ich gegangen bin, die zwar eine gewisse Parallelität zeigen, sich aber doch nicht strikt zusammenführen lassen. Zwar handelt es sich hier wie dort um Buchstabenmanipulationen an Worten und mit Worten, aber damit ist die Eselsbrücke auch schon in sich zusammengebrochen: Versprecher rekurrieren auf fehlerhafte Sprechakte und exponieren den Defekt in schalkhaft decouvrierender bzw. witzig-komischer Manier, Anagramme hingegen erscheinen mir letztlich doch mehr als eine optisch-abstrakte Angelegenheit, als ein Akt der Zurschaustellung sprachlicher Sachverhalte mit der überraschenden Logik des Ist-gleich-Zeichens, das wir aus der Mathematik kennen; entsprechend differieren willkürliche Spontaneität auf der einen und berechnendes Kalkül auf der anderen Seite, auch wenn beim Finden von Anagrammen noch so viel Zufall mit im Spiel sein mag.
Wie so oft in der Literaturkritik hat jedoch die letztliche Unvereinbarkeit der Ausgangspunkte auch ihr Gutes; sie schärft den Blick für Vorgänge zwischen den abgesteckten Grenzen und an den Randzonen der Poesie. So gesehen, handelt es sich bei den herausgestellten Paradigmata nicht nur um Kontraste, sondern eben auch um Herausforderungen, die sich gegenseitig anziehen, beeinflussen oder unterwandern. Konkret gesagt: wo man anagrammtische Erprobungen

anstellt, tendiert man immer auch zu einer gewissen Automatik der Buchstabenvariation um ihrer selbst willen, weil nur sie den vorgegebenen Buchstabenzusammenhang, der das Ausgangswort bzw. die Ausgangsphrase bildet, aufzulösen vermag, bis sich durch entsprechende Umstellungen das Zielwort bzw. die Zielphrase ergibt; dazwischen liegt viel blindes Spielmaterial, das auszustellen freilich die meisten Anagrammatiker sich scheuen: vielleicht ermutigt durch das Lautgedicht und andere Formen der abstrakten Poesie, tendieren jedoch neuerdings einige Autoren dazu, gerade auch dieses asemantische Zufallsmaterial, das bei diesem Textverfahren anfällt, mit ins poetische Kalkül zu nehmen und folglich auch zu publizieren. Oskar Pastior protestiert hoffentlich nicht, wenn ich ihn in diesem Zusammenhang ausdrücklich apostrophiere.

Umgekehrt lassen sich Imitationsformen des Anagramms auch dort beobachten, wo zunächst nur Buchstaben- und Wortspielerisches intendiert scheint. In Georg Christoph Lichtenbergs *Sudelbüchern* stoße ich auf ein historisches Beispiel dessen, was ich wohl auch aus der aktuellen Literatur heraus belegen könnte. In Variation der blitzhaften Erhellungen seiner Aphorismen entwirft der Göttinger Philosoph dort folgende Wortkette:

Polizei, Polzei, Plotzei, Platzei, Platzerei, Plackei, Plackerei.[14]

Durch Buchstabentausch und Fehlschreibe, durch den Entzug einzelner Laute und durch entsprechende Erweiterungen, wie wir sie in moderner Form bei Ernst Jandl kennengelernt haben, wandelt Lichtenberg das Wort >Polizei< in der Weise ab, daß es sich vor unseren Augen in das Wort >Plackerei< verwandelt. Das Sprachspiel, das sich mutierend entfaltet, führt also nicht in die freie Willkür, sondern steht quasi unter einem fixen anagrammatischem Zwang, denn: es ist ja exakt dies der Sinn dieser Wortkette,

---

14 Georg Christoph Lichtenberg, *Schriften und Briefe*, hrsg. von Wolfgang Promies, Bd. 1, *Sudelbücher*, München 1968, S. 138.

daß sich das wertende Urteil, das im Wort >Plackerei< markiert ist, wie ein verstecktes Spiegelbild aus dem Ursprungswort >Polizei< herausentwickelt. Anders gewendet, könnte man auch von der Imitation einer zwingenden Ethymologie sprechen, wobei es zu folgenden Verschränkungen kommt: assoziativer Buchstabentausch und verfremdend eingesetzte Fehlschreibe übernehmen den Beweiszwang des Anagramms mit seiner strikteren Logik, während umgekehrt die >Letternkehr< des Anagramms ins Spielerische des Buchstabentauschs und der Fehlschreibe abgewandelt wird.

Wenn dem so ist, handelt es sich aber auch um eine Art Verwischung und Perturbation des Anagramms, also eine Auflösung, vielleicht aber auch notwendige Erweiterung des Themas, das ich angeschlagen habe. Kann aber auch sein, daß ich mich täusche und lediglich versuche, einem krummen Weg nun auch noch ein schiefes Ziel anzuhängen. »Einmal den Weg verfehlt, es ist nicht wieder gutzumachen«[15]: eben, eben, und dies galt es, unter Beweis zu stellen, Samstag, 28.5.1988, Ottersheim, Gasthof *Grüner Baum*, Thema: *Buchstabentausch und Fehlschreibe, zur Kunst des Versprechers in der Moderne ... oder: ein mißlungener Versuch, dem Anagramm aus dem Weg zu gehen, denn zuguterletzt lande ich doch beim Anagramm!*

---

15   Franz Kafka, *Gesammelte Werke*, hrsg. von Max Brod, *Erzählungen*, Frankfurt/Main 1965, S. 153 (*Ein Landarzt*).

eeeeeeeeeeeeeeeeeeeeeeeeee
eeeeeeeeeeeeeeeeeeeeeeeeee
eeeeeeeeeeeeeeeeeeeeeeeeee
eeeeeeeeeeeeeeeeeeeeeeeeee
eeeeeeeeeeeeeeeeeeeeeeeeee
eeeeeeeeeeeeeeeeeeeeeeeeee
eeeeeeeeeeeéeeeeeeeeeeeeee
eeeeeeeeeeeeeeeeeeeeeeeeee
eeeeeeeeeeeeeeeeeeeeeeeeee
eeeeeeeeeeeeeeeeeeeeeeeeee
eeeeeeeeeeeeeeeeeeeeeeeeee
eeeeeeeeeeeeeeeeeeeeeeeeee
eeeeeeeeeeeeeeeeeeeeeeeeee

k.r.: deutsch-französische freundschaft

Literatur als Viereck
Quadrat-Texte und Text-Quadrate

> Laßt uns das Quadrat betrachten,
> denn das ist dem Geist gesund.
> Höher müssen wir es achten
> als den Kreis, der gar zu rund.
> (Johannes Trojan, 1837-1915)

»Denn wo ein Bauhaus ist«, merkte Kurt Schwitters in einem seiner geistreich-witzig-ironischen Aperçues an, mit dem er unter Anspielung auf das so benannte Kunstinstitut in Weimar und ein bekanntes Sprichwort sich selbst als abstrakten Künstler apostrophierte, »da laß dich ruhig nieder, böse Menschen kennen keine Quadrate«[1]. Es verwundert deshalb gar nicht, daß er selbst der Quadratkunst auf vielfache Weise Tribut gezollt hat, am eindeutigsten vielleicht – einsetzend mit dem Jahr 1922 – in einer Serie handgezeichneter und später typographisch ausgeführter Quadrat-Bild-Texte, die als lettristisches Bildgedicht-Arrangement von Buchstaben in seinem Gesamtwerk einen ähnlich signifikanten Stellenwert behaupten dürfen wie die allseits bekannte *Anna Blume*, das *i-Gedicht* oder die *Ursonate in Lauten*[2]:

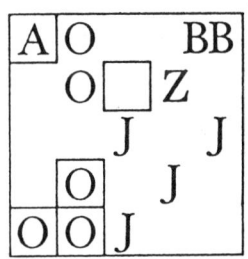 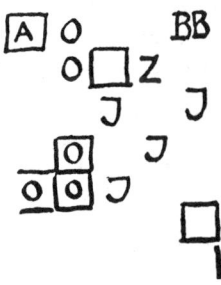

1 Kurt Schwitters, *Das literarische Werk*, hrsg. v. Friedhelm Lach, Köln 1975ff., Bd. 2, S. 144.
2 A.a.O., Bd. 1, S. 200.

Parallel zu Schwitters ist auf den Dadasophen Raoul Hausmann zu verweisen, der sich nach der Berliner Dadazeit zunächst der *Novembergruppe*, dann - in konstruktivistischer Richtung - der abstrakten Kunst zuwandte und dabei ebenfalls zur Übertragung graphischer Prinzipien auf die Literatur tendierte, wie sein *Quadrat*-Text aus dem Jahre 1928 zeigt[3]:

QUADRAT

```
Quadrat
Quadrat
Quadrat
Quadrat                   Rechteck
                                   Rechteck
               Qua
               drat
                                                Recht
       Qua
                                       eck
       drat

       Rechteck  Rechteck  Rechteck  Rechteck
           Quadrat      Quadrat          Quadrat
Quadrat
```

In seinem Prosastück *Die drei Tännchen*, das einen großstädtischen Hinterhof zum Thema hat, der »ganz viereckig« ist, ohne Sonne, »von allen Seiten mit hohen Mauern umgeben«, nahm Hausmann bereits 1926 das provokative Moment, das in solcher Abstraktion beschlossen ist, auf und fixierte es wie folgt:

Der Hof also, der von Osten nach Westen und von Süden nach Norden lag, war ganz und gar viereckig. Er war ein Quadrat, wie man so ein Viereck nennt. Ein reines Quadrat. / Die Menschen aber können reine Dinge nicht vertragen, am wenigen reine Vierecke, die man Quadrate nennt.

---

3   Raoul Hausmann, *Sieg Triumph Tabak mit Bohnen, Texte bis 1933*, hrsg. v. Michael Erlhoff, München 1982, Bd. 2, S. 115.

Und erst recht hätten sie, heißt es weiter, keinen Sinn, kein Gespür, kein Gehör für die verborgenen Seiten dieses Quadrats; seine >tönende Bewegung<, seine »Quadratmelodie«:

> Zwar hatten die Menschen den Hof gebaut, aber seine Quadratmelodie konnten sie nicht hören. / Menschen können nicht hören, weil ihnen alles bei einem Ohr hinein und beim andern hinaus geht. / Wenn die Menschen hören könnten, könnten sie auch sehen. Dann hätten sie die Grundquadratmelodie des Hofes sehen können. Aber Menschen können weder hören noch sehen.[4]

Die Futuristen hatten bereits vor dem Ersten Weltkrieg - zur Befreiung des Wortes und der Buchstaben aus den Klammern des grammatisch geordneten Satzes und den Zwängen der herkömmlichen Anordnung des Textes in allzu regelmäßigen Druckzeilen - eine wilde Typographie entwickelt, nach der sich Buchstaben unterschiedlicher Größe in spontaner Dynamik über das Papier bewegen durften. Diesem futuristischen Impuls schloß sich Raoul Hausmann mit seiner Erfindung der optophonetischen Poesie an:

> Große sichtbare Lettern, also lettristische Gedichte, ja noch mehr, ich sagte mir gleich optophonetisch! Verschiedene Größen zu verschiedener Betonung! Konsonanten und Vokale, das krächzt und jodelt sehr gut! Natürlich, diese Buchstabenplakatgedichte mußten gesungen werden! DA! DA-DA![5]

Aber dies datierte ja ganz direkt in die rebellistische Aufbruchsphase der Kunst- und Literaturmoderne unmittelbar vor und nach dem Ersten Weltkrieg zurück! - Bei den Quadrat-Texten von Hausmann und Schwitters hingegen handelte es sich eindeutig um die Rücknahme einer solchen als >wilde Typographie< sich gerierenden Buchstaben-Explosivität und ganz konkret um unmittelbare Text-

---

4 A.a.O., S. 105ff.
5 Raoul Hausmann, *Am Anfang war Dada*, hrsg. v. Günter Kämpf und Karl Riha, Gießen 1992 (3. Aufl.), S. 47.

entsprechungen zu Tendenzen der abstrakt-konstruktivistischen Malerei, die in die späten zwanziger Jahre hinein zunehmend Bedeutung erhielt. Als unmittelbare Entsprechung auf dem Terrain der malenden Kunst bieten sich etwa die Bilder Piet Mondrians an, die ihrer Konstruktion nach auf reinen geometrischen Formen wie Rechteck, Quadrat, Dreieck bzw. Kreis und auf reinen Farben basieren. Eben diese abstrakte, von den Nationalsozialisten mit allen anderen Ausprägungen der Moderne als >entartet< deklarierte Kunst war es, an die man in verschiedenen Schüben nach dem Zweiten Weltkrieg als an eine verloren gegangene Tradition wieder anzuknüpfen suchte: an zentraler Stelle ist der Schweizer Maler Max Bill zu nennen, der entscheidenden Einfluß auf die Anfänge der konkreten Poesie in Ulm und Stuttgart ausübte, wo sich Ende der fünfziger, Anfang der sechziger Jahre um Max Bense eine neue Künstler- und Literatengruppe formierte. Gomringer war es denn auch, der als einer der ersten erneut zu abstrakten Textformationen tendierte, die er *Konstellationen* nannte, darunter auch ausgesprochen geometrische Figurationen wie zum Beispiel[6]:

das schwarze geheimnis
ist   hier
hier   ist
das schwarze geheimnis

– kein Quadrat, aber doch ein Rechteck, also einer jener einfachen polygonen Formen nachgebildet, bei denen beispielsweise George David Birkhoff in der von Max Bense herausgegebenen Reihe *rot* programmatisch mit seinen Überlegungen zu *einigen mathematischen elementen der kunst* einsetzte[7].

---

6   Eugen Gomringer, *konstellationen, ideogramme, stundenbuch*, Stuttgart 1977, S. 78.
7   George David Birkhoff, *einige mathematische elemente der kunst*, übers. v. Elisabeth Walther, Stuttgart o. J. (Reihe *rot*, Nr. 37).

Man kann Gomringers Text seiner inhärenten Programmatik nach in eine ganz direkte Relation zu Malewitschs *Schwarzem Quadrat auf weißem Grund* von 1913 setzen, das für die herkömmliche Malerei einen scheinbar nicht mehr überbietbaren, definitiven Endpunkt markierte und gerade deshalb der Malerei der avantgardistischen Moderne ganz neue Pespektiven eröffnete. Aber natürlich schwingt in der Farbe >schwarz< auch noch die Erinnerung an jene Buchstaben- und Zahlen-Zauber-Quadrate mit, die aus der >schwarzen Magie< heraus von alters her eine eigene Faszination behalten haben; auf sie verwies Gustav René Hocke in seinen Manierismus-Studien, und natürlich erinnerte man sich ihrer gelegentlich auch auf der Suche nach der Vorgeschichte der visuellen Poesie des zwanzigsten Jahrhunderts. Und - was die Erfindung der >schwarzen Kunst< des Buchdrucks als solche angeht: mit der Entdeckung beweglicher Lettern als neuartigem Satz- und Druckmaterial setzten sofort alle möglichen Versuche zu allerlei handwerklichen Kunststücken ein, die diese Beweglichkeit auch wirklich ad oculos demonstrieren sollten; Klaus Peter Dencker in seiner einschlägigen Anthologie mit dem Titel *Text-Bilder*[8] oder die vor kurzem in Wolfenbüttel gezeigte Ausstellung *Text als Figur, Visuelle Poesie von der Antike bis zur Moderne*[9] bieten dafür eine große Zahl höchst instruktiver Belegstücke, darunter - im unmittelbaren Vorfeld der Moderne - die in diverse Figurationen fließenden Handschrift-Kalligramme Apollinaires, unter denen man selbstverständlich auch auf Text-Quadrate stößt[10]:

---

8 Klaus Peter Dencker, *Text-Bilder*, Köln 1972.
9 Jeremy Adler u. Ulrich Ernst, *Text als Figur, Visuelle Poesie von der Antike bis zur Moderne*, Wolfenbüttel 1987.
10 Guillaume Apollinaire, *Oeuvres Poétiques*, Paris 1959, S. 736f., S. 409.

Blättert man nun jedoch in den einschlägigen Einzel- und Anthologie-Publikationen der *konkreten Poesie*, die Gomringer so wichtige methodische Anregungen zu danken hat, stößt man rasch auf eine Fülle moderner und modernster Variationen zur hier nur knapp angerissenen Quadrattext-Idee; dabei eröffnen sich zahlreiche Aspekte der Variation, die zeigen, daß das Abweichen vom üblichen Zeilenschema, an das sich das lesende Auge so sehr gewöhnt hat, nicht nur frappiert, sondern auch tatsächlich neue Text-Arrangements und damit neue Zuordnungen von Buchstaben, Worten und Sätzen überhaupt erst möglich macht. Damit ist ein fixer Verweis auf die Poetik der Moderne gegeben, der die spielerische Handhabung des Setz- und Druckschemas im Quadrat weit über sich hinaushebt; als optisches Signal steht es nun für die Sprengung herkömmlicher Konventionen und weist den Weg in Richtung überraschender Innovation. Ich verweise - auch stellvertretend für anderes - auf die Sammlung *konkrete poesie international* in der Reihe *rot* mit einschlägigen Beispielen von Edwin Morgan (Schottland), Josef Hiršal und Bohumila Grögerova (Tschechoslowakei), Mathias Goeritz (Mexiko), Gerhard Rühm (Österreich) und Pedro Xisto (Brasilien)[11] oder auf Denckers *Text-Bilder*-Dokumentation mit Abbildungen nach Vorlagen von Jiři

---

11 *konkrete poesie international*, hrsg. v. Max Bense, Stuttgart o. J. (Reihe *rot*, Nr. 21).

Kolař (Tschechoslowakei), Jochen Gerz (Deutschland), Alan Riddell (England) und Shimizu Toshihiko (Japan)[12]. Exakt hier lagen wohl die Gründe dafür, daß ich vor zwei Semestern anläßlich der Eröffnung einer kleinen Handpresse an der Universität-GH Siegen dem akademischen Kollegen und den studentischen Interessenten, die sich an dieser Unternehmung beteiligten, vorschlug, die bereitstehenden Geräte und Maschinen nicht erst lang bei ihrer traditionellen Dienstwilligkeit zu packen, sondern gleich bei der Fülle ihrer kreativen Möglichkeiten, die sich bis heute erhalten haben; hier boten sich *Quadrattexte* als herausfordernder Einfall geradezu von selbst an. Die Idee wurde spontan aufgegriffen, und so entstanden einige erste Arbeiten im Postkartenformat, die in einer kleinen Mappe zusammengeführt werden konnten - zum Exempel Einfälle wie diese[13]:

a^2 **Quadrat**
Quadrat
Qu dr t
Quadrat
Quadrat

Quadrat (Entwurf)

Darüber hinaus erörterten wir den Plan, Beiträger von außen in unsere Unternehmung hineinzuziehen, starteten also einen Briefwechsel mit Autoren, von denen wir annehmen konnten, daß sie auf diesen Einfall eingehen

---

12 S. Anm. 8.
13 Marcel Beyer, Daniel Hees, Philipp Heintz, Ullrich Kerker, Ute Kizinna, Karl Riha, Eva Weinert u. Waltraud Wende, *textquadrate / quadrattexte*, Siegen 1988/89, die abgebildeten Beispiele haben von links nach rechts folgende Autoren: Waltraud Wende und Marcel Beyer.

würden; zum Teil waren sie ohnedies durch jüngste Produktionen auf diesem Gebiet einschlägig bekannt und konnten auf frische und frischeste Hervorbringungen verweisen. Es entstand so rasch eine kleine Sammlung allerjüngster Quadrat-Texte, die untereinander in einen interessanten Verweiszusammenhang traten, sich gegenseitig bespiegelten und beäugten. Ich komme hier aus dem unveröffentlichten Manuskript heraus auf sie zu sprechen, bringe sie in eine vorläufige Gestalt, ehe sie demnächst - in sauberem Handsatz ausgelegt - als kleine Siegener Handpressen-Publikation in etwas definitiverer typographischer Umsetzung an den Tag treten werden[14].

Doch zuvor die Frage: wie kommt es, daß gerade zum Ende der achtziger Jahre wieder Tendenzen der *konkreten Poesie* an Raum zu gewinnen scheinen, nachdem sie doch mit der Politisierung der Literatur zum Ende der sechziger Jahre und in die siebziger Jahre hinein wie mit dem Trend zur >neuen Innerlichkeit<, >neuen Sensibilität< etc. restlos vom Tisch gewischt zu sein schienen? Freilich sind diese Ausschilderungen problematisch, verdecken sie doch, daß all die Jahre und Jahrzehnte hindurch eine Reihe von Autoren fest den Positionen der Moderne verpflichtet blieb und von ihnen aus zu bemerkenswerten Ausfächerungen ihrer Möglichkeiten kam, daß immer wieder vereinzelte Rekurse auf die Tradition der Moderne gerade auch dort stattfanden, wo man nicht mit ihnen rechnete; und so ist es nur zu richtig, daß man sich ihrer realiter zu einem Zeitpunkt erinnert, zu dem es erneut darum geht, die großen kreativen Möglichkeiten der Literatur ins rechte Licht zu rücken und von ihnen aus der Gegenwartsliteratur die notwendigen Bewegungsanstöße zu geben. Genau dies ist die Absicht Hans Magnus Enzensbergers mit seinem unter dem Pseudonym Andreas Thalmayr veröffentlichten Lese-Lehr-Buch *Wasserzeichen der Poesie*, das in verschiedenster Hinsicht den literarischen Nerv der Zeit trifft. Eben weil es

---

14 Ist inzwischen geschehen: s. Anm. 13.

so bitter nottut, rekurriert der Herausgeber auf die poetologische Terminologie früherer Zeiten (speziell des Barock) und zugleich auf das ganze Arsenal moderner Textverfahren, ob sie nun durch Dada, Surrealismus oder konkrete Poesie geprägt sind: auf Texte in bewußt gewählter geometrischer Formation stoße ich dabei unter den Termini *Sehtest, Versus Cancellati, Rundgedicht* bzw. *Spiralgedicht* und *Kalligramm*[15].

Jetzt aber zu den Text-Kontakten mit einigen Gegenwartsautoren und zu ihren quadratischen Resultaten. – Es ist sicher kein Zufall, daß Eugen Gomringer mit zu den ersten Respondenten zählte. Er verweist zunächst auf eine Reihe älterer Texte, die als Quadrat angelegt sind bzw. »leicht auf ein quadrat gebracht« oder »auch als quadrat gesehen« werden können wie das bereits 1970 veröffentlichte *urkontur*-Karree. Dann folgen der Reflex auf die ersten Beispiele der neuen Quadrat-Serie, die 1983 zum dreißigjährigen Jubiläum der *Spirale* aufgelegt wurde, und schließlich als frischeste Exempla Proben aus dem neuen, 1989 erschienenen Buch *inversion und öffnung*, durchweg aus drei Worten gebildete Texte, die ums rechte Eck gelesen werden und – dieses auf die Spitze gestellt – ein auf einer Seite offenes Quadrat bilden[16].

15 Andreas Thalmayr (d. i. Hans Magnus Enzensberger) *Wasserzeichen der Poesie*, Nördlingen 1985, S. 420, 319, 352ff., 306.
16 Aus dem Manuskript.

Gleich einen ganzen Packen quadratischer Buchstaben-, Zahl- und Wortformationen schickte Heinz Gappmayr, darunter einmal die Zahl 1 in serieller Reihung als Quadrat formiert, das andere Mal die Zahlenkette von eins bis hundert; das ruft die Experimente in Zahlengedichten in Erinnerung, wie sie Kurt Schwitters bereits in den zwanziger Jahren und - ihm darin unmittelbar folgend - der Frankfurter Maler und Dichter Werner Schreib in den sechziger Jahren anstellten. Weiter - das Wort >quadrat< in seine einzelnen Buchstaben zerlegt, diese in anagrammatisch-divergierender Folge stets neu zusammengesetzt und auf diese Weise zu immer neuen Quadrat-Kompositionen formiert: Auflösung des konkreten Wortes >quadrat< in die Quadrat-Fläche, deshalb zu Recht die Kennzeichnung der poetischen Verfahrensweise als *visuelle Poesie*! Oder - nur eben vier parallellaufende, gleichlange Linien bzw. ein Feld von Richtungspfeilen, aus denen man einerseits dieses eine, andererseits beliebig viele Quadrate bilden kann, wenn man nur das bereitgestellte Material entsprechend arrangiert[17]:

Ich greife ins Bücherregal, nehme mir die hauptsächlichen der bislang vorliegenden Publikationen Gappmayrs vor und stelle fest, daß sich die Quadrat-Text-Idee wie ein roter Faden durch seine Produktion zieht und damit - über die gegebenen Proben hinaus - tatsächlich von zentraler Bedeutung ist.

Anders Friederike Mayröcker, die in ihrem bisherigen Oeuvre nicht eigentlich zu radikalen Formen des

---

17   Aus dem Manuskript.

Schreibexperiments im Sinne der *konkreten* und auch der *visuellen* Poesie tendierte, ihnen jedoch durchgehend in den Verschränkungen ihrer intensiven Bildlichkeit Rechnung zu tragen suchte. Wenn sie sich, der entsprechenden Forderung folgend, auf die Notation von Quadrat-Texten einläßt, nutzt sie dies daher zur Explikation ihrer spezifischen Poetik und setzt ihr ein eigenwilliges optisches Monument[18]:

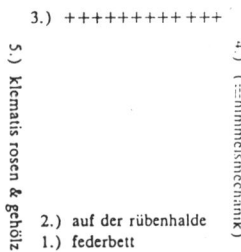

Dieses Gedicht ohne Titel ist in mehrfacher Hinsicht auffällig: obwohl es die Numerik der Quadratseiten nutzt, hält es sich nicht an deren Vierzahl, sondern überschreitet diese gleich mit dem Einsatz; statt von oben nach unten abzufallen, steigen die Zeilen eins bis drei irritierend von unten nach oben auf, dabei bleibt die Zeile drei, lediglich mit zwölf +Zeichen markiert, der Wortfüllung nach sozusagen leer; in semantischer Hinsicht bilden die korrespondierenden Zeilen eins und zwei bzw. vier und fünf ein beziehungsreich-kontrastives Assoziationsfeld mit einer eigenen suggestiven Dynamik - das Ganze: ein Liebesgedicht, Poetisierung der kruden Wirklichkeit mit Hilfe der Sprache oder einfach ein aufs Quadrat gebrachtes Poesie->Geheimnis<?

Ähnlich wie Friederike Mayröcker leitet auch Ernst Jandl seinen Quadrat-Text-Beitrag aus der formalen Leitlinie seiner bisherigen Arbeiten ab und stellt damit auf diese ab:

---

18 Aus dem Manuskript.

sein mit *leichtathletik* überschriebenes Poem, das er Marcel Beyer aus Wien nach Siegen »zum Quadratisieren« mit auf den Weg gab, ist als Permutation aufgezogen und wird zum regelmäßigen Viereck durch die Zahl der Zeilen, also die Anzahl der Permutationen; die Turnervokabel ›grätschen‹ bildet dabei eine Art Mittelachse, der links und rechts jeweils zwei Worte zugeordnet werden, die in der Addition ebenfalls neun Buchstaben ergeben, wobei ›hirn‹ und ›zwirn‹ im Zeilenauftakt und ›zopf‹ und ›topf‹ sowie ›stock‹ und ›bock‹ am Zeilenende sich sogar reimen[19]:

hirn grätschen honig
birne grätschen zopf
bier grätschen bohne
ziege grätschen topf
pipi grätschen locke
kinn grätschen stock
biene grätschen hose
zwirn grätschen bock

- ein Fall von großer Akkuratesse, wie es sich für ein Sportgedicht, das auf diese Weise Gestalt gewinnt, gehört; auch Sportplätze, Sprunggruben und Aschenbahnen sind ja wie die Wettkampf-Resultate, die auf ihnen erzielt werden, genau vermessen; weshalb nicht auch das Poem, das sich dieser Materie so ›konkret‹ annimmt?
Ich greife aus den weiteren Briefkontakten nur noch die Antworten Reinhard Döhls, Oskar Pastiors und Gerhard Rühms auf: ihre Quadrat-Text-Zusendungen sind dadurch miteinander verbunden, daß sie spielerisch auf die Form als solche rekurrieren und damit trotz aller Programmatik ganz bewußt eine ironische Distanz zu derlei poetischer Aufgabenstellung wahren. Döhl stellt sich der uralten Rätsel- und Zauber-Sehnsucht nach der ›Quadratur des Kreises‹ und löst sie - nach links und rechts rotierend - wie folgt[20]:

19 Aus dem Manuskript.
20 Aus dem Manuskript.

```
d a u q   e i d i e   q u a d
r             i             r
a             e             a
t                           t
u             s             u
r             e             r
              s
d e s     k r e i e r k   s e d
```

Pastior hingegen setzt eine Fußnote und fixiert mit ihrer Hilfe den ›springenden punkt‹ am Quadrat[21]:

```
wo ist de
r  springe
nde punkt*
```

*der springende punkt am qua-
drat / ist daß es keinen hat.

Rühm schließlich notiert lakonisch[22]:

```
gutes quad
rat ist......
teuer.......
...............
```

– und merkt im Begleitschreiben dazu an, dies sei ihm auf mein Einladungs-Anschreiben hin »anfang november 88« spontan eingefallen; bis heute sei »das beiträglein – inzwischen unter einem haufen papier – « herumgelegen: »aber nun schick ichs ihnen zu, machen sie damit, was sie wollen (auch knüllung zwecks papierkorbwurf ist erlaubt)! / und vor allem ein gutes neues jahr!«
Das kommt leichter daher, als dem Text gegenüber angebracht ist. Mit Witz wendet sich ja der Autor gegen die Form als solche und läßt sie leerlaufen: gerade dieser Vorgang aber wird sich selbst zum Thema. Die in diesem Sinne ›negative Poetik‹ der Postmoderne holt also die

---

21 Aus dem Manuskript.
22 Aus dem Manuskript.

ursprünglich so revolutionär und revoltierend propagierten Formen der Moderne ein und eröffnet ihnen alle Möglichkeiten von Scherz, Satire, Ironie - mit und ohne >tiefere Bedeutung<! Wo - beispielsweise - auch das Sonett sich nur noch als Reproduktion des puren metrischen Rasters oder als Auszählung des blanken Zeilen- und Strophenschemas zu behaupten vermag, wo Cut-up-Effekte und alle Pointen der Verweigerung einer Story das Erzählen der Kurzgeschichte festlegen und Romane nur noch um ihre eigene >leere Mitte< kreisen, können folglich auch der Quadrat-Text und das Text-Quadrat keine Ausnahme machen. Die vormals so avantgardistisch postierte Form, an der Gappmayr und Gomringer noch so zäh festhalten, verliert bei Döhl, Pastior und Rühm ihre programmatische Spannkraft; doch das ist kein Verlust: denn sie gewinnt ja auf der anderen Seite - gerade über die programmatische Entleerung, sozusagen ex negativo oder, positiv gewendet, aus der Überschreitung des >Prinzips Abstraktion<, das bis dahin dominant war - ganz neue Ausdrucksnuancen hinzu, die ihr bislang versperrt zu sein schienen. Für die Geschichte der *visuellen Poesie* und die in ihr an so zentraler Stelle postierten Quadrat-Texte bzw. Text-Quadrate markieren diese Autoren daher keinen Endpunkt, sondern eher einen Durchgang und damit - auf ihre Weise - einen neuen Anfang. Daß diese Wendung nicht gegen Schwitters gerichtet ist, mit dessen Bild-Buchstaben-Quadraten ich einsetzte, könnten zahlreiche Beispiele belegen, die unter Beweis stellen, daß der Merz-Künstler selbst an einer solchen Auflösung seiner experimentell gewonnenen Ansätze interessiert war und ihnen eifrig die Spur legte ...

Postskriptum

Kurt Schwitters, *Banalitäten I*, 1923 (Ausschnitt)

    Le Cubisme est une procession. (Jean Cocteau.)
    Je n'ai jamais pu que mettre de l'eau dans mon eau. (Fr. Picabia.)
    Le passé et la pensée n'existent pas. (R. Duncan.)
    Profitez du beau temps pour dormir. (Anonyme.)

    Laß ruhig fließen
    Im Regen Lauf
    Der Tränen sprießen
    Die Blumen auf. (Chr. Rellis. übers. K. S.)

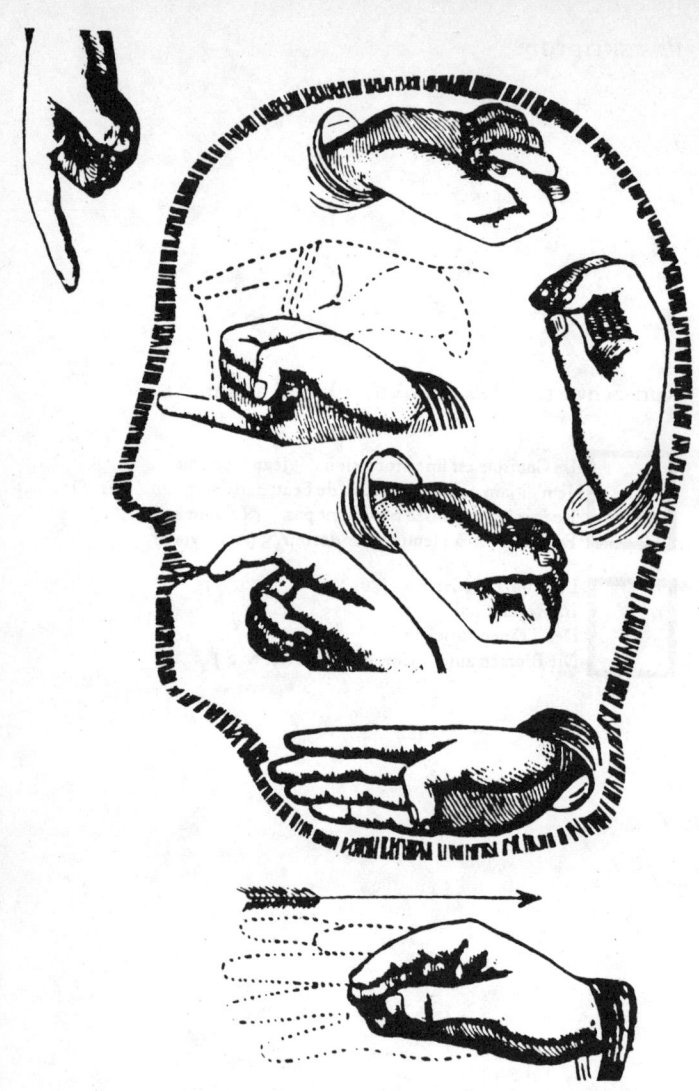

k.r.: kopf(-)arbeit

Gedanken zum Gedankenstrich -
in der literarischen Moderne
Zur Poesie der Satzzeichen

Gedankenstriche markieren Denkpausen zwischen Gedanken, die man hat oder nicht hat, fallengelassene und ausgelassene Gedanken, lassen einen Gedanken ins Leere laufen, markieren Einschnitte und Gedankensprünge, verlangsamen und forcieren das Denken, halten Gedanken auseinander und verbinden sie, kurz und gut: es handelt sich um abstrakte Zeichen, die wir zu lesen gelernt haben. Gehäuft tauchen Gedankenstriche zu dem Zeitpunkt in der Literatur auf, zu dem es Autoren um die Fixierung spontaner, in die Fallgruben der Psychologie bzw. Psychotik verwickelter mündlicher Rede geht, also etwa in der >Sturm und Drang<-Dramatik, die einen neuartigen >wilden Helden< auf die Bühne brachte, der sich zu den Wirrwarrnissen seiner Sprache kaum auf Distanz zu bringen versteht, zu chaotischen Redeausbrüchen tendiert, aber auch zu abruptem Verstummen. Hier ein Beispiel aus Klingers Drama, das der ganzen Bewegung den Namen gab:

Caroline: Ist denn nichts da, das rette? Ist denn nichts da, das helfe? - Komm hier in meine Arme, lieber Geängsteter! Laß dir Ruhe geben, laß dir Liebe geben! Nur diese Blutgierde, diese Rachgierde nicht! Vergib meinem Bruder! nein, du kannst nicht. - - - Carl! so still und tot - - und ich so ganz ohne Rettung unglücklich. - Ich wollte soeben meine letzte Stärke aufbieten. Sie schwindet hin, und ich! - ach, ich hatte den, nach dem ich rief und seufzte! - er ward mir gegeben! Carl und so endet's?[1]

Anderer Natur sind einige Beispiele der Moderne, die im Gedankenstrich ein abstraktes Sprachzeichen aufgreifen und

---

1 Friedrich Maximilian Klinger, *Werke in zwei Bänden*, ausgewählt und eingeleitet von Hans Jürgen Geerdts, Berlin und Weimar 1964, Bd. 1, S. 156.

als solches thematisieren, so zum Beispiel in der visuellen Poesie, für die paradigmatisch Man Ray's Dada-Poem ohne Titel[2] - weil auch der noch ins abstrakte Zeichen zurückgenommen werden muß - stehen kann:

Das Außerordentliche des hier angesprochenen Paradigmas - seinem programmatischen Stellenwert nach vergleichbar dem *Schwarzen Quadrat* Malewitschs in der Malerei, absoluter Endpunkt und doch zugleich Eröffnung eines neuen, unbekannten Terrains der Kunst bzw. Anti-Kunst - liegt darin, daß die abstrakten Strich-Zeichen alle Worte verdrängt haben und an ihre Stelle getreten sind: Morsezeichen der Leere. Allein die Formatierung in regelmäßige Zeilen, die sich immer noch und doch wieder zu einem gedichtartigen Gebilde ordnen, verbleibt noch als ein abstraktformaler, aber nun ganz auf ihn reduzierter Rahmen des intendierten Lyrik-Produkts.

Dieses Paradigma hat nun eine interessante Vorgeschichte in Christian Morgensterns *Fisches Nachtgesang*[3], wobei es sich quasi um ein unprogrammatisches, aber doch signifikantes und deshalb immer wieder als Vorläufer apostrophiertes Exempel handelt, abgeleitet aus der eigenwilligen poeti-

---

2 Zitiert nach: *113 Dada-Gedichte*, hrsg. von Karl Riha, Berlin 1982, S. 188.
3 Christian Morgenstern, *Werke und Briefe* (Stuttgarter Ausgabe), Bd. 3, *Humoristische Lyrik*, hrsg. von Maurice Cureau, Stuttgart 1990, S. 65.

schen Imagination des Dichters, die generell auf einen >Lugaus< ins Rings des Unbekannten und Phantastischen aus war und ihn durch Wortneuschöpfungen und aus dem grotesken Blickwinkel des >Galgenbergs< zu erkunden suchte:

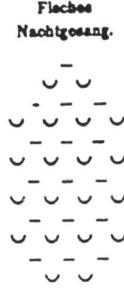

Die hier verwandten Zeichen sind dem Markiermuster für die Metrik von Lyrik entnommen, wie wir sie aus entsprechenden Lehrbüchern kennen, um Längen und Kürzen, Hebungen und Senkungen des Verses zu veranschaulichen, und stehen stellvertretend für das Element des Wassers, in dem sich der Fisch bewegt und seinen nächtlichen Gesang anstimmt, der notgedrungen stumm bleiben muß, jedenfalls dem menschlichen Ohr unvernehmlich, das für derlei Töne zu stumpf und unempfindlich ist und zudem mit seinem Trommelfell nur auf Schwingungen der Luft reagiert.

Noch weiter zurück in der Literaturgeschichte stoßen wir, nun per echtem Zufall, bei der Lektüre in den *Lustigen Blättern* - einer jener zahlreichen humoristisch-satirisch-karikaturistischen Zeitschriften in der Nachfolge auf die in der Mitte des neunzehnten Jahrhunderts gegründeten *Fliegenden Blätter* als einer ungehobenen, überraschend ergiebigen Fundgrube prämodernistischer Einfallslaunen aus dem

Geist der Parodie - auf das folgende Gedankenstrich-Gedicht-Beispiel[4]:

Deutsche Lyrik.

```
‿ — ‿ — ‿ — ‿ — ‿  Sonne
‿ — ‿ — ‿ — ‿ — ‿  Bruſt;
‿ — ‿ — ‿ — ‿ — ‿  Wonne,
‿ — ‿ — ‿ — ‿ — ‿  Luſt!

‿ — ‿ — ‿ — ‿ — ‿  Triebe,
‿ — ‿ — ‿ — ‿ — ‿  Maid;
‿ — ‿ — ‿ — ‿ — ‿  Liebe — —
‿ — ‿ — ‿ — ‿ — ‿  Leid.

‿ — ‿ — ‿ — ‿ — ‿  Werben,
‿ — ‿ — ‿ — ‿ — ‿  Weh ....
‿ — ‿ — ‿ — ‿ — ‿  Sterben
‿ — ‿ — ‿ — ‿ — ‿  See!
```

Das Ganze ist satirisch gemeint, legt es doch mit Hilfe der auf ihre klischeehaften Endreimworte skelettierten Verse, zu denen sich jeder Leser beliebige Auffüllungen ausdenken mag, den Finger auf die Trivialität und Beliebigkeit solch artiger Reimklangklingelei aus epigonaler Routine. Kontextuell gebunden, markieren die abstrakten Zeichen auch hier sprachliche Leerstellen und lassen uns daher das angesprochene Fundstück zu Recht der angerissenen Beispielkette zuordnen: umgekehrt erhält durch sie die hier angerissene spielerische Verfahrensweise eine poetologische Aufmerksamkeit, die ihr der zeitgenössische Leser ohne diesen Fingerzeig wohl kaum gegeben hätte.

Diese so hergestellte Aufmerksamkeit darf man generieren und nun überhaupt auf Sondierungen im breiten Feld der Literatur anwenden. Ein ähnlicher Umschlag von ›Spiel‹ in ›Programmatik‹ läßt sich daher auch andernorts beobachten, hebt man, wie ich es hier intendiere, auf eine Poetik des Gedankenstrichs ab, für die sich auch in

---

4   *Die Insel der Blödsinnigen, Die Tollheiten der Moderne in Wort und Bild*, hrsg. von L. Wulff, Berlin 1901, S. 43. - Dort auch andere in unserem Zusammenhang interessierende Parodie-Beispiele.

komplexeren literarischen Gattungsgebilden instruktive Beispiele auftreiben lassen.

Arno Holz, der für seine gemeinsam mit Johannes Schlaf verfaßte Prosaskizze *Papa Hamlet*, auf die bekanntlich der Beginn einer experimentell-modernen Prosa in der deutschen Literatur zurückgeht, den sogenannten ›Sekundenstil‹, also eine aufs erzählerische Mikrodetail gerichtete Schreibweise entwickelte, mußte zwangsläufig dort Anschluß an eine Programmatik des Gedankenstrichs gewinnen, wie ich sie einleitend mit Klingers *Sturm und Drang*-Drama belegt habe, wo es ihm um die Fixierung von zerhackter Rede, Stammeln und Stottern, mithin um Störungen des normalen Redeflusses ging, die als solche nun nicht mehr einfach kaschiert und übersprungen werden konnten; ein paar willkürlich herausgegriffene Dialogpartikel dieser ›Prosaskizze‹ - nur eben zur Veranschaulichung dieser eigenwilligen Schreibweise, die ihrerseits die radikal veristische Dialog-Notation des naturalistischen Dramas inspirierte - zum Exempel:

Nicht wahr? Ihr - e ... seid ein - Fischhändler?! (...)
Ich - e - selbst bin - e hm! - leidlich tugendhaft ... (...)
Da gab es noch - e: Kollegen! Leute! Leute? Pah, Stümp'rr! Aber - e ... sie - e ... Nun ja!

Oder:

Ach was! Anfall! - - Da! Friß!! (...)
Na? Bist du - nu still? Na? - Bist du - nu still? Na?! Na?! (...)
Die ... L - ampe! Die ... L - ampe! Die ... L - ampe! (...)
K - lopft da nicht wer?[5]

Der Konsequenz nach nur zwangsläufig, durchsetzt der Verfasser an anderer Stelle den Prosafluß mit Punkt-Reihen, die sogar über mehrere Druckzeilen reichen, um lautlos verstreichende Zeit, mithin Leerstellen im Ablauf

---

5   Arno Holz und Johannes Schlaf, *Papa Hamlet*, hrsg. von Theo Meyer, Frankfurt/Main 1979, S. 54, S. 67, S. 71, S. 81f.

der zu erzählenden Geschichte zu markieren, und mißt ihnen eine eigene optische Qualität auf der ansonst mit Worten und Sätzen gefüllten Seite bedruckten Papiers zu.

Ganz ähnlich markiert Arthur Schnitzler in seiner Einakterfolge *Der Reigen* den jeweiligen Höhepunkt der Szenen, in dem es zur Vereinigung der Liebenden kommt, durch eine Kette von Gedankenstrichen. In der Realisierung auf der Bühne entsprach dem das Auslöschen des Lichts, um so die Liebenden im Liebesakt vor dem Auge des Zuschauers, aber auch vor dem bösen Blick des Zensors zu verbergen, der gleichwohl zuschlug und das Stück mit einem Aufführungsverbot belegte.

Nimmt man den angerissenen Faden auf, lassen sich leicht weitere Beispiele anreihen; sie fliegen einem beinahe zu - auch aus dem Abseits. So etwa der Fall bei dem fast ganz vom Dialog her aufgezogenen »infernalischen« *Bordell*-Roman »in fünf Sprüngen« Curt Corrinths aus dem Jahre 1920, in dem der Gedankenstrich durchweg ein für den narrativen Duktus konstitutives Moment abgibt; zur Demonstration das Zwischenkapitel *Mittagspause*, das, dem Milieu entsprechend, drastisch genug ausfällt:

Mittagspause.

Schmhmhmh - -
mhmh -
tscha - tscha - tscha-
Schlch - schlch - uffäh - schlch - schlch -
- - immer Erbsensuppe - -
Schlch - schlch . . .
Uääh -
schlch - schlch - -
- - und Pferdewurst - -
tscha - tschma - tscha -
Errrrh - hääää - - -
- - aber getrost -
Schmhmhmh -
- - bald - -
schlch - schlch -
- - Kaviar - -
tscha - tschma -
- - Ekstasen - -

```
    mhmhmh - -
    mhmhmh - -
    - - - - - - - - - - - - - -
    Manila - -
    . . . .
    Schlch - schlch - schlch - -
    - - Herzbubbern - -
    tschma - tschma -
    Uääh - -
    - - heute - -
    schlch -
    - - Nachmittag - -
    Upp - -
    - uuurrrupps -
    - - - - - tschma - - - - - - -⁶
```

In direkter Verlängerung zu diesen konsequent-naturalistischen und expressionistisch eingefärbten Dramen- bzw. Prosa-Experimenten und programmatisch näher noch zu unserem Morgenstern- und Man-Ray-Beispiel steht Arno Schmidt, in dessen *Gelehrtenrepublik, Kurzroman aus den Roßbreiten* wir immer wieder auf abstrakte Interpunktionskonglomerate stoßen, die im Text eine eigene strukturelle Autonomie behaupten:

(...) Hatte nicht eben was geraschelt?! - -

(...) also höher den Hut! In die Richtung, wohin Thal ja verschwunden war: ! - . - :

-.-.-.-.-.-.-.-

(...) Wenn jetzt bloß der nächste Krieg ausbräche ..... -.-.-.⁷

Zum Schluß des Romans hin bildet sich aus ihnen ein kurzer zweizeiliger Textpassus ganz ohne Worte, der Er-

---

6   Curt Corrinth, *Bordell, Ein infernalischer Roman in fünf Sprüngen*, Berlin 1920.
7   Arno Schmidt, *Das steinerne Herz, Tina, Goethe, Die Gelehrten-Republik* (Bargfelder Ausgabe I, 2), hrsg. von Wolfgang Schlüter, Bargfeld 1986, S. 241, 251, 304.

zählhandlung nach motiviert durch das Einsteigen in ein
Flugzeug, das die Stimmen der Piloten notgedrungen verstummen macht:

Senkrecht stand's und breitete machtvoll düsige Fäuste: bloß rein!!!
--.,-:-!--:!!---:
!!!----:!!------!!!! !!!! !!!!⁸

Als Einschluß in einem Roman hat dieses Element natürlich
eine eminent poetologische Signalfunktion. Daß und in
welcher Weise sich der Autor ihrer bewußt war, belegt
Dieter Stündel für *Zettels Traum* in seinem *Register* unter
folgenden Hinweiszahlen: 56 mo, 119 lu, 172 mm, lu, 174
lm, 939 lm und 1141 mm (für >Gedankenstrich<) und 172
mo, lu, 173 lo, 174 lo, ro, lm, 175 lo, ro, mm, rm, 202
lo, 242 lm, 349 rm, 385B rm, 840 rm, ru, 880 lo, lm, 889
lu, 907 lu, 939 lm, 940 lo, 977 lo 1066 lm (für dashes -
engl. = Gedankenstrich). Entschlüsselt man die
bibliographischen Hieroglyphen, stößt man auf Festlegungen wie »viel-sinnige Gedankenstriche«, »Gedankn-
striche (...), dies stoßweis=werden der SatzBruchstücke«,
»vergiß doch nie, daß >dash< auch >der Schprizzer!< ist«
oder »Gedankenstriche sind typografische Zeichen für die
Lüsternheitsfugen in der Wortverschalung«.⁹

Um den Anschluß an die Literatur der unmittelbaren Gegenwart zu wahren, als abschließendes Beispiel der jüngst
erschienene und prompt ins Deutsche übersetzte Roman *Die
Schlange* des jungen russischen Schriftstellers Vladimir
Sorokin. Das Buch ist ganz aus Dialogen aufgebaut, wie sie
beim endlosen >Schlange-Stehen< vor Kaufhäusern und den
Institutionen der staatlichen Bürokratie geführt werden,
immer wieder unterbrochen durch Anordnungen wie
»BITTE TRETEN SIE ZURÜCK UND LASSEN SIE DIE
GENOSSEN VOR! ES REICHT FÜR ALLE! KEINE

---

8   A.a.O., S. 348.
9   Dieter Stündel, *Register zu Zettels Traum, Eine Annäherung*, München
    1974, S. 149 und 75.

STÖRUNG DER ÖFFENTLICHEN ORDNUNG! ZURÜCKTRETEN!«: offensichtlich eine beklemmende sowjetische Alltagserfahrung! Gedankenstriche stehen hier durchweg an den Anfängen der dicht auf dicht folgenden Dialog-Druckzeilen und geben sich so auch hier als strikt durchgehaltenes Strukturprinzip dieser merkwürdigen Prosa zu erkennen, die auf ihre Weise überraschend an den Konzeptionen der experimentellen Moderne partizipiert; zusammen mit Ketten von Punkten (Arno Holz' *Papa Hamlet* vergleichbar) und zwischendurch ganz und gar leergelassenen Druckseiten fixieren diese Gedankenstriche die verstreichende Zeit, die sich beklemmend über diese hilflosen, sich in ihre Langeweile und punktuellen Aufregungen verstrickenden, sich untereinander heillos verfitzenden Steh-Schlangen legt, die mit den Tagen auch die Nächte der Wartenden verbraucht und aufreibt:

- Eh, Mann, können Sie mal aufhören zu rempeln?
- Was, ich remple?
- Und wie!
- Aber niemand rempelt!
- Sitzt da und stößt einen dauernd mit dem Ellbogen an.
- Ich habe Sie nicht angerempelt. Wir lösen ein Kreuzworträtsel.
- Wenigstens entschuldigen könnte er sich. Streitet es auch noch ab.
- Wofür soll ich mich entschuldigen?
- Für nichts! Ein Gewissen hat man oder hat es nicht.
- Sie zum Beispiel.
- Freundchen, paß auf, was du sagst.
- Selber.
- Sitzt da und rempelt mit den Ellbogen! Flegel!
- Blöde Kuh. Platzt wegen so einer Kleinigkeit ...
- Flegel!
- Blöde Sau, leck mich ...
- Wir rufen gleich die Polizei.
- Aha. Ruf sie doch, die kommt bestimmt.
- Junger Mann, Sie befinden sich an einem öffentlichen Ort.
- Die da doch auch.
- Man weist Sie auf etwas hin, und Sie werden ausfällig.
- Auch noch frech werden!
- Du wirst doch frech.
- So ein blöder Hund ...
- Leck mich am Arsch, blöde Sau.
- Hör zu, Junge, laß das Fluchen!

- Und warum muß die mir auf den Keks gehn?
- Benimm dich anständig.
- Soll die sich doch normal benehmen.
- Solche wie der sind es, die sich immer vordrängeln. Flegel!
- Selber hast du dich vorgedrängelt, sitzt da und stänkert herum! Blöde Sau![10]

Nachsatz:

Ein Sonderfall ist die durch Gedankenstriche markierte Parenthese, die zur Kennzeichnung von Einschüben benutzt wird. Diese Einschübe, die sich manchmal auch als Kommata verkleiden, können - wie man weiß - unterschiedliche Funktionen übernehmen, zum Beispiel die der interruptio mentalis. Ein instruktives Paradigma entnehme ich den Prosaschriften Robert Walsers. Er zitiert Schillers *Tell*-Monolog, modifiziert ihn aber durch Parenthese - sprich: Einschub - wie folgt:

Durch diese hohle Gasse, glaube ich, muß er kommen.[11]

Indem er >Psychologie< und >Wahrscheinlichkeit< apostrophiert, relativiert der zwischengeschobene Text den Klassiker und die Dramaturgie des klassischen Dramas in entscheidender Weise: was tun, wie geht es weiter mit dem Stück, wenn der Landvogt ausbleibt? Die Frage ist ihre doppelten Kommata - sprich: ihren doppelten Gedankenstrich - wert!

---

10 Vladimir Sorokin, *Die Schlange*, aus dem Russischen von Peter Urban, Nördlingen 1990, S.
11 Robert Walser, *Das Gesamtwerk*, hrsg. von Jochen Greven, Bd. 1, *Fritz Kochers Aufsätze, Geschichten, Aufsätze*, Genf und Hamburg 1972, S. 258ff.

Enthemmung der Bilder und Enthemmung der Sprache
Zu Paul Scheerbart und Carl Einstein

Jules Vernes phantastische Romane sind heute alte Klamotten: Wissenschaft und Technik haben sie rasch überholt und als Kuriositäten hinter sich gelassen. Jetzt sind sie nur noch als Dokument dafür interessant, wie man sich in der zweiten Hälfte des vergangenen Jahrhunderts den Fortschritt vorgestellt hat. Analog zu Jules Verne hat man auch Paul Scheerbart gelegentlich als solch einen technischen Utopisten bezeichnet und ihn ins Vorfeld der Science-Fiction-Literatur gerückt. Noch Else Harke tat dies, wenn sie 1962 als Herausgeberin der *Dichterischen Hauptwerke* Scheerbart als zukunftsträchtigen Visionär deutete, der in genialer Weise moderne Raketenphysik und Kosmonautik vorausgespürt habe, und zu punktuellen Ereignissen in den phantastischen Romanen ausführte: »Scheerbart nimmt hier die Erfindung der globalen drahtlosen Nachrichtenübermittlung durch Guglielmo Marconi vorweg« oder »vorzeitiger Hinweis auf Albert Einsteins Relativitätstheorie.«[1] Sie konnte sich dabei auf Walter Benjamin berufen, der in *Paris, die Hauptstadt des 19. Jahrhunderts* - unter *Fourier oder die Passagen* - von Scheerbarts ›Glasarchitektur‹ als einer antizipierten, erst durch spätere Bauweisen bestätigten Architekturmöglichkeit geschrieben und den Dichter deshalb als Utopisten bezeichnet hatte[2], doch laufen, wie mir scheint, solche Interpolationen - was immer Richtiges sie treffen mögen - am zentralen Moment des Werks vorbei und

---

1 Paul Scheerbart, *Dichterische Hauptwerke*, hrsg. v. Else Harke, Stuttgart 1962, vor allem in den Anmerkungen S. 743ff.
2 Walter Benjamin, *Schriften*, Frankfurt a.M. 195, Bd. 1, S. 407f.

verfehlen speziell das Spezifische der phantastischen Qualität.
Sicher liegt die Vorausahnung wissenschaftlich-technischer Prozesse, die erst von der Zukunft eingelöst werden, nicht außerhalb, sondern mit im Zug Scheerbart'scher Literatur-Entwürfe, doch war der Dichter auf alles andere als die bloße Fortschreibung der technisch-industriellen Wirklichkeit seiner Zeit aus; es wäre also ganz und gar falsch, ihn am Prozentsatz dessen zu messen, was er als >richtig< angekündigt, getroffen oder nicht getroffen hat. Vor allem fehlte es ihm für eine solche Einstellung an der entsprechenden >Fortschrittsgläubigkeit<. Seine Phantastik entsprang - im Gegenteil - einer radikalen Enttäuschung an der Welt, wie sie ist, Wissenschaft und Technik mitbegriffen. In dem See-Roman *Die Seeschlange* von 1901, dessen Held sich an den Rand der Welt in einen Tempel zurückgezogen hat, in dem er die mystische Vereinigung selbstgebastelter Glasgötter für Wasser, Luft und Land erwartet, lesen wir:

Die Erde ist wie ein verhauenes Kunstwerk, in dem die Verhältnisse der einzelnen Teile untereinander nicht die richtigen sind. Die Disharmonie scheint von der Erde gar nicht mehr ablösbar zu sein[3].

Als Antwort auf diesen Befund sind Scheerbarts Werke zuallernächst von literarischer und nicht von philosophischer, wissenschaftlicher oder auch politischer Kompetenz. Denn: wie als technischen Hellseher könnte man den Dichter auch als Sozialutopisten oder vorzeitigen Erahner des Ersten Weltkriegs in Anspruch nehmen; vielleicht wäre es auch möglich, seinen zahlreichen Schriften so etwas wie ein weltanschauliches >System< zu entnehmen, - aber man käme dabei, vermute ich, nicht weit oder stünde rasch vor einem Torso voll versponnener Mystik und grotesker Kombinationen. »Was begreifen wir denn«, schreibt Scheerbart, »mit den Wissenschaften? Die geben uns überall nur die äußere Schale der Dinge und verraten vom inneren Wesen der

---

3   Scheerbart, *Dichterische Hauptwerke*, a.a.O., S. 281.

Dinge grundsätzlich nicht das Geringste. Gibt uns etwa die Wissenschaft die Fähigkeit, das Lebendige vom Nichtlebendigen ganz sicher zu unterscheiden?«[4] Über solche Skepsis darf man nicht einfach hinweggehen; man muß ihr in der Betrachtung des Autors gerecht zu werden versuchen, eben im Blick auf die dichterische Dimension und den Anspruch, unter dem sie sich entfaltet.

Im Unterschied zu Phantastikern, die übers Unbewußte zu einer Art >absoluten Wirklichkeit< vorzustoßen suchen, verharrt Scheerbart im Luziden und Taghellen. Trotz aller Tendenz zur Bildenthemmung bleibt die Sprache selbst in ihrer ererbten Ordnung erhalten und wird von den Wucherungen des Imaginären nicht infiziert. Charakteristisch für die Anlage der meisten seiner Romane ist der dialogische Entwurf, also das Agieren an der Gesprächsoberfläche: jeweils einer der beiden Redepartner fungiert als Fremdenführer in einer Welt, die seltsam aus den Bestandteilen einer bekannten zusammengesetzt scheint und ihr doch kurios widerspricht. Unmittelbar aufs Prinzip solcher Bildphantastik geht in *Münchhausen und Clarissa, ein Berliner Roman* der Lügenbaron ein, der einer Teegesellschaft - Ernst und Parodie mischend - an sieben Abenden über eine in ihren Dimensionen immense Weltausstellung im australischen Melbourne Bericht zu geben versucht; deren >verdecktes Kunstprinzip< beschreibt er dabei wie folgt:

Der australische Maler glaubt, daß er hinter das Wesentliche der Natur viel schneller kommt, wenn er die einzelnen Stücke der Natur voneinander trennt und sie nachher wieder in anderer Art zusammenbringt. Schaffen heißt für den Australier: Neues schaffen! Und Neues schaffen kann er nach seiner Meinung nur, wenn er die vorhandenen Naturbilder zerlegt - und mit den zerlegten Stücken neue - ganz neue - Bilder schafft. Schaffen ist eben >komponieren<.[5]

Ich verweise für die historische Ableitung dieses Prinzips ins achtzehnte Jahrhundert auf Georg Christoph Lichten-

---

4   A.a.O., S. 299.
5   A.a.O., S. 466f.

berg zurück, in dessen Aphorismen sich Sätze finden wie, es sei nötig, alle Kenntnisse umzurühren und sich dann wieder setzen zu lassen, damit man sehe, wie sich alles setzt, oder:

> Wenn wir beim Nachdenken uns den natürlichen Fügungen der Verstandesformen und der Vernunft überlassen, so kleben die Begriffe oft zu sehr an andern, daß sie sich nicht mit denjenigen vereinigen können, denen sie eigentlich zugehören, Wenn es doch etwas gäbe wie in der Chemie Auflösung, wo die einzelnen Teile leicht suspendiert schwimmen und daher jedem Zug folgen können.[6]

Das trifft, gerade weil es als Vorstellung nicht aus dem artistischen, sondern aus dem naturwissenschaftlichen Bereich genommen ist, Scheerbarts Auffassung vom ›Komponieren‹ recht genau.

»Neue - ganz neue - Bilder«: quer durch im literarischen Werk Paul Scheerbarts sind wir diesem Prozeß von Demontage, Zertrümmerung und Neuzusammensetzung der Natur konfrontiert, wie ihn der Dichter durch seine Münchhausenfigur und mit Hilfe des Hinweises auf ›australische Kunst‹ faßbar werden läßt, am anschaulichsten vielleicht in *Die Seeschlange*, wo es anläßlich einiger ›tatsächlicher‹ Malereien zu folgender Beschreibung kommt. Es handelt sich da um ein Triptychon: das Mittelbild zeigt eine Pyramide von Zwergen, unter ihr einen Elefanten, der den Vorderfuß auf ein Lamm gestellt hat, ein Krokodil im Rüssel, eine Ziege sitzt zwischen zwei Schweinen, die einen Tintenfisch hochhalten. Vom linken Seitenbild aber heißt es, hier befanden sich zwar »dieselben Tiere und Zwerge wie auf dem Mittelbilde, aber nicht mehr an denselben Stellen«:

> alle ihre Gliedmaßen waren sämtlich vertauscht, so daß Krokodilsleiber Zwergköpfe besaßen und Zwergleiber Krokodilsköpfe besaßen - und so weiter![7]

---

6   Georg Christoph Lichtenberg, *Physikalische und mathematische Schriften*, hrsg. v. Ludwig Christian Lichtenberg u. Friedrich Christian Kries, Göttingen 1803-1806, Bd. 4, S. 137f.
7   Dieses und das folgende Zitat: Scheerbart, *Dichterische Hauptwerke*, a.a.O., S. 293f.

Und das rechte Seitenbild bringt noch einmal eine Steigerung der an sich schon verblüffenden Ausgangsposition und ihrer ersten, quasi arabeskenhaften Variation:

Auf dem rechten Seitenbilde, das ebenso wie das linke und mittlere ein großes Bergwerk, ausgestattet mit dem Luxus der Kunst, darstellte - mit vielen Treppen, Galerien und Schluchtportalen - da rechts sah alles noch toller aus, denn die Gliedmaßen, die links so willkürlich aneinandergesetzt erschienen, hatten sich rechts wieder getrennt und schwebten überall umher, als wenn sie wieder dorthin kommen wollten, wohin sie gehörten. Und alles sah sehr kompliziert aus dadurch, daß alles - sowohl die Bergwerkswände mitsamt den Treppen und Galerien wie die Gliedmaßen - durchsichtig oder doch durchscheinend zu sein schien und außerdem noch die Fähigkeit besaß, in jeden Fremdkörper hineinzudringen, ohne ihm zu schaden, so daß in vielen Zwergschädeln Frösche, Schweinsfüße, Elephantenzähne und ähnliche Dinge sichtbar wurden -

und abermals schließt die Passage, weitere Komplizierungen und Möglichkeiten des Fortdenkens andeutend, mit »und so weiter!«
Daß Scheerbart in seinen phantastischen Kombinationen ›am Bilde‹ bleibt, macht seine Darstellungen vordergründig, ornamental und faktisch-nüchtern trotz ihrer Phantastik. Er zwängt, metaphorisch gesprochen, Überdimensionales in enge Rahmen und sieht zu, wie es sie sprengt: er klebt an Objektiven herkömmlicher Konvenienz - und schüttet ihnen Sprengpulver ins Herz, so daß sie in die Luft fliegen und sich dort in ihren Flugbahnen zu unterschiedlichen Konstellationen verbinden, die sich gleich wieder verflüchtigen. Solch ein ›flüchtiges‹ Gebilde ist in *Münchhausen und Clarissa* festgehalten - wieder im Bericht des Lügenbarons:

So sah ich einen Brunnengott, der zwanzig dickknochige krebsscherenartige Beine hatte, deren Füße komplizierte feine Luftballons waren, die zusammengedrückt erschienen und aus denen ellipsoidartige Blasen mit grätenartigen Kämmen heraustraten. Die Beine selbst hatten in den krebsscherenartigen Auswüchsen so viele gelenkige Stacheln und Rüsselbildungen, daß ein Floh im Mikroskop ein ganz einfaches Tierchen dagegen sein würde. Und nun denken Sie sich jedes Bein und jeden Ballonfuß anders als den danebenstehenden. Und dann denken Sie sich bunte Wasserstrahlen aus jeder Rüsselbildung hervorspritzen. Und denken Sie sich die Rüsselbil-

dungen an den äußeren Seiten der Krebsscheren - und denken Sie sich die
Hauptglieder der Beine immer mit einem Dutzend von verschiedenen
Kniebildungen. Und über diesen Beinkompositionen müssen Sie sich nun
einen ganz abenteuerlichen Riesenrumpf denken mit Ballons und Spiral-
schrauben - und oben an Stelle der Arme müssen Sie elegante blattartige
Flügelbildungen denken mit trauerweidenhaft niederhängenden Flügelspit-
zen, aus denen ganz dünne Wasserstrahlen herunterschießen - dann haben
Sie eine ungefähre Vorstellung von diesem australischen Brunnengott, der
vielleicht auf der Rückseite des Sirius ein lebendiges Dasein führen
dürfte[8].

Scheerbart steht im Erbe der deutschen Romantik, wenn er
ins ›verborgene Innere‹ der Welt beschreibend vorzustoßen
sucht und die Dinge in ihrer ›geheimen Sprache‹ reden lassen möchte. Nicht zufällig zählt er auch - noch vor Christian Morgenstern - zu den Vorläufern der dann durch die
Dadaisten entwickelten Lautpoesie. Tatsächlich hat er seine
grotesk erfundenen Wesen, Figuren, Plastiken, Bilder und
Räume, wenn nicht wie in dem Asteroiden-Roman *Lesabéndio*
auf einem anderen Stern, unter der ›Rinde der Erde‹ und in
den damals wie heute weitgehend unerforschten Tiefen des
Meeres angesiedelt. Seine ›Weltausstellung von Melbourne‹ ist ein riesiges unterirdisches Unternehmen, das jedoch - scheinbar paradox - aus seinen Glashallen und Türmen gleichzeitig den Blick in die Abgründe des Himmels zu
öffnen sucht. Dieses Zusammenspannen von ›Welt‹ und
›All‹ ähnelt - oder ›ähnt‹, wie es in der oft eigenwilligen
Diktion des Dichters heißen müßte, - dem Verfahren Jean
Pauls, ohne daß es zu direkten Parallelen kommt. Hinter
den Romantiker zurück knüpft Scheerbart - fürs neunzehnte
Jahrhundert verblüffend - an verdeckte manieristische Traditionen an und belebt damit Auffassungen von Kunst, in denen Phantasie als Phantastik und Imagination als Bilder-
spiel begriffen ist. Als ein solcher manieristischer Bilder-
Alchimist weist Scheerbart mit seinem um die Jahrhundertwende entworfenen dichterischen Werk auf den Surrealismus der zwanziger Jahre voraus und ist in diesem Sinne ein

---

[8] A.a.O., S. 418.

wesentlicher Wegbereiter der deutschen Literaturmoderne bis in die Gegenwart.
Ähnlich dem Jugendstil, der das Bild durch seine Auflösung ins Ornament aus seiner schweren Inhaltlichkeit und realistischen Nachahmungssucht befreien wollte, die gerade mit dem Naturalismus noch einmal grassiert hatten, und damit einer Neubestimmung der Kunst durch die Eskalation des artistischen Mittels den Weg wies, entwickelt auch Scheerbart in seinen Beschreibungen nach der Art des australischen Brunnengottes von Melbourne eine Kunst der Arabeske jenseits widergespiegelter Realität wie jenseits ganz von der Realität sich ablösender Vorstellungen aus Rausch und Droge. Freilich sollen den Mensch durch ›besondere Gerüche und Luftkompositionen‹ im poetischen Bereich ganz neue Empfindungs- und Vorstellungssphären geöffnet werden, die bislang außerhalb des Erfahrungshorizonts lagen: das ist das Ziel der phantastischen Konstruktionen, die immer lichtdurchflutet erscheinen und wenig nächtliches Dunkel verbreiten. »Neue - ganz neue - Bilder«: das ist nach Scheerbart der schmale Zauberweg, auf dem hinaus es möglich sein müßte, die fatale Kette ›Erde‹ - ›verhauenes Kunstwerk‹ - ›Disharmonie‹ zu sprengen. Das ganze gigantische Unternehmen des Dichters zielt auf die Entbindung einer neuen, weltgestaltenden Phantasie: sie zerlegt - rein spielerisch, scheint's - Welt und Natur, wie sie sind, in ihre Elemente und ›komponiert‹ die so gewonnenen Versatzstücke zu immer neuen, einander übersteigenden Ornamenten des Phantastischen. Das Erzählen als solches und die Sprache in ihrer grammatikalischen Ordnung bleiben davon unberührt. Die Romane haben eigentlich nie ein rechtes Ende, sondern sind untereinander als Glieder einer Kette im Prozeß entfesselter Bilder verhakt. Bei diesem auswuchernden Ornament-Stil, der sich ins endlose »und so weiter!« fortzusetzen scheint, der Uranfänglichstes mit Zukünftigstem, Stern Erde mit Stern Pallas, Reales mit Irrealem verquickt, verharrt Paul Scheerbart. Nicht mehr gestaltend, sondern nur noch sein Gestaltetes interpretierend, hat er den Schritt, der über diese Ornamente hinausführen könnte, gerade noch an-

gedeutet, wenn er mit der >Weltausstellung von Melbourne< seine eigene Dichtung so kennzeichnet:

Die Kaleidoskopornamentik übertrumpfte die symbolische, und die kecke Linienornamentik übertrumpfte die kaleidoskopische! Und in Schluchten sahen wir öfters hinein - in Schluchten, die einfach ins veritable Jenseits zu führen schienen.[9]

Erst in diesem »einfach« hätte man, wenn man so will, den Utopisten Paul Scheerbart, nun im doppelten Sinn des Phantastikers wie des Phantasten.
Carl Einstein spielt als Anreger der modernen deutschen Literatur des 20. Jahrhunderts eine ähnlich verdeckt-zentrale Rolle wie Scheerbart; es ist also legitim, beide Autoren in Parallele zu setzen und in ihrem unmittelbaren Vergleich Gleichläufigkeiten und Kontraste herauszuarbeiten. Daß das Phantastische für Einstein eine ähnlich fruchtbare Kategorie abgibt, hat Harald Wasmuth 1962 in seiner Neuausgabe von *Bebuquin oder die Dilettanten des Wunders* - erstveröffentlicht 1912 in Franz Pfemferts *Aktion* - herausgestellt, wenn er dieses für den Dichter und seinen literarischen Einfluß zentrale Werk wie folgt charakterisierte und dabei gleich auch weitere Koordinaten mitlieferte, unter denen sich die Phantastik Einsteins spezifiziert:

>Bebuquin< ist ein Buch, in dem das Phantastische zur Logik gemacht wird, wo das Phantastische Kausalität, Logik und Psychologie ersetzt. Formal versucht Carl Einstein im >Bebuquin< auf dem Gebiet der Literatur zu tun, was die Maler in den kubistischen Bildern mit der perspektivischen Bildordnung gemacht hatten; so wie man die Malweise der Kubisten aperspektivisch genannt hat (Jean Gebser), so könnte man >Bebuquin< alogisch und akausal nennen.[10]

---

9 A.a.O., S. 400.
10 Carl Einstein, *Bebuquin oder Die Dilettanten des Wunders*, hrsg. v. Ewald Wasmuth, Frankfurt a.M. 1962, S. 58. - In längerer Fassung ist das Nachwort Wasmuths April 1962 in der Zeitschrift *Der Monat* unter dem Titel *Die Dilettanten des Wunders - Versuch über Carl Einsteins Bebuquin* erschienen.

Sogar an direkten Interpolationsmöglichkeiten zwischen Einsteins Erzählung und Scheerbarts Romanen fehlt es nicht: »Wir müssen logisch komponieren, aus den logischen Figuren heraus wie Ornamentkünstler«, formuliert einleitend der Erzählheld Bebuquin und greift damit in einem einzigen Satz gleich zwei höchst markante Termini auf, die ich als für Scheerbarts Poetik bezeichnend herausgestellt habe. Und in späteren Erzählpassagen wendet sich die Titelfigur ausdrücklich gegen die Vorherrschaft der hergebrachten Vernünftigkeit und Logik, »soweit unsere Fähigkeiten auf sogenannte Tatsachen angewendet werden«, denn sie bedenken nur die »praktischen Bedürfnisse«, richten sich nach den Dingen und suchen diese »in übereinstimmenden, sich wiederholenden Beziehungen zu erhalten«: »Aber in mir ist so viel und gerade das Wertvollste, was über die Tatsache hinausgeht. Die materielle Welt und unsere Vorstellungen decken sich nie.« Auch Bebuquin plädiert deshalb für >Auflösungen< im Sinne Lichtenbergs und >neue - ganz neue - Bilder< im Sinne Scheerbarts:

Bisher wurde das Religiöse an den Tatsachen zur Groteske oder umgekehrt; aber vielleicht decken sich die Dinge nie, damit das Schöpferische nicht einschlafe. Gott, das Phantastische, die ganze unterdrückte, sprachlose Sensibilität wollen reden, wir sträuben uns gegen diese immer gleiche Auslese, die Welt muß sich uns verwandeln.[11]

Aufgenommen wird diese Perspektive von einer der Begleitfiguren, dem alten Böhm, der, wie es heißt, längst tot ist, aber >aus dem Kognak heraus< noch eine Weile auf Erden herumflunkert; der Sprecher selbst wird also in diesem Fall zur >phantastischen Existenz<, was die Forderung des >Umdenkens< der Welt nicht unwesentlich unterstreicht:

Sie sehen, meine silberne Gehirnschale ist asymmetrisch. Darin liegt meine Produktivität. Über den sich fortwährend verändernden Kombinationen verlieren Sie das unglückselige Gedächtnis für die Dinge und den peinlichen Hang zum Endgültigen. Was Sie bisher nicht zu denken wagten. Die

---

11 Einstein, *Bebuquin*, a.a.O., S. 43.

Welt ist das Mittel zum Denken. Es handelt sich nicht um Erkennen, das ist eine phantastische Tautologie. Hier geht es um Denken, Denken. Dadurch ändert sich die ganze Affäre, mein Herr. Genies handeln nie, oder sie handeln nur scheinbar. Ihr Zweck ist ein Gedanke, ein neuer, neuester Gedanke.[12]

Im Unterschied jedoch zu Scheerbart entwickelt sich die phantastische Qualität nicht mehr in der direkten Verlängerung solcher Sätze - mit Hilfe etwa des relativ traditionell gehandhabten Erzähler-Mediums oder berichtmäßiger Erzählformen, die das Extraordinäre bildhaft beschreibbar machen -, sondern dringt in die Erzählstruktur selbst ein und infiltriert sie. Das fängt bei der Schwierigkeit des Lesers an, sich der Figuren und Handlungen im Sinne herkömmlichen Erzählens zu versichern: bereits die knappe Andeutung, die ich zum alten Böhm gemacht habe, zeigt an, auf welche Schwierigkeiten man da stößt. Hinsichtlich einer ›positiven‹ Beschreibung des Vorgehens ist der Hinweis auf kubistische Malerei hilfreich, wie ihn Wasmuth gegeben hat. Gleich das erste Kapitel der Erzählung erlaubt es, diesen Hinweis zu konkretisieren und aus dem Text heraus zu belegen; die Szene spielt zwischen Nebukadnezar Böhm und Euphemia, der Türwächterin des »Museums zur billigen Erstarrnis«, neben einer »Bude der verzerrenden Spiegel«, die mehr zu Betrachtungen anregt »als die Worte von fünfzehn Professoren«, neben dem »Zirkus von der aufgehobenen Schwerkraft« und dem »Theater zur stummen Ekstase« eine der Hauptattraktionen jener seltsamen Jahrmarkts- und Zirkuswelt, die den Hintergrund abgibt:

Nebukadnezar neigte den Kopf über Euphemias massigen Busen. Ein Spiegel hing über ihm. Er sah, wie die Brüste sich in den feingeschliffenen Edelsteinplatten seines Kopfes zu mannigfachen fremden Formen teilten und blitzten, in Formen, wie sie ihm keine Wirklichkeit bisher zu geben vermochte. Das ziselierte Silber brach und verfeinerte das Glitzern der Gestalten. Nebukadnezar starrte in den Spiegel, sich gierig freuend, wie er die

12 A.a.O., S. 12.

Wirklichkeit gliedern konnte, wie seine Seele das Silber und die Steine waren, sein Auge der Spiegel.[13]

So gestaltet, kann das Spiegel-Motiv wirklich als literarisches Äquivalent zur Verkantung der Perspektiven im Kunst-Kubismus angesprochen werden - ein starker Gegensatz zur flächenhaften Ornamentik Scheerbarts, für die der Jugendstil die treffende Entsprechung abgibt. - Der zitierte Passus schließt:

> Dabei überkam ihn eine wilde Freude, daß ihm sein Gehirn aus Silber fast Unsterblichkeit verlieh, da es jede Erscheinung potenzierte, und er sein Denken ausschalten konnte, dank dem präzisen Schliff der Steine und der vollkommen logischen Ziselierung. Mit den Formen der Ziselierung konnte er sich eine neue Logik schaffen, derer sichtbare Symbole die Ritzen der Kapsel waren. Es vervielfachte seine Kraft, er glaubte in einer anderen, immer neuen Welt zu sein mit neuen Lüsten. Er begriff seine Gestalt im Tasten nicht mehr, die er fast vergessen, die sich in Schmerzen wand, da die gesehene Welt nicht mit ihr übereinstimmte.

Man sieht: der Autor braucht gar keine großen intra- und extraterrestrischen Exkursionen, um zu seinem Ziel zu kommen, es genügt ihm dieser »imaginierte Böhm«, der aus jeder Wand kommen kann, außerhalb jeder Regel ist, ein Allesverwirrer oder, wie Euphemia einmal formuliert, »ein grausamer Witz, eine phantastische Guillotine.«[14] Als erzählender Erfinder des Ganzen ist er selbst kaum aus anderem Stoff. Wasmuth spricht von ›vexierender‹ Raumgestaltung und erachtet - dabei eine Äußerung Einsteins über Beckfords *Vathek* aufnehmend - die Bindung der artistischen Imagination an die Laune des Spleens für charakteristisch: »Alles ist Traum, Rausch, ist Bild und Wirklichkeit zugleich.« Grundvoraussetzung dafür ist die Annahme ›vieler Logiken‹ und des Axioms, daß ›eine Sache zugleich wahr und falsch‹ sein kann: »es kommt auf den Standpunkt an.«[15] Oder es geht darum, noch einmal mit Einsteins

---

13 Dieses und das folgende Zitat: a.a.O., S. 7f.
14 A.a.O., S. 31.
15 A.a.O., S. 39f.

Äußerungen zu *Vathek* zu sprechen, in deren Zusammenhang die einzige Selbstäußerung zu *Bebuquin* liegt, geradezu deshalb zu schreiben, »um mit der Willkür die Kausalität zu beschämen.«[16]
Solche Anti-Kausalität gewinnt erzählerisch auf unterschiedliche Weise Gestalt, zum Beispiel als Irritation der >Geschlossenheit<, wenn es abrupt heißt: »Jetzt mag d'Annunzio weiterschreiben.«[17] Oder als Vermischung unterschiedlicher >Wirklichkeiten<:

Die Hetäre spannte ihren pfauenfarbenen Schirm auf, sprang wild ein paarmal in die Höhe, dann fügte sie sich in die Fläche einer Litfaßsäule. Sie war nur ein Plakat gewesen für die neueröffnete Animierkneipe >Essay<.[18]

Auch längere Erzählabschnitte folgen dem hier markierten Gesetz: Schatten mischen sich mit Fleisch und Blut, Märchenhaftes springt um ins Groteske, Wirkliches lebt aus unwirklicher Substanz heraus - und umgekehrt. Noch bedeutsamer erscheint mir allerdings, daß Einstein diese Art von Phantastik nicht auf den Fortgang der Erzählung, also die Leser-Imaginationen, die sich per Erzählduktus, Figurenkonstellation, Handlungsentwurf und dergleichen erreichen lassen, beschränkt, sondern bemüht ist, sie auch auf die Sprache selbst noch einwirken zu lassen. Und dabei geht es ihm nicht nur um die Sprengung bildlich-metaphorischer Konventionen, sondern wirklich um die Sprachstruktur. Wir finden jedenfalls in Einsteins *Bebuquin*, dessen Widmung für André Gide auf die Entstehungsjahre 1906/ 1909 verweist, Sätze, die so erst sehr viel später im Dadaismus und Surrealismus möglich wurden, als die Befreiung des Denkens aus dem Käfig der Vernunft ins Manifest gehoben wurde; ich gebe als Beispiel den Einsatz des *Sechsten Kapitels*:

16 A.a.O., S. 62.
17 A.a.O., S. 28.
18 A.a.O., S. 25.

Eine blaue Hutfeder Euphemias besoff sich blitzend im grünen Chartreuse. Bebuquin schaute mit seinem linken Bein in die Ecke der Bar, wo Heinrich Lippenknabe nachdenkerisch in der bronzierten Nabelhöhle einer Hetäre eine Orchidee arrangierte und sie mit Kognak begoß.
»Wer ist der Vater?« schrie die Büfettdame.[19]

Wir stoßen hier auf poetische Eskalationen, für die es bei Scheerbart schlichtweg keine Entsprechungen gibt. Als erste haben die Frühexpressionisten derlei Sätze, die bizarr ins Alogische gehen, begeistert aufgegriffen. Gottfried Benn hat sich noch 1944 gegenüber seinem Freund Oelze und 1948 gegenüber seinem Verleger Max Niedermayer zu Einsteins *Bebuquin* als einzigem Prosawerk ›absoluter Kunst‹ geäußert, das er neben André Gides *Paludes* anerkenne; ›absolut‹ wird dabei als anti-psychologisch und anti-episch gefaßt und mit Bezug auf die Sprachform folgendermaßen umrissen:

In jedem Satz muß alles stehn, er kann sich auf nichts außerhalb seiner selbst mehr beziehn, es gibt ja keinen Anfang und es gibt ja kein Ende, das wären ja Raum-Zeitvorstellungen aus einer anderen chaotischen Welt, er also muß sich selber ordnen, selber tragen, alles umschlingen, für alles stehn - er muß - um seinem Inneren zu genügen - absolut sein in jeder Chiffre, in jedem Wort.[20]

Als dadaistische Entsprechung denke ich an Hans Arp, Richard Huelsenbeck und Kurt Schwitters, in deren Werken sich ganz ähnliche phantastisch-gefügte Äußerungen finden lassen. Das futuristische Prinzip der Simultaneität aufnehmend, füllt man einzelne Sätze aus ganz unterschiedlichen und divergenten Sinnbezügen, bricht somit die grammatikalische Form in den merkwürdig-überraschenden Kontrasten ihrer semantischen Füllung. Einerseits handelt es sich also um die Herstellung von Widersinn, andererseits ums Flottmachen von Sprachkonstellationen, die bislang nicht formulierbar waren. Huelsenbeck, der aus dem Berliner Expressionismus kommt und ihm durch Dada hindurch verhaftet

---

19 A.a.O., S. 18f.
20 *Gottfried Benn - Dichter über ihre Dichtungen*, hrsg. v. Edgar Lohner, Wiesbaden 1951, S. 118f. u. 122f.

blieb, steht dabei dem zuletzt gegebenen *Bebuquin*-Zitat gerade auch in seiner stimmungsmäßigen Einfärbung am nächsten; ich gebe zur Illustration die Eingangszeilen aus *Ende der Welt*, dem wohl markantesten Poem der *Phantastischen Gebete* von 1916:

> Soweit ist es nun tatsächlich mit dieser Welt gekommen
> Auf den Telegraphenstangen sitzen die Kühe und spielen Schach
> So melancholisch singt der Kakadu unter den Röcken der
> spanischen Tänzerin
> wie ein Stabstrompeter
> und die Kanonen jammern
> den ganzen Tag
> Das ist die Landschaft in Lila von der Herr Mayer sprach als er
> das Auge verlor.[21]

Hans Arp nahm den Zufall zu Hilfe, um die Sprache aus ihrer Starre zu lösen; er ging dabei, wie er in einem Erinnerungsbericht anmerkt, von >sinnlosen Sprachspielen< aus, zerredete literarische Vorlagen, bis sie ihren Sinn verloren, setzte Automatismen als befreiende Hebel an und kam auf diese Weise poetisch in Bewegung. In der Selbstauslegung liegt er dabei - auf der neuen Ebene, die er gewinnt - wieder näher bei der utopisch-utopistischen Simplizität Scheerbarts als bei den durch spitzere Intellektualität, ironische Splittrigkeit, Zynismen etc. gekennzeichneten Destruktionsprozessen, die für Einstein und Huelsenbeck kennzeichnend sind:

Ich wanderte durch viele Dinge, Geschöpfe, Welten, und die Welt der Erscheinung begann zu gleiten, zu ziehen und sich zu verwandeln wie in den Märchen. Die Zimmer, Wälder, Wolken, Sterne, Hüte waren abwechselnd aus Eis, Erz, Nebel, Fleisch, Blut gebildet. Die Dinge begannen zu mir zu sprechen mit der lautlosen Stimme der Tiefe und Höhe.[22]

Faßt man die Einbeziehung des Zufalls ins künstlerische Arbeiten als Aufhebung der Blockade, die das Unbewußte hindert, in Erscheinung zu treten, läßt sich über Arp und

---

21 Richard Huelsenbeck, *Phantastische Gebete*, Zürich 1960, S. 45.
22 Hans Arp, *wortträume und schwarze sterne*, Wiesbaden 1953, S. 6.

seine Variante des Dadaismus der Bogen bis zu André Breton und den Pariser Surrealisten der zwanziger Jahre spannen. Diese Parallele ausschöpfen - wozu hier kein Raum mehr bleibt -, hieße dann freilich auch, die Grenze markieren, die Einstein an den Anfang der hier konstatierten Entwicklung setzt, ihr nah, aber doch nicht mit ihr identisch.

Es war meine Absicht, einen relativ engen Zirkel in der deutschen Literatur zwischen Jahrhundertwende und Ausbruch des Ersten Weltkriegs zu schlagen. Als Phantastiker wurden von mir zwei Autoren angesprochen, die in unterschiedlicher Weise ins Vorfeld der modernen deutschen Literaturbewegung gehören: gerade Zusammenhänge zwischen phantastischem Programm und moderner Poetik herzustellen, war deshalb mein Ziel. In diesem Sinne läßt sich der Schritt von Scheerbart zu Einstein als ein Entwicklungsmoment fassen, dessen sich die einschlägige Literaturgeschichtsschreibung rückversichern muß, wenn sie nicht dem Schema verfallen oder wie leerer Begriffswind über die Gegenstände dahinwehen will. Verdeckt habe ich aber auch - in mehr systematischer Hinsicht - generelle Unterscheidungsmöglichkeiten im Bereich des Phantastischen angesprochen. Indem ich einmal auf die >Enthemmung von Bildern<, das andere Mal auf die >Enthemmung der Sprache< abhob, suchte ich deutlich zu machen, daß phantastische Konzeptionen nicht nur zu ganz unterschiedlichen Themen und Stilfiguren, sondern eben auch zu ganz unterschiedlichen Sprachinfiltrationen führen können.

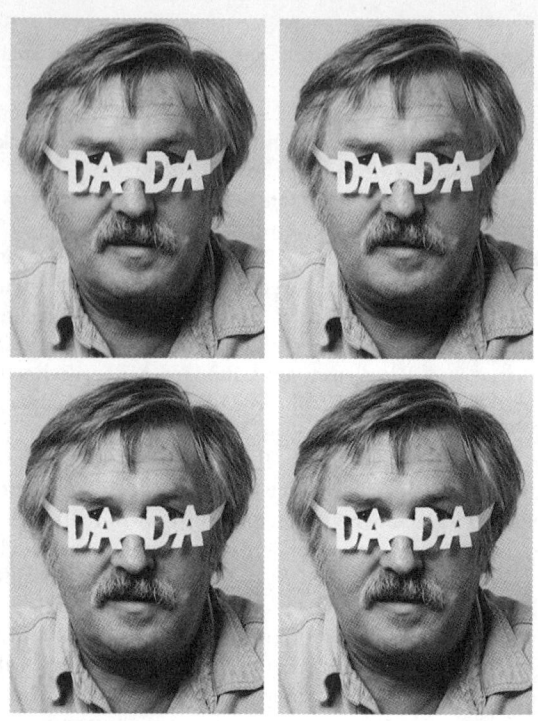

k.r.: dada-kopf (plagiat im quadrat)

FATAGAGA-DADA
Zur künstlerisch-literarischen Kooperation von Hans Arp und Max Ernst

Im Zeitschriftenflugblatt-Manifest *Dada in Tirol/Au grandair /Der Sängerkrieg* vom September 1921 stoßen wir neben Texten von Tristan Tzara, Philippe Soupault, Paul Eluard, Theodor Baargeld, G. Ribemont-Dessaignes, Hans Arp und Max Ernst auch auf das gemeinsam von Arp und Ernst abgefaßte Kurzpoem *s' Fatagagalied* - mit folgendem Wortlaut:

> Erblickest Erna du darin,
> Man's nur am Stiere findet;
> Verstehn muß es die stickerin,
> Wenn Erna draus verschwindet.[1]

Der Titel *Fatagaga* ist gleichzeitig unter die beiden Autorennamen gesetzt und signalisiert damit eine Art Gemeinschafts-Pseudonym - und dies zu Recht, hatten doch beide Künstler/Autoren bereits im Vorjahr mit gemeinsamen Collagen, in die Schriftelemente eingeschlossen waren, unter diesem Namen agiert, wie Ernst November 1920 in einem Brief an Tzara mitteilt, mit dem er im übrigen seit Dezember 1919 korrespondierte:

FaTaGaGa ist die von Arp u. mir lancierte Fabrication de Tableaux Gasométriques Garantis. Können Sie dem Klischierer beibringen, daß er die Nähte bei den geklebten Arbeiten in der Reproduktion verwischt (damit das Geheimnis der Fatagaga bewahrt bleibt!)[2]

---

1   Zit. nach dem Reprint in: Raoul Schrott, *Dada 21/22, Musikalische Fischsuppe mit Reiseeindrücken, Eine Dokumentation über die beiden Dadajahre in Tirol*, Innsbruck 1988, zwischen S. 80 und 81.
2   Werner Spies, *Max Ernst - Collagen, Inventar und Widerspruch*, Köln 1974, S. 68.

Ernst kannte Arp bereits aus der Zeit unmittelbar vor dem Ersten Weltkrieg; in seinen autobiographischen Notizen schildert er die erste Begegnung während der Ausstellung des *Deutschen Werkbundes*, die vom Mai bis zum Oktober 1914 in Köln lief und zu der Arp eigens aus der Schweiz angereist war: Ernst beobachtete ihn bei einer heftigen Auseinandersetzung, in die der junge Maler mit einem erregten Ausstellungsbesucher geraten war; er hält weiter fest, daß man sich öfters getroffen habe, auch mit Kölner Mädchen spazierengegangen sei, wie sie bereits Heine und Apollinaire »zu ihren herrlichen Gedichten inspiriert hatten«, und daß Arp aus seinen frühen Gedichten, »die später unter dem Titel *Die Wolkenpumpe* erschienen«, vorgelesen habe[3]; und zu seiner Abreise nach Paris unmittelbar vor Ausbruch des Krieges vermerkt er:

Die Legende will, daß der Zug in dem Augenblick über die Grenze fuhr, als diese geschlossen wurde, und zwar genau unter dem Abteil, wo Arp saß, daher seine gesplissene Persönlichkeit.[4]

Arp weilte 1920/21 dreimal in Köln: zum einen Anfang und Herbst des Jahres 1920, um den hier wohnenden und krank gewordenen Vater zu besuchen, zum anderen im Januar 1921 zu dessen Begräbnis. Der Herbstbesuch 1920 erfolgte in etwa zu dem Zeitpunkt, zu dem Ernst den eben zitierten Brief an Tzara schickte, dem er Beiträge für den geplanten *Dadaglobe* beilegte, darunter die eben annoncierten *Fatagaga*-Arbeiten. Werner Spies vertritt die Auffassung, daß bei diesen Gemeinschaftsarbeiten die Collagen Max Ernst, die Texte hingegen Hans Arp zuzuordnen sind; Details ermittelte er aus der Analyse einzelner Arbeiten, die sich erhalten haben, sowie aus Resten der nicht zustandegekommenen *Dadaglobe*-Publikation aus dem Nachlaß Tzaras, hier auch einige Texte, zu denen die zugehörigen Collagen

---

3   John Russell, *Max Ernst, Leben und Werk*, Köln 1966, S. 29.
4   *Ausstellungskatalog Max Ernst*, Retrospektive 1979, München 1979, S. 132.

verlorengegangen sind: »Eines Tages«, so Georges Hugnet aus der Erinnerung heraus 1932, »sagt Arp angesichts einiger Collagen von Max Ernst, er wünsche, er hätte sie selbst gemacht. Darauf schlug Ernst ihm vor, sie mit ihm zusammen zu signieren. Aus diesem Pakt gebar Dada eine ganze Reihe von Collagen als Gemeinschaftsarbeiten, die man >Fatagaga< nannte«.[5] Aus einer Notiz Ernsts über sich selbst - »Seine Fatagaga-Werke sind auch stumm lieferbar, das heißt also ohne Unterschrift«[6] - folgert er, daß dieser die Bezeichnung auch ganz allein für sich beansprucht habe, um so ganz eigene seiner Collage-Arbeiten zu bezeichnen.

Die ersten *Fatagaga*-Arbeiten führen den Kreations-Hinweis: »FAbrication de TAbleaux GAsométriques GArantie« (Fabrikation garantiert gasometrischer Bilder). Aus den jeweils ersten Buchstaben der einzelnen Worte, die denn auch in Versalien gedruckt sind, ergibt sich zwangsläufig der Name »FATAGAGA«. Bei der Mehrzahl dieser Arbeiten handelte es sich nun aber aus der Feder Arps bzw. Arps und Ernsts nicht etwa nur um knappe Untertitel, sondern fast durchweg um längere, ausgesprochen literarische Texte, so daß man fast von einem Gleichgewicht zwischen Collage und Text zu sprechen hat - so der Fall etwa bei *physiomythologisches diluvialbild*:

Einem alten diebsgebrauch folgend deponiert der dadaist arp seine exkremente am fuße der leiter. die uhrenvögel zeigen schon 11 uhr an. ohne trichter steigen die meerkamele aus dem wasser. die besessene greisin auf dem afterast gehört zum räderwerk, aber die frauen der vielfarbigkeit bewegen die winde durch freiturnen. die dadaisten gehen von dem gesichtspunkt aus, daß ein vogelfuß nichts schaden kann.[7]

---

5   Französisch bei Georges Hugnet: *L'esprit Dada dans la peinture*. III. Cologne et Hanovre, in: *Cahiers d'Art* (Paris), 1932, Nr. 8-10, S. 358 ff.
6   *Max Ernst*, in: *Das junge Rheinland*, Düsseldorf, Heft 2, November 1921, zit. nach: Schrott, a.a.O., S. 56.
7   Spies, *Max Ernst - Collagen*, a.a.O., S. 188.

Le troisième tableau gazométrique - das dritte *Fatagaga*-Bild - trägt die Beschriftung:

> hier ist noch alles in der schwebe / es ist noch keine 2 uhr / niemand dachte noch an die 2 ferdinis mit ihren fliegenden keulen und hüten (immer noch auf der höhe!) hier wird die armada zum ersten mal definitiv geschlagen / der regenbogenfresser hatte abgesagt / der darmdampfer und der skelettfisch entschlossen sich z. aufbruch.[8]

Neben diesen Untertitelungen, die ganz offensichtlich aus der Feder von Hans Arp stammen, gibt es auch solche von Max Ernst oder beiden zusammen, zum Beispiel:

> er erfand das elastische gymnasium und schuf eine reihe wohlgelungener modelle von vorsündflutlichen maschinchen, welche wohl dazu angetan sein dürften, den alten volkstümlichen aberglauben von luthers seekuh, mahomeds mammutauge und bergsons riesenhirsch endgültig auszurotten. dazu ein hantelbüchlein nebst leitfaden für fröhliches wandern a) roh, b) in feinem weißen karton sorgfältig verdreht, die angegebene doppelseitigkeit der erfindung läßt eine glückliche kombination von rechen- und malunterricht zu (dieses kreuz der kleinen!)[9]

Das ist aufschlußreich - in dieser und jener Hinsicht! Wenn es stimmt, daß Arp zu den Collagen Ernsts - mit Ausnahme eines Fotoporträts von Sophie Taeuber für *physiomythologisches diluvialbild* - nichts beigesteuert hat, so gilt dies in umgekehrter Richtung nicht auch für Arps Texte; im Gegenteil: die zitierten Beispiele zeigen ja gerade eine große poetologische Affinität zwischen beiden Autoren, so daß man sie in ihren Produktionen verwechseln könnte, wenn nicht die Unterschriften eindeutige Zuweisungen möglich machten. Dies bestätigt im übrigen von Ernsts Seite aus auch jenes weitere Gedicht, das er mit eigenem Solonamen in das *Tirol*-Manifest gerückt hat:

---

8 A.a.O., S. 191.
9 A.a.O., S. 66.

Die Wasserprobe

Hierbei wird die Faust geballt
Daß der frosch zu boden knallt
Hier die Magd die motten putzt
Daß der wind die dämpfe stutzt

Hierbei wird ein dampf verschluckt
Daß der greise bammel zuckt
Daß der warmen fische ei
Knall und fall ins einerlei[10]

Die Ähnlichkeiten mit Texten Arps liegen auf der Hand. Es spricht also nichts dagegen, daß Ernst und Arp, als sie sich am 18. August 1921 mit Tristan Tzara, Paul Eluard, Theodor Baargeld und seinem Bruder >Heini< in Tirol treffen und Anfang September an ihr gemeinsames Flugblatt machen, das sie am 16. August Hans Arp zu seinem fünfunddreißigsten Geburtstag überreichen, sich ihrer Kölner *Fatagaga*-Aktivitäten nicht nur erinnerten, sondern sie auch reaktivierten, aufs neue auffrischten, auch was den über Dada-Köln vermittelten Rückblick auf Dada-Zürich anging. In eben diesem Flugblatt bestätigt Arp ja in einer eingerückten - höchst ironischen und in sich absurden - >Deklaration<, daß in den verflossenen Züricher *Cabaret Voltaire*-Tagen Tzara der Erfinder des Wortes >Dada< gewesen sei:

Ich erkläre, daß Tristan Tzara das Wort DADA am 8. Februar 1916 um 6 Uhr abends eingefallen ist; ich war mit meinen 12 Kindern dabei, als Tzara zum ersten Mal dieses Wort aussprach, das in uns eine berechtigte Begeisterung auslöste. Dies ereignete sich im Café Terrasse zu Zürich, und ich trug gerade eine Brioche im linken Nasenloch. Ich bin überzeugt, daß dieses Wort gänzlich unbedeutend ist und daß sich nur Schwachsinnige und spanische Professoren für nähere Angaben interessieren. Was uns interessiert, ist die dadaistische Geisteshaltung, und wir waren alle schon dada, bevor es dada gab.[11]

---

10 Schrott, *Dada 21/22*, a.a.O., zwischen S. 80 und 81.
11 A.a.O., zwischen S. 80 und 81.

Es liegt deshalb nah, von Dada-Tarrenz (bei Imst) in Tirol generell den Bogen zurück auf Dada-Zürich und auf Dada-Köln zu schlagen: beim *Sängerkrieg in Tirol* handelt es sich sozusagen um die Thematisierung dieser Erinnerungs-, Rekapitulations- und wohl auch Auflösungs-Perspektive aus alpenländischer Sicht. Was >Fatagaga< angeht, kommen mir deshalb auch noch andere Lesarten als die unmittelbar oder mittelbar aus der Abkürzung von >FAbrication de TAbleaux GAsométriques GArantie< abgeleitete. Als erste übernehme ich eine Überlegung, die Stefanie Poley in ihrem Katalog-Aufsatz *Max Ernst und Hans Arp 1914-1921* daraufhin angestellt hat, daß ein solcher Fabrikationshinweis, wie er hier gegeben wird, wohl auch analog zur >Anonymen Gesellschaft zur Erforschung des dadaistischen Wortschatzes< gesehen werden kann, der in Zürich als Gemeinschaftsverfasser von Simultangedichten neben Arp und Tzara auch Walter Serner angehörte. Ich meinerseits erinnere mich daran, daß man »fata« auch als einen Zitatbestandteil aus Hugo Balls wohl berühmtestem und für Dada-Zürich zentralem Lautgedicht *Die Karawane* lesen kann, wo es etwa in der Mitte des Textes, nach mehrfachem «blago bung» heißt: bosso fataka.[12] Kappt man dem »fataka« das >ka< und ersetzt es durch das angehängte >gaga<, so hat man eine ganz direkte Kontrafaktur zu >dada<, denn nach dem Französischen bedeutet >gaga< bekanntlich so viel wie >bekloppt<; man kennt es auch aus der niederen deutschen Redewendung >Du bist ja gaga<, mit der man ausdrücken will: >Du hast'se ja nicht alle<.

Daß der Rückverweis auf die Züricher Lautpoesie so entlegen nicht ist, wie es den ersten Anschein hat, läßt sich weiter damit belegen, daß Arp sein eigenes Lautpoem *Die Schwalbenhode* mit in das Tirol-Flugblatt eingebracht und so selbst eine Assoziationsmarke gesetzt hat. - Da ja beide Künstler das Gymnasium besuchten, könnte man natürlich auch an den Plural von >fatum< (lat. Schicksal) denken,

---

12   Hugo Ball, *Die Flucht aus der Zeit*, Luzern 1946, S. 24ff.

käme also mit Anspielung auf die ›bösen Zeiten‹ der unmittelbaren Nachkriegssituation auf ›Schicksalsgaga‹.
Die offizielle Lesart und meine spontanen Lesart-Versionen müssen sich nicht widersprechen, ging es doch den Dadaisten generell und speziell Hans Arp oft um Doppel- und Dreifachdeutigkeiten, Bedeutungsambivalenzen und gezielte Sinnverhüllungen. Der Titel als solcher agierte also bereits als eine solche Verrätselung - und dazu paßte dann, daß sich auch das vierzeilige Gedicht als nichts weiter denn ein Rätsel präsentierte, wie man es dazumal in der ›Rätselecke‹ der Zeitung oder in eigenen Rätselbüchern finden mochte, die aus dem neunzehnten Jahrhundert heraus einen festen Bestandteil bürgerlicher Im-Haus- und Außer-Haus-Unterhaltung bildeten. Freilich handelt es sich hier um ein Rätsel, das in besonderer Weise mit der Sprache spielt und eine Lösung nur ermöglicht, wenn man sich auf das Spiel der Worte und Buchstaben einläßt.
Dies ist aber bereits bei einem anderen - vorauslaufend abgedruckten - Text des ›Tirol‹-Manifests der Fall, in dem Hans Arp noch sehr viel direkter, als es für das *Fatagagalied* gilt, auf solche Rätsel-Literatur rekurriert bzw. ihren ganz spezifischen Anweisungscharakter imitiert:

Der anfang des fadens bei diesem knäuel ist zwischen L und E, von hier geht der faden auf O (unten rechts), von hier auf das D links etc.; folgt man nun den windungen des fadens bis zum ende desselben, so geben die gefundenen und aneinandergereihten buchstaben die worte: ›O du goldene jugendzeit!‹ Auflösung des fadenlabyrinthrätsels S. 500.
Die alpensure.
Die notdurft der vulkane.
Die honorare der okkulten kurse.
Die bisse in die trebertürme.
Die geschälten monde.
Die leydernen hasen.
Die emaillierten keime.
Die engelstränke.
Die rebusglocke.
Der flügge gewordene sprechsaal.
Einzahl mehrzahl rübezahl.
Die das monogramm bildenden buchstaben sind mit sternchen geziert, und zwar in verschiedener anzahl. Ordnet man die buchstaben arithmetisch nach

der zahl dieser sterne, so ergibt sich der name: Newton. Auflösung des
magischen monogramms S. 501.
Die glyzeringetränkten leitern lehnen gegen die papierdolmen.
Die grimassen der sterne sind auf die flügel gepaust.
Die kopierrädchen laufen über die schnittmuster der tiere.[13]

Hier wird jedoch das Anleitungsschema solcher Rätsel nur
eben angedeutet, um aus ihm eigenwillige Formulierungen
zu generieren, die man sich sehr wohl auch als Unterschriften zu Bildern - wohl auch zu Bildern von Max Ernst
- denken könnte. Dem korrespondiert andererseits, daß dieser in *die ungeschlagene fustanella* die Textur von Strickanleitungen aufnimmt, um seinerseits zu verblüffenden
Resultaten zu kommen:

Häkeln sie einen ringmeter luft einmal als ersatz eines stäbchens einmal
als aufschlitz ihres porphyr lapislazuli und sie werden sich allen
anordnungen ihres p.t. herrn direktors ungebrochenen herzens fügen
können. Die dritte und vierte reihe wiederholt man noch zweimal, damit
die blättchen sich hübsch wundern.[14]

Das *Fatagagalied* hingegen ist geradezu ein direktes Rätselzitat, ein zitiertes Text-objet-trouvé, seinem literarischen
Stellenwert nach jenem programmatischen, allerdings erst
1922 entstandenen *i-Gedicht* von Kurt Schwitters vergleichbar, das als direkt zitierter Schreibanleitungstext ebenso
unmittelbar einer Schulfibel entnommen war. Die Auflösung dieses Rätsels hat Raoul Schrott in *Dada 21/22* im
Anschluß an einige vorausgeschickte Verse, die bei der
Entzifferung Hilfestellung leisten sollen, wie folgt formuliert:

ERNAGRAMM

Er ist das nasntier im eck
geritten von der nachtsirene
die unterm kainstern singt ein ce

---

13 Schrott, *Dada 21/22*, a.a.O., zwischen S. 80 und 81.
14 A.a.O., zwischen S. 80 u. 81.

> Er liebt die nackten reitsnecken
> die in ihrem nestei auf dem reck
> nach stein und anistrecken ackern
>
> Es kennen ihn die tircken an der nase
> in der ratsecke am inn
> ist er der nicker im senat

Falls Ihnen das auch nicht weiterhilft, so versuchen Sie es doch mit der Trennung des Wortes ›sticken‹ links von der Mitte und fügen dann die ›Erna‹ ein: Jawohl! STIERNACKEN![15]

›Ernagramm‹ verweist auf ›Anagramm‹ - und in der Tat hat das angeschlagene Rätselverfahren etwas Buchstaben- bzw. Wortsilben-Suchbildhaftes: im Lösungswort verbergen sich die beiden Worte, die das Rätselgedicht anspricht, und zwar so, daß sich das Wort ›sticken‹ automatisch ergibt, wenn man die vier Buchstaben von ›Erna‹ herausnimmt und die Lücke schließt. Das Wort ›Stiernacken‹ ist das Lösungswort; aber erst durch die Rätselaufgabe wird man auf das Versteckspiel, das die Worte ›Erna‹ und ›sticken‹ in ihm treiben, aufmerksam. Ich lese deshalb dieses Rätsel als einen unmittelbaren Reflex auf das Versteckspiel, das Arp und Ernst unter dem Signet ›Fatagaga‹ getrieben haben - im Tiroler Herbst 1921 erinnern sie sich ihrer gemeinsamen Kölner *Fatagaga*-Aktivitäten, apostrophieren sie im Gedicht und enthüllen die Eigenart ihres kooperativen Zusammenspiels, indem sie es rätselhaft verbergen. In diesem Sinne ist das Rätselgedicht explizit als ein Analogon auf den Titel des Gedichts zu lesen - etwa in dem Sinn, daß sich Hans Arp und Max Ernst in ›Fatagaga‹ wiederfinden lassen wie ›Erna‹ und ›sticken‹ im ›Stiernacken‹.
Künstlerische Kooperationen sind aber nun im Dadaismus generell keine Seltenheit, sondern geradezu ein charakteristisches Spezifikum: Arps und Ernsts *Fatagaga*-Arbeiten sind deshalb vor einem breiteren Hintergrund zu diskutieren und gewinnen vor ihm noch einmal eine eigene Kontur. Im

---

15 A.a.O., zwischen S. 80 und 81.

Züricher *Cabaret Voltaire* war Hans Arp, der bereits mit Sophie Taeuber zu malerisch-plastischen Kooperationen zusammengefunden hatte und überhaupt dazu tendierte, das ›Eigenwillige, Persönliche‹ aufzulösen, um zur ›wahren Kollektivität‹ zu gelangen[16], an Vorführungen von Simultangedichten beteiligt, bei denen mehrere Sprecher »gleichzeitig sprechen, singen, pfeifen oder dergleichen«: derlei Poemata wollen, wie Ball formuliert, »die Verschlungenheit des Menschen in den mechanistischen Prozeß verdeutlichen«; in typischer Verkürzung zeigen sie »den Widerstreit der vox humana mit einer sie bedrohenden, verstrickenden und zerstörenden Welt, deren Takt und Geräuschablauf unentrinnbar sind«[17]. Diese knappe Charakterisierung macht deutlich, daß es hier um einen Anstoß ›von außen‹ ging, d.h. um eine Reaktion auf den gesellschaftlichen und zivilisatorischen Destruktionsprozeß, der im Ersten Weltkrieg seine grellsten Bilder gefunden hatte. Daneben hat Hugo Ball in seiner *Flucht aus der Zeit* jedoch auch noch andere Formen der künstlerischen Zusammenarbeit festgehalten, besonders einschlägig für unseren Fall folgende Eintragung zum 15. Juni 1916:

Hülsenbeck kommt, um auf der Maschine seine neuesten Verse abzuschreiben. Bei jeder zweiten Vokabel wendet er den Kopf und sagt: ›Oder ist das etwa von Dir?‹ Ich schlage scherzhaft vor, jeder solle ein alphabetisches Verzeichnis seiner geprägtesten Sternbilder und Satzteile anfertigen, damit das Produzieren ungestört vonstatten gehe; denn auch ich sitze, fremde Vokabeln und Assoziationen abwehrend, auf der Fensterbank, kritzle und schaue dem Schreiner zu, der unten im Hof mit seinen Särgen hantiert. Wenn man genau sein wollte: zwei Drittel der wunderbar klagenden Worte, denen kein Menschengemüt widerstehen mag, stammen aus uralten Zaubertexten. Die Verwendung von ›Sigeln‹, von magisch erfüllten fliegenden Worten und Klangfiguren kennzeichnet unsere gemeinsame Art zu dichten. Solcherlei Wortbilder, wenn sie gelungen sind, graben sich unwiderstehlich und mit hypnotischer Macht dem Gedächtnis ein, und ebenso unwiderstehlich und reibungslos tauchen sie aus dem Gedächtnis wieder auf. Ich erlebe es häufig, daß Leute, die

---

16 Hans Arp: *Unsern täglichen Traum*, Zürich 1955, S. 24 ff.
17 Ball, *Die Flucht aus der Zeit*, a.a.O., S. 80.

unvorbereitet unsere Abende besuchten, von einem einzelnen Wort oder Satzglied derart beeindruckt wurden, daß es sie wochenlang nicht mehr verließ. Gerade bei lässigen oder apathischen Menschen, deren Widerstand gering ist, entwickelt sich diese Art Plage. Hülsenbecks Götzengebet und einzelne Kapitel meines Romans wirken so.[18]

Darf man, frage ich mich, diesen Fall von künstlerischer Kooperation auf Arp und Ernst übertragen - wenn auch nicht in allen Einzelheiten, so doch dem Prinzip nach? Wenn mich nicht alles täuscht, schwingen in den Formulierungen Balls einige Wendungen mit, die so auch von Arp stammen könnten oder auf ihn anwendbar wären - etwa die »geprägtesten Sternbilder« oder der Hinweis auf die »uralten Zaubertexte«. Wenn es aber so war, daß sich in den Kölner Begegnungen zwischen Arp und Ernst ein ähnlich korrespondierendes Verhältnis herstellte, wie es Ball für sich und Hülsenbeck konstatiert, dann geht es gar nicht so sehr um die Frage, ob Ernst mehr oder weniger allein als Collageur >Fatagagist< war und Arp mehr oder weniger ausschließlich als Texteur, sondern darum, in welcher Weise sich beide in >Fatagaga< trafen und in diesem Begriff, den sie ostentativ unter ihre Namen setzten, ihre Individualitäten aufgaben, also verwechselbar wurden. Raoul Schrott bringt dies in *Dada 21/22, Musikalische Fischsuppe mit Reiseeindrücken* - seiner *Dokumentation über die beiden Dadajahre in Tirol* - auf folgenden Nenner:

Der dadistische Mythos der FATAGAGA war jener Grund, auf dem der elementare Humor Arps und Ernsts sezierender Geist sich treffen konnten: in der Fata Morgana der Vorspiegelungen einer dadaistischen (Gaga)-Fee, die sowohl in einem >Gasometer< die Gase der Illusion beinhaltete, sie aber ebenso auf ihre Konsistenz hin >gasometrisch< untersuchte. Das FATAGAGALIED im TIROL-Manifest zeugt von diesem mehrbödigen Vexierspiel zwischen Realität und Vorstellung.[19]

18 A.a.O., S. 93f.
19 Diese und die nachfolgenden Zitate: Schrott, *Dada 21/22*, a.a.O., S. 38.

Wenn dem so ist, wie hier formuliert, dann verwundert nicht, daß wir neben den aufgeführten Gemeinsamkeiten in *Fatagaga* tatsächlich auch noch auf gemeinsame geschriebene Biographien stoßen. So jedenfalls der Fall in den Artikeln *Der Arp* und *Max Ernst*, die am 6. September 1921 in der >Unterhaltungsbeilage zum Kölner Tageblatt< und am 2. November 1921 in der Zeitschrift *Das junge Rheinland* erschienen; und so dann auch in den Artikeln *Der Dadamax* und *Der Baargeld*. Den *Arp*-Artikel eröffnet die Feststellung, aufgrund seiner »plastischen Arbeiten« sei »zunächst ein Berg in der Schweiz nach ihm benannt worden«: »Später wurde Arp von den Dadaisten zu einem Stern im Einhorn erhoben (zwischen Kleinem Hund und Orion). Jetzt ist er bescheidener geworden und gibt sich schon zufrieden, wenn die Menschen in einigen Jahren von seinen kleinen lenkbaren Kunstwerken auf Spaziergängen begleitet werden«.[20] Dem schließen sich weitere Würdigungen wie die an, daß Picasso angefangen habe, ihn wegen seiner »kühnen Zeichnungen und Holzschnitte« als den »größten Graphiker der Gegenwart« anzusprechen, und daß seine Gedichte, die wohl »zum Kühnsten und Unerhörtesten an Phantastik zählen«, zwischenzeitlich in der Schweiz »bis in die letzten Volksschichten« eingedrungen seien:

Ja sein >Sankt Ziegensack springt aus dem Ei< wird als Lied in den Volksschulen von Zürich bis Genf gesungen. In der >Wolkenpumpe< (...) und dem >Vogel selbdritt< (...) gelangte er zu den letzten Realisationen seiner unerhörten Lebendigkeit. Machen wir die Momentaufnahme von einem Längsschnitt quer durch seine Originalphantasie, so finden wir darin vermengt einen Meersalat Zaubersprüche, dazu die Bräute der Taucher nebst ihren Hermaphroditen, dazu das vernehmliche Rattern der Hühner mitsamt ihren kleinen Eiern, dazu die uralte Feindschaft der Rothäute, Kardinäle und Purpurschnecken. Dem Reichtum seiner Vorstellungswelt entsprudelnd, ist seine Sprache bunt, präzis, sinnlich, phantastisch und stets anschaulich bis zur Portraitähnlichkeit.

---

20 A.a.O., S. 56.

Doch exakt in dem Augenblick, in dem an dieser Stelle des
Textes von »Originalphantasie« und »Portraitähnlichkeit«
die Rede ist, schließt sich - quasi als Korrektur-Eingriff zur
rechten Zeit - der Hinweis auf Köln, die Kölner Dadaisten
und dann natürlich gleich auch auf *Fatagaga* an:

Mit den Kölner Dadaisten Baargeld, Max Ernst und der Baronin Armada
von Duldgedalzen verbindet ihn eine alte Freundschaft. Mit Kandinsky (zu
dessen Münchener Zeit) und Hugo Ball stand er in lebhaftem
Ideenaustausch. In Paris war er mit Picasso eng befreundet, später in der
Schweiz mit Picabia, Tzara und Sophie Taeuber. In gemeinsamer Arbeit mit
Max Ernst gründete er 1920 die Fatagaga (....), deren Erzeugnisse in Genf,
Paris und New York einen gewaltigen Enthusiasmus hervorriefen, während
sie in deutschen Ausstellungen bisher keine lebhafte Aufnahme gefunden haben. -
Augenblicklich ist Arp mit den Vorbereitungen für eine Expedition in das
Innere von Portugiesisch-Afrika beschäftigt.

Wenn hier Max Ernst die Feder geführt oder entscheidend
mitgeführt hat, so - umgekehrt - Hans Arp für den Artikel
Der Dadamax, angefangen bei »Sein fleisch wächst ihm in
den schuh«, »Er legt wenigstens zwölfmal pro tag den alten
adam ab« oder »Er mauert die buchstaben lebendig ein«:

Schon von kindesbeinen an steigen aus seinem mund riesengroße köpfe aus
bunter luft. im leeren verbinden sie sich mit dünnen fäden und netzen
untereinander. aus ihnen sinkt das menschliche großherz humorvoll durch
einen schlauch. Nach einem autodidaktischen leben mit dito
galaschlangenkopf stößt er einige eier ab und ruft ceterum censeo
expressionismum esse delendam.
Es gelingt ihm vermittelst egopolen blumenschnüren hahnenkämmen und
der von füchsen abgelassenen luft die horizonte zu verstopfen.
Nun setzt er sich mit einem hut aus wasserleitungsröhren auf ein
bimssteinsofa und erfindet das bekannte papageienrepoussoir. er nimmt
einen mamageien zerstampft ihn bis die mama sich vom papa scheidet und
die geien als brei frei werden streicht sodann den erhaltenen über einen
flammenden reifen.
Mit dem fersengeld einer maus von milo hilft er sich weiter er benäht die
wiese oder aue mit kleinen gräbern miauenden schwarzen aus kohle
gezimmerten löwenherden gelb gestreiften gezeiten schnäbelnden fall-
schirmen waidwunden zwergen die schwämme der makkabäer in säcken die
bärte der flaschen in seidenen kleidern die spunde in marmornen bäuchen

die wetterleuchtenden diözesen voll goldener narrenpritschen die muskelspiele in der talsohlen.[21]

Mit dem Wortspiel von >mamagei< und >papagei< und >geien<, die als >brei< frei werden, erinnert der Text an das Rätselspiel des *Fatagagaliedes*, wenn auch auf versetzter Ebene; im übrigen aber hat es den Anschein, als habe Arp die Person des Freundes nur deshalb hergenommen, ihr seine ganz eigene und inzwischen für ihn charakteristische, unter den Freunden bekannte und von ihnen immer wieder zitierte Poetik unterzuschieben, um mit ihrer Hilfe dann doch den >Dadamax< Max Ernst zu treffen, sprich: zu porträtieren. Das collagierende Prinzip, also die Bewunderung Arps für die Collagen Max Ernsts, die am Anfang ihrer beider Begegnung stand und *Fatagaga* initiierte, ist dabei ganz in den Text hinübergenommen und findet in ihm - übers Prinzip der dargestellten Hin- und Widerspiegelung - eine adäquate Entsprechung.

---

21   A.a.O., S. 57.

Zum Verhältnis von >Tradition< und >Moderne<
Literarische Adaptionen bei Kurt Schwitters

Von Raoul Hausmann haben wir folgenden - anekdotischen Bericht über die Entstehung der *Ursonate*: zur Initialzündung sei es nach der >Prager Soiree< des Jahres 1921 gekommen, die »kein Skandal«, sondern ein »großer Erfolg« gewesen sei. Auf der Rückreise habe man in Lobositz (in Böhmen) Station gemacht, und hier habe Schwitters auf das von Hausmann in Prag rezitierte Lautgedicht *fmsbwtözäu* zu reagieren begonnen: »Kurt begann gleich morgens: fmsbwtözäu, pgiff, pgiff, mü - er ließ den ganzen Tag nicht mehr locker. (...) Dies war der Ausgangspunkt für seine >Ursonate<. / Erst trug Schwitters mein Gedicht im >Sturm< als >Portrait Raoul Hausmann< vor, später, gegen 1923, hatte er es stark ausgebaut in 50facher Wiederholung und endlich 1932 hatte er das Scherzo >lanke trrgll< und andere Teile dazu erfunden und das Ganze als >Urlautsonate< in seinem >MERZ< Nr. 24 veröffentlicht«[1]. - Nach dem Zweiten Weltkrieg, als sich zwischen ihm und Schwitters ein Briefwechsel von Frankreich nach England anspann, der im wesentlichen um die Herausgabe einer experimentellen Zeitschrift mit dem Titel *Pin* kreiste, ließ sich Hausmann diesen Sachverhalt noch einmal ausdrücklich bestätigen; in gleich drei Briefen unterstreicht Schwitters: »In Zürich kommt ein Buch heraus mit 6 deutschen und 6 französischen Dichtern. Mrs. Giedion. Sie sandte mir die Korrektur. Ich schrieb zurück, da sie über meine Ursonate schrieb, daß sie schreiben solle, daß die Ursonate >entstanden ist als Variation von einer Melodie

---

[1] Raoul Hausmann, *Am Anfang war Dada*, hrsg. von Günter Kämpf und Karl Riha, Steinbach b. Gießen 1972, S. 66ff.

von Hausmann: FMMSBWTCU, PGFF. MÜ<«, »(...) in meiner Sonate nach Deinem Gedicht FF MMS BW TCU war derselbe Geist, den Du hier (im konzipierten Nachwort zu PIN) so wunderbar ausgedrückt hast« und schließlich »Du bist ein wirklicher Dadaist. (...) Ich war Dadaist, ohne die Absicht zu haben, einer zu sein. Tatsächlich bin ich Merz. Und Merz machte eine Ursonate symphonischer Art aus Deinem Dada-Gedicht«[2].

In seinem Aufsatz *Zur Geschichte des Lautgedichts* unterscheidet Hausmann drei Tendenzen, die man sauber auseinanderhalten müsse: Die erste betreffe »das Finden durch Zufall oder fortschreitende Entwicklung«, die zweite stelle die »Schöpfung einer neuen Art Dichtung« dar und beruhe auf »Überzeugung und Theorie«, die dritte sei die »Anwendung der beiden ersten Kategorien mit pragmatischem Ziel, durch Nachahmung«[3]. Offensichtlich reklamierte Hausmann für sich den Anspruch des Erfinders, während Schwitters sich selbst mit der Rolle des >Nachahmers< beschied, jedenfalls für seine *Ursonate* einräumte, daß er einen Anstoß, den ihm Hausmann gegeben hatte, aufgegriffen und in unterschiedlicher Weise weiterentwickelt habe. Dabei setzt er sich als MERZ-Künstler gegen >Dada< ab und verbindet die MERZ-Idee eng mit der angerissenen Adaptions-Problematik. Zunächst zitiert (rezitiert) er ja den Hausmann-Text, indem er ihn als *Portrait Raoul Hausmann* auf diesen zurückspiegelt, dann weitet er ihn aus der Kurzform zur »Ursonate symphonischer Art«, also aus dem >einfachen Element< zur komplizierten >Großkomposition< aus.

Ich gebe im folgenden quer durch das literarische Werk von Kurt Schwitters einige zeitversetzte und ihrer Qualität nach voneinander unterschiedene Beispiele für dieses MERZ- oder VERMERZUNGS-Verfahren: für eine Art Dichtung

---

2   Kurt Schwitters, *Wir spielen, bis uns der Tod abholt, Briefe aus fünf Jahrzehnten*, hrsg. von Ernst Nündel, Frankfurt/Main, Berlin, Wien 1975, S. 245, S. 258, S. 265.

3   Hausmann, *Am Anfang war Dada*, a.a.O., S. 35.

also, für welche die Benutzung einer vorgegebenen literarischen Vorlage konstitutiv ist. Dabei spielt zunächst die Herkunft dieser Vorlage eine gewisse Rolle, dann aber vor allem die Richtung ihrer Rückspiegelung wie ihrer Veränderung, ihrer - wenn man so sagen will - gezielten Mutation ...

In seinen lyrischen Anfängen ist Schwitters - sieht man von einigen noch stärker konventionellen Versen ab - durch den sogenannten *Sturm*-Expressionismus in der Art August Stramms, durch die >Wortkunst<-Bewegung Herwarth Waldens geprägt. Seine erste Kontur als MERZ-Künstler gewinnt er aber, indem er sich aus dieser Fixierung löst. Das sprechende Paradigma ist in diesem Fall das mit dem Namen des Dichters fast synonym gewordene *Anna Blume*-Gedicht. Es liest sich - betrachtet wie vorgeschlagen - als ein distanzierender Response auf eigene *Sturm*-Gedichte, wobei das selbstparodistische Moment nicht unwesentlich durch die Art und Weise bestimmt ist, in welcher das *Anna Blume*-Sujet gefunden, entdeckt und irritierend einbezogen wird. Durch den Freund Christof Spengemann, der in seiner *Wahrheit über Anna Blume* von 1920 darauf hinweist, daß Schwitters den Namen direkt aus der Schmiererei »auf einer Planke«, also aus einer anonymen Inschrift übernommen hat, wie man sie immer wieder auf Häusern und Wänden der Städte von Kinder- oder protestlerischer Erwachsenenhand finden kann. Es handelt sich also bei >Anna Blume< - von der Poetik her gesprochen - um den Einbruch eines trivialen Sprach-Fundstücks in eine markante Stillage, die dadurch gebrochen und quasi nur noch zitiert wird.

Spengemann merkt an: Bereits 1919, kurz nachdem er seinen Aufsatz über den Künstler für die Zeitschrift *Cicerone* fertig hatte, habe er ein neues MERZbild bei Schwitters entdeckt - auffällig durch die quere Inschrift »Anna Blume hat einen Vogel«. Diese Worte, so die genauere Einlassung, seien dem Künstler wohl während der Arbeit eingefallen, nachdem er sie zuvor »an einer Planke gelesen hatte«: »Sie mußten ihn in ihrer Naivität berühren. / Daß er sie auf sein Bild schrieb, daß sie Bildteil wurden, ganz sinnlos, war wohl das Echo, das auf das Herüberschallen sinnlosen Zeitgeschehens aus ihm ertönte«[4]. Hier also liegt der Ursprung der *Anna Blume*-Dichtung! Aus der zitierenden Einspielung ist vom Bild zum Gedicht hin - eine >Andichtung< an das imaginäre Frauenzimmer geworden: der *Sturm*-expressionistische Gestus, noch zu fassen in der Automatik des »Du, Deiner, Dich, Dir«, wird gebrochen und entlastend relativiert. Dafür finden sich - zeitlich parallel - auch noch andere Beispiele, so etwa das folgende: »Du meiner, ich deiner, wir mir / (Und Sonne Unendlichkeit lichten die Sterne) / Offener Brief an Herrn Martin Frehsee. / Sehr geehrter Herr! / Angenommen, Sie hätten 27 Sinne (ich wünsche sie Ihnen ja gern) oder auch nur ein paar mehr als 5 (wie Sie es sich selber zu wünschen scheinen), dann hätten Sie vielleicht auch einen Sinn für Kunst dabei«[5]. Aus ihrer spezifischen Konzentration entlassen, beginnen die Partikel des durch die >Wortkunst<-Methode bestimmten Gedichts zu schweben und können sich nun frei mit allen möglichen anderen Elementen verbinden. In diesem Sinne spricht Spengemann davon, daß Schwitters kein >Dadaist< sei, denn er wolle ja die Kunst nicht vernichten, sondern versuche, sie durch Heiterkeit zu verjüngen: »Er übernimmt Worte, Sätze, - irgendwoher, die ihm, nicht dem Sinne - aber der Klangwirkung nach, in seine Äußerungen passen«; »Anna Blume, die nie Geschaute, wurde ihm« auf diese Weise »zu einer Vorstellung, zu einem Symbol. Nehmen wir an, es sei das Leben, die Zeit«.

Mit dieser - hier nur knapp angedeuteten - Loslösung aus dem Bann der markanten expressionistischen Stilrichtung markiert der *Anna Blume*-Text einen wichtigen Schritt in der Entwicklung des Dichters Kurt Schwitters zum MERZ-dichter hin; daß es sich dabei um keinen Endpunkt, sondern

---

4   Dieses und das folgende Zitat: Christof Spengemann, *Die Wahrheit über Anna Blume*, Hannover 1920, Reprint, hrsg. von Karl Riha, Hannover
5   Kurt Schwitters, *Das literarische Werk*, hrsg. von Friedhelm Lach, Bd. 5: *Manifeste und kritische Prosa*, Köln 1981, S. 47.

gewissermaßen nur um einen neuen Anfangspunkt handelt, belegen zahlreiche Anspielungen auf das »ungezähmte Frauenzimmer« in unterschiedlichsten Kontexten, darunter die unmittelbar im Zusammenhang mit dem Original entstandenen Verse unter dem Titel *Nennen Sie es Ausschlachtung*:

Anna Blume ist die Stimmung, direkt vor und direkt nach dem Zubettgehen.
Anna Blume ist die Dame neben Dir.
Anna Blume ist das einzige Gefühl für Liebe, dessen Du überhaupt fähig bist
Anna Blume bist Du
Anna Blume ausschlachten heißt Dich schlachten
Bist Du schon einmal geschlachtet worden?
Anna Blume schlachten heißt Dich ausschlachten
Du läßt Dich gern ausschlachten?
Schlachte Anna Blume, die Stimmung vor dem Zubettgehen
Schlachte Anna Blume, die Dame neben Dir
Anna Blume schlachten, ist die einzige Ausschlachtung, deren Du überhaupt fähig bist
Wenn Du nicht zufällig, Merz wolle Dich bewahren, ein ganz unfähiger Mensch sein solltest[6].

Betrachten wir im folgenden einige weitere - und weiterführende - Beispiele solcher literarischen Adaption! Dabei bleibt zunächst der Trivial- und Banalbereich, aus dem »Anna Blume hat einen Vogel« geschöpft ist, bestimmend. Das *i-Gedicht*[7], mit dem sich Schwitters den Weg zur optischen Poesie bahnt, ist jedenfalls nichts weiter als das wort- und bildgetreue Zitat aus einem Schreibanleitungsbuch für Schüler:

6   A.a.O., Bd. 1: *Lyrik*, Köln 1973, S. 64.
7   A.a.O., S. 206.

Und ähnlich verhält es sich mit *Altes Lautgedicht*[8]:

```
HHH    HH    HH    HHH
         HHH
     HHH         HHH
          AAA
   O la la la   O A   O A      la la
```
Plinius (i.J. 1847.)

– auch hier gibt der Untertitel die Richtung an. >Plinius (i.J. 1847)<: das verweist auf die volkstümliche satirische Karikaturpresse, deren Entstehung aufs engste mit der unmittelbaren Vormärz-Periode vor der bürgerlichen Revolution von 1848/49 verbunden ist; sie hat, ins Humoristische gebrochen, eine lange Nachgeschichte bis zur Jahrhundertwende und über sie hinaus. Das Pseudonym >Plinius< bzw. >Plinius der Jüngste< verweist auf den Schriftsteller Oskar Ludwig Bernhard Wolff (1799-1851), dessen Veröffentlichungen eng mit der >Eindeutschung< der grotesken Karikaturen Grandvilles und eben mit den Anfängen der *Fliegenden Blätter* verquickt sind, deren Mitarbeiter er war. Dieser Presse ist das präsentierte Fundstück entnommen; dabei zielt der Titel *Altes Lautgedicht* in doppelte Richtung: zum einen düpiert er den Modernisten, der sich selbst als Entdecker dieser »neuen Gattung von Versen« ausgibt, zum anderen weitet er die Vorgeschichte der Moderne zurück ins neunzehnte Jahrhundert tatsächlich aus und belegt, daß sich dort im unterströmigen Kunst- und Kulturbereich zahlreiche Entsprechungen zu ganz modernen, ja sogar extrem experimentellen Verfahrensweisen nachweisen lassen. So präfiguriert das Lautgedicht, dessen programmatische Propagierung wir gemeinhin mit dem Futurismus und dem Züricher >Cabaret Voltaire< verbinden, also die

---

8   A.a.O., S. 210.

radikale Reduktion des Gedichts noch hinter das Wort zurück auf die Laut- und Buchstabenelemente der Sprache, am unerwarteten historischen Ort: - eine Entdeckung mit einiger Sprengkraft, und nicht nur in puncto der zeitlichen Trennungslinie zwischen >Tradition< und >Moderne<, die man in aller Regel ins erste Jahrzehnt unseres Jahrhunderts legt.

Das folgende Paradigma verdanke ich einem Zufallsfund! Als Walther Wengg anfangs der zwanziger Jahre Schwitters' inzwischen populär gewordene *Anna Blume* unter die Beiträge seines *Das schiefe Podium* betitelten *Bunten Brettlbuchs* aufnahm, kam der Text neben ein Stück des Chanson- und Schlagertexters Robert Steidl zu stehen: auf *Wenn du denkst, der Mond geht unter, der geht nich' unter, das scheint bloß so* und *Manyla, Exotisches Liebes-, Freud- und Leidweh* folgt als drittes Exempel eben noch das *Wiedersehn mit Vater Rhein*. Ihm entspricht nun - geradezu als spontane Reaktion - ein Prosastück von Kurt Schwitters, das Friedhelm Lach in seiner Werkausgabe zwar auf 1927 datiert hat, dessen Entstehung aber wohl auch etwas früher liegen kann. Ich gebe, um den Vergleich herzustellen, beide Texte im direkten Nacheinander:

Robert Steidl: *Wiedersehn mit Vater Rhein*

Nach sieben langen Jahren sah wieder ich den Rhein,
Es floß dahin - wie früher - so stark, so wunderfein!
Ich wähnte ihn zu schauen, verdrossen durch den Krieg,
Geduckt vor der Besetzung, scheu vor der Republik?
Sah wohl manch' fremden Wimpel, der sonst nicht darauf geweht,
Er trieb die grünen Wogen in alter Majestät.
Einmal - vielleicht im Grimme - er gar gewaltig schwoll,
Doch hat er sich besonnen - s'kommt doch, wie's kommen soll!
So übt der alte Recke getreu die alte Pflicht,
Er weiß, er darf nicht rasten - ein Streiken kennt er nicht!
Kann er nicht so uns Deutschen, wie stets ein Vorbild sein?
Er trägt die schwersten Lasten und bleibt der stolze Rhein?[9]

---

9 *Das schiefe Podium, Ein buntes Brettlbuch*, hrsg. von Walter Wengg, Berlin 1922, S. 100.

Kurt Schwitters: *Vater Rhein*

Eigentlich ist der Vater Rhein gar kein Vater, sondern ein Fluß. Auf dem Rückgrat dieses Vaters, oder längs seiner Bauchlinie, oder wie Sie wollen, da fahren Dampfer, die nennt man Rheindampfer, teils deutsche, teils niederländische. Auch die großen Elbkähne verkehren auf seinem Rücken. Quer über den Vater führen Brücken, teils für den Fuß- und Wagenverkehr, teils für die Eisenbahn. In diesem Falle ist das Betreten des Bahnkörpers verboten. Man kann den Bahnkörper befahren, wie etwa den Körper des Vaters Rhein. Letzteren kann man auch beschwimmen; das Betreten des letzteren ist nur im Winter gestattet. Der Vater liegt wie alle Flüsse in seinem Bett. Das Bett besteht teilweise aus flachem Ufer, teilweise aus Bergrücken, die wiederum teilweise mit Wein, teilweise mit Burgen bepflanzt sind. Manchmal haben die Burgen ganz schreckliche Namen, manchmal heißen sie einfach Maus wie die entzückenden kleinen Mädchen. Meine eigene Frau heißt nämlich auch Maus. Manche trutzt der Neuzeit noch, manche hat der Franzose schon lange zerstört. Es ist die Lebensaufgabe des Franzosen, die Burgen am Bette des Vaters Rhein zu zerstören. Wer solls auch sonst tun, er ist der nächste. Die Weinberge sind am Rhein mit kleinen gardinenförmigen Mauern waagerecht aufgeteilt, ganz anders als an der Ahr, wo sie mehr kubistisch gestaltet sind. So hat jede Gegend ihre Eigenarten. Man besingt alles am Rhein. Wie es eine Gegend der Denker und Geistesheroen in Weimar gibt, so gibt es in Berlin eine Gegend der Börsianer, in Hamburg eine Gegend der Kaufleute und am Rhein eine Gegend der Sänger. Jeder singt dort, gleichgültig, ob er kann oder nicht. Man singt einzeln und scharenweise. Wenn die Stimme nicht so schlecht ist, höre ich Einzelgesang noch lieber. Sonst ist für einen harmlosen Passanten, der nur Natur genießen will, das Singen bedeutend störender als der Geist in Weimar, die Börse in Berlin oder der Handel in Hamburg, weil es so laut ist. Wenn der Wein im Rhein-, Ahr- oder Moseltale gewachsen ist, heißt er Rhein-, Ahr- oder Moselwein. Der Rheinwein muß der beste sein, denn es heißt: er wäre der Himmel auf Erden, wenn ein Rheinisches Mädchen dabei wäre, und soviel kann die alleine auch nicht ausmachen. Übrigens ist der Vater Rhein Deutschlands Strom und nicht Deutschlands Grenze, das können Sie schon auf jeder Landkarte finden. Ein Vater kann schlecht eine Grenze sein, dann eher schon ein Strom. Ich selbst bin ja auch Vater gewesen. Irgendwo hat man einem on dit zufolge sehr unpraktischerweise eine Krone in den Rhein versenkt. Wer die zufällig findet, der wird noch zur selbigen Stund in Aachen zum Kaiser von der Donau bis zum Belt gekrönt. Übrigens ein einfaches Mittel, um unseren Kaiser wiederzubekommen. Es muß wohl ein tadelloser Luftverkehr von jener Stelle bis nach Aachen sein, daß er so schnell hinkommt, oder in Aachen gehen die Uhren nach, das wäre auch denkbar. Von der neuen Zeit, die wir auch schon heute haben, merkt man am Rhein so arg viel nicht. Das kommt davon, daß alle Berge mit der Fahrradpumpe jeden Sommer einmal aufgepustet werden. Dann konservieren sich die Sagen gut. Alles ist sagenumwoben. Die einzelnen Spinnwebfänden sind oft meterdick. Donnerwetter![10]

Das Wörtlichnehmen der Vorlage diktiert in diesem Fall den ersten Schritt des MERZkünstlers: dabei entwickelt sich aus der Kritik der Metapher >Vater Rhein< eine eigene vorwärtstreibende Sprachlogik bzw. -alogik, die den parodistischen Anlaß weit hinter sich läßt. Gegen die Negation der Metapher, die der Einleitungssatz auf die prompte Formel bringt, eigentlich sei der >Vater Rhein< gar kein >Vater<, sondern ein >Fluß<, bleibt deren Bildimpuls sozusagen stehen und arbeitet sich in den Text hinein ab: das ergibt paradoxe Effekte! Der >Vater< wird in seiner ganzen Körperlichkeit eingebracht, und so ist von seinem >Rückgrat< und seiner >Bauchlinie< die Rede, oder er rückt einfach als Wort an die Stelle von >Fluß< und >Strom<; deshalb heißt es: »Quer über den Vater führen Brücken (...)«. Mit dem Stichwort >Bahnkörper< setzt ein analoger Klärungs- und Verunklärungsprozeß ein. Nachdem der Leser erst einmal darauf eingestellt ist, genügt es, weitere Metaphern im Umkreis der eingeschlagenen Thematik nur noch anzutippen, wie es etwa der Fall ist, wenn es heißt: »Der Vater liegt wie alle Flüsse in seinem Bett«. Die Ausweitung der Geographie auf Berge und Burgen, auf die »Börse in Berlin« den »Handel in Hamburg« und den »Geist von Weimar« erfolgt nach demselben Prinzip der Verlebendigung von Redensarten und Vorstellungsklischees, die seltsam aktiviert erscheinen und in dieser Aktivierung eine eigene - distanzierte - Komik gewinnen: »Es ist die Lebensaufgabe des Franzosen, die Burgen am Bette des Vaters Rhein zu zerstören. Wer solls auch sonst tun, er ist der nächste«. Der Bogen, der sich weiterspannt, reicht vom rheinischen Liedgut mit >rheinischem Mädel< und >Himmel auf Erden< bis hin zum nationalen Sagengut und zur nationalen Phrase von der >deutschen Grenze<. Hier

---

10 Schwitters, *Das literarische Werk*, a.a.O., Bd. 2: *Prosa 1918-1930*, Köln 1974, S. 313f.

nimmt Schwitters die Eingangsdifferenzierung wieder auf und wendet sie neu an: »Ein Vater kann schlecht eine Grenze sein, dann eher schon ein Strom. Ich selbst bin ja auch Vater gewesen«. Er bleibt also strikt in der angeschlagenen Sprachdifferenzierung, zusätzlich dadurch kompliziert, daß er nun auch noch sich selbst als >Vater< einbringt. Das Ganze endet damit, daß die hier zitierte Sprachlandschaft noch einmal eigens als >Bild< gestaltet wird: »Von der neuen Zeit, die wir auch schon heute haben, merkt man am Rhein so arg viel nicht. Das kommt davon, daß alle Berge mit der Fahrradpumpe jeden Sommer einmal aufgepustet werden. Dann konservieren sich die Sagen gut. Alles ist sagenumwoben. Die einzelnen Spinnwebfäden sind oft meterdick. Donnerwetter!«

Es handelt sich, wie man sieht - und eben dies sollte die Paraphrase des Textes noch einmal deutlich machen - , um ein durchgezogenes Sprachspiel mit metaphorischen Redewendungen, die gerade dadurch aufgebrochen werden, daß sie der Autor scheinbar >ganz ernst< nimmt. Der Impuls ähnelt dabei dem der zeitgenössischen Sprachkritik, die in Karl Kraus ihren Protagonisten hat, das konkrete Textverfahren steht aber näher zu Karl Valentin und dessen >Volksdada<, wie unlängst der Titel einer Ausstellung und sie begleitenden Katalog-Publikation lautete[11]. Man vergleiche daraufhin dessen Parodie auf Carl Loewes populäre, früh auf der Schallplatte reproduzierte Ballade *Die Uhr*: »Ich trage, wo ich gehe, stets eine Uhr bei mir (...)«[12]. Mit seiner satirischen Pointe zielt Valentin darauf, »auch« er habe einmal Streit mit einem Uhrmacher wegen einer Taschenuhr gehabt. Mit ihr bringt er die Vorlage auf ein ganz falsches Geleis und entspricht ihr doch auf fatale Weise exakt, denn natürlich ist die schmerzhafte Prozedur mit der »altmodischen Wanduhr«, die einen Nagel in der

---

11 Vgl.: *Karl Valentin, Volkssänger? Dadaist?*, hrsg. von Wolfgang Till, München 1982.
12 Karl Valentin, *Sturzflüge in den Zuschauerraum*, Stuttgart, Hamburg 1969, S. 42f.

Brust notwendig macht, um mitgeführt werden zu können, eine bissige Replik auf den Ausgangstext. Eine Art generelle Zeit-Negierung ist es, wenn der Vortragende bei seinem Vortrag gar nicht von der Stelle kommt, sondern bei der markanten ersten Zeile hängen bleibt, wobei er sich immer wieder durch Abschweifungen unterbricht. - Daß der Vergleich mit dem Münchener Volkskomiker weiter führt, als es zunächst den Anschein zu haben scheint, läßt sich durch verschiedene Textparallelen wie etwa das *Alphabet von hinten* des einen und *Alphabet von vorn* des anderen oder aber durch den Hinweis stützen, daß sich in der schmalen Bibliothek Karl Valentins auch ein Exemplar von Schwitters' *Anna Blume* fand. Diese Parallelität mit der avantgardistischen Moderne ist für Valentin so frappant wie für Schwitters die Rückbindung an die Tradition des sprachspielerischen Volkshumors, wie er sich im neunzehnten Jahrhundert konstituierte, aber unterströmig lebendig blieb und literarische Impulse ausstrahlte.

Zum Abschluß tatsächlich ein >Balladen<-Beispiel - *Die Nixe*![13]

Kurt Schwitters, *Die Nixe, Ballade*

Es war einmal ein Mann, der gung
In eines Flusses Niederung.
Der Tanz der grünlich krausen Wellen
Tat seines Geistes Licht erhellen.

Am Ufer gluckste es so hohl,
Wohl einmol, zwomol, hundertmol;
Und auf des Flusses Busen brannte
Ein Glanz, den jener Mann nicht kannte.

Da dachte jener klug und schlicht:
>Ich weiß nicht, doch da stimmt was nicht!<
Und guckte ohne auszusetzen
Auf die verwunschenen Wellenfetzen.

---

13 Schwitters, *Das literarische Werk*, Bd. 1, a.a.O., S. 137f.

Auf einmal gab es einen Ton,
Und aus dem Wasser hob sich schon
Mit infernalischem Geflimmer
Ein blondes, nacktes Frauenzimmer.

Die hatte hinten irgendwo
Den Schwanz, gewachsen am Popo;
Dagegen fehlten ihr die Beine
Das Mädchen hatte eben keine.

Sie steckte sich in ihr Gesicht
Ein Lächeln, das ins Herze sticht
Und stützte lockend ihre Hände
Auf ihres Schwanzes Silberlende.

Dem Mann am Ufer wurde schwach;
Er dachte: >Oh<, und dachte: >Ach!<
Und ohne groß sich zu bedenken,
Wollt er ihr seine Liebe schenken.

Dem Mädchen in der Niederung
War seine Liebe nicht genung;
Sie winkte, statt sich zu erbarmen,
Dem Mann mit ihren beiden Armen.

Da bebberte der arme Mann,
Wie nur ein Starker bebbern kann;
Und senkte sich mit einem Sprung
Hinunter in die Niederung.

Da sitzt er nun und hat den Arm
Gebogen um der Nixe Charme;
Und wenn ein andrer kommt gegangen,
So wird er ebenso gefangen.

Das Gedicht ist im Herbst des Jahres 1942 entstanden. Schwitters lebte zu diesem Zeitpunkt schon das dritte Jahr im englischen Exil, in das er aus Norwegen vor den deutschen Truppen geflüchtet war. Nach anderthalbjähriger Internierung ließ er sich Ende 1941 in London nieder. »Ich bin frei, wie ein Vogel im Wasser«, schrieb er zu diesem Zeitpunkt an einen Bekannten, den er mit »Lieber, herziger

Herr Herz« anredet, »und möchte gern singen«[14]: er offerierte ihm Texte für ein potentielles literarisches Kabarett. Eben jetzt, Herbst 1942, unternahm er zu Landschaftsmalereien, mit denen er seinen Unterhalt bestritt, einen ersten Ausflug in den Lake District, >eine romantische Landschaft mit Seen und Flüssen, (...) schon damals ein beliebtes Ausflugsgebiet<, wohin er 1945 - zusammen mit seiner englischen Freundin Edith Thomas (genannt >Wantee<), die er bereits 1941 kennengelernt hatte - endgültig übersiedelte. An seine Frau Helma schreibt er über diesen ersten Besuch: »14 Tage bin ich gewandert und habe Motive gesucht, nun beginne ich zu malen. Es sind herrliche Landschaften, besonders in der beginnenden Herbstfärbung. (...) Es ist nass überall, und ich laufe in meinen Stiefeln, mit Regenmantel und wasserdichtem Hut«[15].

Diese biographischen Daten sind dem Text freilich nicht inhärent; sie treten von außen hinzu und legen ihn - allenfalls dem Umriß nach - fest. Auf den ersten Blick erkennbar aber ist die inhaltliche und formale Anlehnung an Goethes klassische Ballade *Der Fischer*, jedenfalls im Hauptmotiv der Wassernixe und ihres >Menschenraubes<:

> Das Wasser rauscht', das Wasser schwoll,
> Netzt' ihm den nackten Fuß;
> Sein Herz wuchs ihm so sehnsuchtsvoll,
> Wie bei der Liebsten Gruß.
> Sie sprach zu ihm, sie sang zu ihm;
> Da war's um ihn geschehn:
> Halb zog sie ihn, halb sank er hin
> Und ward nicht mehr gesehn.[16]

Der Angler hat sich bei Schwitters allerdings in einen einfachen Spaziergänger oder Wanderer verwandelt. Damit entfällt das Rachemotiv, das bei Goethe die balladeske

---

14   Schwitters, *Wir spielen, bis uns der Tod abholt*, a.a.O., S. 171.
15   A.a.O., S. 172.
16   Johann Wolfgang Goethe, *Hamburger Ausgabe*, Bd.1, S. 153f.

Handlung initiiert und überhaupt erst in Gang setzt: das »feuchte Weib« rächt ja seine Fischlein-Brut, die der Frevler »mit Menschenwitz und Menschenlist« hinauf in die »Todesglut« zu ziehen sucht. Das Auftauchen des blonden, nackten Frauenzimmers ist also bei Schwitters reichlich zufällig, wenn man davon absieht, daß es sich - sprachlich konsequent - um die Inkarnation jenes Glanzes dreht, den »jener Mann« auf des »Flusses Busen« - eine Parallelbildung zu ›Meerbusen‹ - entbrennen sieht. Natürlich bleibt dann auch die ganze naturmagische Überformung, die der Balladenhandlung bei Goethe erst ihren vollen Sinn gibt, bei dem MERZdichter ohne rechte Entsprechung. Das Wasser, in dem sich Sonne und Mond spiegeln und »wellenatmend« ihr Gesicht doppelt schöner herkehren - Vorbereitung der eigentümlichen Lockung, die das »feuchtverklärte Blau« auf den Fischer ausübt, der sich, ein moderner Narziß, in ihm spiegelt - , reduziert sich auf »verwunschne Wellenfetzen«. Und auch in der Schlußpointe weicht Schwitters markant von Goethe ab: statt ihn ans Element hinzugeben und verschwinden zu lassen (»und ward nicht mehr gesehen«), läßt er den Helden in der Umarmungspose erstarren und setzt ihn als warnendes Exempel fürs nachfolgende Opfer, das sich vom Nixenvamp bestricken lassen wird.

Trotz der direkten und gezielten Abweichungen handelt es sich um keine Satire auf Goethes *Fischer*-Ballade, jedenfalls nicht im Sinne jener parodistischen Kontrafakturen, wie sie im Jungen Deutschland und in der Vormärz-Literatur der politischen und ästhetischen Kritik am Klassiker entwuchsen und eine eigene Kontinuität bis in unsere unmittelbare literarische Gegenwart behielten[17]. Wir haben es vielmehr mit einer in ihrer und durch ihre Absurdität relativ freien Analogie zu tun, für die dann schon eher jene scherzhaften Klassiker-Zitate ein historisches Analogon abgeben, wie

---

[17] Vgl. zu Goethes *Fischer*-Ballade etwa *Aus der Mappe eines Rezensenten der Zukunftspoesie*, in: *Fliegende Blätter*, Nr. 897, S. 81ff.

man sie - zeitlich parallel - in der Karikatur und in den humoristisch-satirischen Zeitschriften des späten neunzehnten Jahrhunderts als stehende Sparte finden kann. Einen gewissen Höhepunkt bildet hier Edwin von Bormanns 1885 in den *Fliegenden Blättern* gedruckte *Goethe-Quintessenz*:

> Wenn ihr's nicht fühlt, ihr werdet's nicht erjagen;
> Der Page lief, man sieht doch wo und wie.
> Was hör' ich draußen? Fräulein, darf ich's wagen?
> Grau, teurer Freund, ist alle Theorie.
> Heißt mich nicht reden, schwankende Gestalten!
> Man merkt die Absicht, dunkler Ehrenmann!
> Durch Feld und Wald laßt mir herein den Alten;
> Ich kenne dich, du siehst mich lächelnd an.
>
> Er sah ihn stürzen, himmlisches Behagen!
> Der Knabe kam und ward nicht mehr geseh'n.
> Die Sonne sinkt, du mußt es dreimal sagen -
> Dies ist die Art, mit Hexen umzugeh'n.
> Der Geist der Medizin ist leicht zu fassen,
> Von Zeit zu Zeit seh' ich den Alten gern.
> Es muß sich dabei doch was denken lassen?!
> Ergo bibamus! ist des Pudels Kern.[18]

Vordergründig dominant ist bei Schwitters jedoch eine elementare Sprachkomik. Sie tritt als Wortkomik - mit »Schwanzes Silberlende« schafft der Dichter eine Ersatzfunktion für die fehlenden Beine der Nixe - , Reimkomik - ich verweise auf die falsche Flektion von ›gehen‹ (zu ›gung‹), um den Gleichklang mit ›Niederung‹ herzustellen - , Bildkomik - zum Beispiel der um den ›Charme‹ der Nixe gebogene Arm des ›armen Mannes‹ in der letzten Strophe - , und schließlich Sinnkomik - faßbar in der gegenständlich genommenen Redewendung ›Liebe schenken‹ - zutage.
Trotz des offensichtlichen Goethe-Bezugs erhält die *Ballade* ihren richtigen Stellenwert im übrigen erst im Gesamtzusammenhang der literarischen Werke von Kurt Schwitters

---

[18] Edwin Bormann, *Goethe-Quintessenz, allen citatenbedürftigen Gemüthern gewidmet*, in: *Fliegende Blätter*, Bd. 83, S. 190.

und innerhalb der Bewegung der Moderne, der er angehört und mit seinem MERZ-Dada markiert hat. Neben dem Broterwerb durch Porträts und Landschaften rekurrierte Schwitters entschieden auf seine abstrakte Malerei vor dem Zweiten Weltkrieg; noch einmal machte er sich an einen MERZbau. Ähnlich suchte er als Dichter den Rückbezug auf jene literarischen Innovationen, die ihn zunächst zum Anhänger der *Sturm*-Expressionisten gemacht und dann in die Nähe der Dadaisten gerückt hatten: im Aufgreifen und Fortführen dieser Impulse hatte er bereits zu Beginn der zwanziger Jahre betont experimentelle Positionen ausgeprägt; er tendierte, wie ich gezeigt habe, zum Laut- und Bildgedicht. Ein anderer Strang des Werks - darunter an exponierter Stelle *An Anna Blume* - setzte jedoch bei konventionellen Formen an und variierte sie in skurriler bzw. absurder Weise. Wie Hans Arps *Kaspar* an den herkömmlichen Gedichttypus der >Totenklage< - sprich: >Elegie< - anknüpfte, so Schwitters mit *An Anna Blume* an Struktur und Bildlichkeit herkömmlicher Liebeslyrik. Seit den späteren zwanziger Jahren häuften sich diese abgeleiteten und aus der Ableitung heraus transformierten Texte, deren Spektrum vom Sprichwort bis zum Schlager reicht: sie bilden - werkgeschichtlich gesehen - die unmittelbare Voraussetzung für unsere *Nixen*-Ballade.
Eine klassische Ballade als Ausgangspunkt, humoristischer Sprach-Nonsense à la Wilhelm Busch, Lewis Carroll oder Christian Morgenstern als Mittel der Auflösung und Veränderung! Man muß diesen Vorgang aber noch einmal auf Dada bzw. MERZ hin spiegeln, weil er erst so in seiner ganz eigenen Kontur hervortritt. Das eigentümliche Changieren von Sinn und Unsinn, auf das die nonsensicalische Umsetzung der Goethe-Ballade hinausläuft, führt zur Entwertung des Ausgangsmaterials im Sinne seiner historischen Festlegung; sogar die als parodistisches Instrument benutzte Stillage löst sich aus ihrer historischen Kontur, verliert ihre Zweckgebundenheit und setzt ein freies Spiel in Bewegung: das Akzeptieren des Absurden in seiner sprachspielerischen Paradoxie. Während sich der Maler Schwitters

in seinen Collage- und Montagearbeiten der Materialien der unkünstlerischen Welt bediente, stützt er sich hier auf triviale oder trivial gewordene Kunsttraditionen, befreit sie aber ebenso aus ihren festen Wertigkeiten, wie er es auf dem anderen Kunstterrain mit seinen von der Straße aufgelesenen Fundstücken tat: der Abwertung, dem Verschleiß entzogen, erheben sie sich damit zu überraschend neuen Ausdrucksmitteln - ein Vorgang, der seinem poetologischen Stellenwert nach sicher ebenso zentral anzusetzen ist wie der Schritt in die Abstraktion oder der Drang zum Elementaren, für welche Schwitters an anderer Stelle einsteht. Im Sinne dieser Argumentation konnte Schwitters in seinem Essay *Konsequente Dichtkunst* geradezu von einem Umsprung der klassischen in die moderne, in die dadaistische Position sprechen: »Die gesamte klassische Dichtung wirkt um so verrückter, je weniger die Absicht zum Dadaismus vorhanden war«[19].

Einleitend hatte ich versucht, die *Nixen*-Ballade der Biographie des Autors zuzuordnen; wichtig war mir dabei, daß sich ihm zum Zeitpunkt ihrer Entstehung nach den Beschwernissen der Internierung ein Gefühl neuer Freiheit eröffnete, das sich in der Rückkehr bzw. in der Fortführung der experimentellen Schreibweise entladen konnte. Sie aber stand für Schwitters seit jeher im Zeichen seiner Auffassung von Kunst, die von der Wirklichkeit abstrahierte und sich als ein schwereloses Spiel gerade von jenem Material, das sie einbezog, unabhängig zu machen suchte. In seinen Briefen, die er nach dem Zweiten Weltkrieg mit unterschiedlichen Freunden wechselte - darunter die Korrespondenz mit Raoul Hausmann, von der ich kurz gesprochen habe - , kam er verschiedentlich auf diese Kunstauffassung zu sprechen und wies ihr jenen aktuellen Ort zu, der ihr seiner Ansicht nach zukam. In einem Brief an Christof Spengemann vom 24. Juli 1946 umschrieb er ihn wie folgt: »Und nun zum

---

19 Zitiert nach Hans Richter, *Dada - Kunst und Antikunst*, 3. Aufl., Köln 1973, S. 151.

Schlusse. Die neue Jugend gründet die Möglichkeit für ein schöneres Leben, in dem wir alle frei und sagen wir lustig sein können. Krischan und ich erhoffen das auch und tun schon jetzt, als ob es schon da wäre«.[20] -

---

[20] Schwitters, *Wir spielen, bis uns der Tod abholt*, a.a.O., S. 211f.

Über den Zufall -
in der Literatur der Moderne
Ein Problemaufriß

Hans Arp spielt für die Entdeckung des Zufalls nicht nur in der modernen Malerei eine wichtige Rolle, sondern eben auch in der Literatur. Was den einen Part angeht, hat Hans Richter in seinem Buch *Dada, Kunst und Antikunst* von 1964 die folgende Schlüssel-Anekdote festgehalten, von der er behauptet, daß sie sich so oder ähnlich nicht nur von Arp, sondern auch von dem einen oder anderen der Züricher Dadaisten erzählen ließe - die Entdeckung sei einfach in der Luft gelegen:

Arp hatte lange in seinem Atelier am Zeltweg an einer Zeichnung gearbeitet. Unbefriedigt zerriß er schließlich das Blatt und ließ die Fetzen auf den Boden flattern. Als sein Blick nach einiger Zeit zufällig wieder auf diese auf dem Boden liegenden Fetzen fiel, überraschte ihn ihre Anordnung. Sie besaß einen Ausdruck, den er die ganze Zeit vorher vergebens gesucht hatte. Wie sinnvoll sie dort lagen, wie ausdrucksvoll! Was ihm mit aller Anstrengung vorher nicht gelungen war, hatte der Zu-Fall, die Bewegung der Hand und die Bewegung der flatternden Fetzen, bewirkt, nämlich Ausdruck. Er nahm die Herausforderung des Zufalls als >Fügung< an und klebte sorgfältig die Fetzen in der vom >Zu-Fall< bestimmten Ordnung auf.[1]

Über den anderen - den literarischen - Part hat sich Arp selbst im Zusammenhang einer >Wegweiser<-Notiz als Vorwort zu seiner Gedichtpublikation *Wortträume und schwarze Sterne* geäußert, die anfangs der fünfziger Jahre einen Querschnitt durch das lyrische Schaffen des Dichters offerierte, darunter den folgenden Rekurs auf die Züricher Dada-Periode:

---

1   Hans Richter, *Dada, Kunst und Antikunst, Der Beitrag Dadas zur Kunst des 20. Jahrhunderts*, Köln 1973, S. 52.

Wörter, Schlagworte, Sätze, die ich aus Tageszeitungen und besonders aus ihren Inseraten wählte, bildeten 1917 die Fundamente meiner Gedichte. Öfters bestimmte ich mit geschlossenen Augen Wörter und Sätze in Zeitungen, indem ich sie mit Bleistift anstrich. Ich nannte diese Gedichte >Arpaden<. Es war die schöne >Dadazeit<, in der wir das Ziselieren der Arbeit, die verwirrten Blicke der geistigen Ringkämpfer, die Titanen aus tiefstem Herzensgrund haßten und belachten. Ich schlang und flocht leicht und improvisierend Wörter und Sätze um die aus der Zeitung gewählten Wörter und Sätze.[2]

Und mit Blick auf die Titel der seinerzeit erschienenen Lyrikbände hält er fest:

Viele Gedichte aus der >Wolkenpumpe< sind automatischen Gedichten verwandt. Sie sind wie die surrealistischen, automatischen Gedichte unmittelbar niedergeschrieben, ohne Überlegung oder Überarbeitung. Dialektbildung, altertümelnde Klänge, Jahrmarktslatein, verwirrende Onomatopoesien und Wortspasmen sind in diesen Gedichten besonders auffallend. Die >Wolkenpumpen< aber sind nicht nur automatische Gedichte, sondern schon Vorläufer meiner >papiers déchirés<, meiner >Zerreißbilder<, in denen die Wirklichkeit und der >Zufall< ungehemmt sich entwickeln können.

Damit schließt sich der Bogen - und der literarische Stimulus hat, was die Entdeckung des Zufalls angeht, sogar den Vorrang! - Das markanteste und wohl auch bekannteste Beispiel stammt freilich von Tristan Tzara. Er erhebt die Anleitung, ein dadaistisches Gedicht zu machen, zum Gedicht selbst - und gibt ihm folgenden Wortlaut:

Nehmt eine Zeitung.
Nehmt Scheren.
Wählt in dieser Zeitung einen Artikel von der Länge aus, die Ihr Eurem Gedicht zu geben beabsichtigt.
Schneidet den Artikel aus.
Schneidet dann sorgfältig jedes Wort dieses Artikels aus und gebt sie in eine Tüte.
Schüttelt leicht.
Nehmt dann einen Schnipsel nach dem anderen heraus.
Schreibt gewissenhaft ab

---

[2] Dieses und das folgende Zitat: Hans Arp, *Worträume und schwarze Sterne*, Wiesbaden 1953, S. 6f.

in der Reihenfolge, in der sie aus der Tüte gekommen sind.
Das Gedicht wird Euch ähneln.
Und damit seid Ihr ein unendlich origineller Schriftsteller mit einer charmanten, wenn auch von den Leuten unverstandenen Sensibilität.[3]

Die Auslieferung des Dichtens an ein beliebiges Wortmaterial, das man beliebig kombiniert - blind aus der Tüte heraus: das scheint die Poesie vollends vom Kothurn zu stürzen und ganz und gar dem Jahrmarkt auszuliefern! Doch sehen wir uns die Probe an, die Tzara selbst auf seine eigene Anweisung hin gefertigt hat:

wenn die hunde die luft in einem diamanten durchqueren
wie die ideen und der fortsatz der hirnhaut zeigt die stunde des weckers
programm (der titel ist von mir)
preis sie sind gestern passend dann bilder / schätzen den traum epoche der augen / pompös daß rezitieren das evangelium gattung verdunkelt sich / gruppe die apotheose sich vorstellen sagt er fatalität macht der farben / schnitt wölbung verdutzt die wirklichkeit ein zauber / etc. etc.

Zunächst - mit den ersten drei Zeilen - scheint das grammatikalische Schema von Subjekt-Prädikat-Objekt noch annähernd gewahrt, doch es löst sich immer stärker auf und gibt so Formulierungen Raum, die zunehmend verkantet und widersinnig erscheinen: die Austreibung des Sinns und die Erhebung des Alogischen werden auf diese Weise zum Programm!
Dadaistische Zufallsgeburten in diesem Sinne sind aber auch noch das dadaistische Simultanpoem und das Lautgedicht, die von verschiedener Seite her die Herrschaft des Wortes und seiner Hirn-Semantik brechen: einmal durch die Überlagerung diverser Sprecherparts mit verschiedenen, sich gegenseitig durchdringenden und so in ihren Parzellen aufreibenden Texten, das andere Mal durch Rekurs auf die vorsemantische Lautebene, ein Zurücktauchen in die ›innerste Alchimie des Wortes‹, wie Hugo Ball sich ausdrückte. Der Berliner Dadasoph Raoul Hausmann nahm

---

[3] Dieses und das folgende Zitat nach: Karl Riha (Hrsg.), *113 Dada-Gedichte*, Berlin 1982, S. 69f.

diesen Impuls auf und setzte ihn in seine optophonetische Poesie hinein fort, an deren ersten Konzeptionsmoment er sich in *Am Anfang war Dada* wie folgt erinnert:

Buchstabengedichte sind wohl auch zum Sehen da, aber auch zum Ansehen - warum also nicht Plakate aus ihnen machen? Auf verschiedenfarbigem Papier und in großen Druckbuchstaben? Das wäre, Dunnerschlag, noch nicht dagewesen, trotz Ben Akiba! / Also in die Druckerei von Robert Barthe in die Dennewitzstraße und gleich, gleich die neue Dichtform in Angriff genommen. / Dank dem Verständnis des Setzers war die Verwirklichung leicht, aus dem Kasten der großen hölzernen Buchstaben für Plakate nach Laune und Zufall hingesetzt, was da so kam, und das war sichtbar gut. / Ein kleines f zuerst, dann ein m, dann ein s, ein b, eh, was nun? Na, ein w und ein t und so weiter und so weiter, eine große écriture automatique mit Fragezeichen, Ausrufezeichen und selbst einer Anzeigenhand dazwischen![4]

fmsbwt - das sollte später die Keimzelle von Kurt Schwitters' *Ursonate* werden, der wohl konsequentesten und ausgeführtesten Lautdichtung dieser Jahre. Der Begriff der ›écriture automatique‹ aber leitet zum Surrealismus über, der sich im Paris der zwanziger Jahre aus der Dada-Bewegung löste und eigene Wege ging: er bezeichnet den Versuch, in die Tiefen-Schichten der Psyche vorzudringen und den Traum für die Entfesselung der Kreativität zu aktivieren. Entfesselung - ganz zu Recht: André Breton konstatierte ja bereits in seinem *Ersten surrealistischen Manifest* von 1924, noch lebten wir unter der Herrschaft der Logik, aber sie laufe in einem Käfig, aus dem es immer schwerer werde, sie herauszubekommen. Eben deshalb Versuche im automatischen Schreiben, im Festhalten von Worten und Sätzen, die aus dem Unterbewußtsein aufsteigen, ohne Kontrolle ihres Zusammenhangs. Auch nach Breton darf man eine zufällig gemachte Assemblage aus Titeln und Titelfragmenten, die man aus Zeitungen ausgeschnitten hat, ein Gedicht nennen:

---

4   Raoul Hausmann, *Am Anfang war Dada*, Steinbach/Gießen 1972, S. 43.

Ein Auflachen
von Saphir auf der Insel Ceylon

Das schönste Groh
HAT WELKE HAUT
WOHL VERRIEGELT

In einsamem Bauernhaus
VON TAG ZU TAG
wird's schlimmer mit
dem Angenehmen

Eine befahrbare Straße
führt Sie an den Rand des Unbekannten

(etc. etc.)

DIE ERSTE WEISSE ZEITUNG
DES ZUFALLS
Wird das Rot sein

(etc. etc.)[5]

Die gegebenen Beispiele reichen aus, analog zur avantgardistischen Malerei das Prinzip Zufall auch als eine wichtige Literatur-Entdeckung der zwanziger Jahre in seinem Umriß sichtbar werden zu lassen: es übernimmt die Aufgaben einer Intuitionsstimulierung, die allein vom Intellekt her nicht mehr zu leisten ist, bindet den Verstand an die Tiefenschichten der Psyche zurück, an die assoziative Phantastik des Traums, und fördert neue literarische Formen zutage, die auf Zitat-Collage und Zitat-Montage hinauslaufen. Offen zu sein für den Zufall, sich dem Zufall zu öffnen, wird daher gerade in diesem Jahrzehnt zu einem entscheidenden Innovationskriterium der Literatur - und dies in erstaunlicher Bandbreite der Anwendung, für die ich hier nur eben noch einmal den MERZdadaisten Kurt Schwitters anführe, der 1926 sogar einen Film mit dem Titel *Nennen*

---

5   Günter Metken (Hrsg.), *Als die Surrealisten noch Recht hatten*, Stuttgart 1976, S. 45f.

Sie es Zufall plante. Er hatte zu diesem Zeitpunkt längst seine eigenen Erfahrungen mit dem Zufall gemacht - zum Beispiel in der Gestalt >Anna Blumes<, die ihm erstmals als eine Wand-Schmierage ins Auge fiel. So wie er sie als Schriftzug >an einer Planke< sah, nahm er sie mit ins Atelier und zitierte sie in einem seiner Bilder; später schrieb er sein berühmtes Liebesgedicht *An Anna Blume* auf sie, in dem es bekanntlich heißt:

> Blau ist die Farbe Deines gelben Haares,
> Rot ist die Farbe Deines grünen Vogels.
> Du schlichtes Mädchen im Alltagskleid,
> Du liebes grünes Tier, ich liebe Dir![6]

Das Exzeptionelle des Tzara-Paradigmas innerhalb der hier in Anschlag gebrachten Beispiel-Kette ist darin zu sehen, daß in die rezepthafte Anweisung zur Herstellung eines Textes aus Zeitungsschnipseln nicht nur der Autor, sondern auch der Leser miteinbezogen ist - nicht als passiver Rezipient, sondern seinerseits als potentieller Akteur: er selbst ist es ja, der das Gedicht auf die geschilderte Art mit Hilfe des Zufalls, der die Schnipsel in der Tüte durcheinanderwirbelt und aus diesem Wirbel in eine beliebige Reihenfolge entläßt, überhaupt erst herstellt. Speziell diese Ausweitung des Einfalls mit dem Zufall hat sich deshalb bis in unsere Gegenwart ihre provokative Herausforderung erhalten: sie ist mit unterschiedlicher Programmatik und unterschiedlich modifiziert in den letzten Jahrzehnten immer wieder aufgegriffen worden und eskalierte in entschiedener Weise in Richtung >offenes Kunstwerk<. - Wie für den Aufbruch in die Moderne nach der Jahrhundertwende auch hier einige Beispiele für viele!

Am geradlinigsten - schon allein von der Namensgebung her - läßt sich die Happening-Bewegung, wie sie sich Ende der fünfziger Jahre, Anfang der sechziger Jahre international

---

6 Kurt Schwitters, *Das literarische Werk*, hrsg. v. F. Lach, Bd. 1: *Lyrik*, Köln 1973, S. 58f.

konstituierte, aus dem Kunstprinzip Zufall ableiten, erhob sie doch das Unvorhergesehene als solches zum Ereignis und konfrontierte den Zuschauer, den sie in das inszenierte Geschehen aktiv involvierte, dem Überraschenden und Unbekannten. Harald Szeemann definierte deshalb aus dem programmatischen Selbstverständnis dieses Movements heraus zu Recht wie folgt:

Mit Happenings werden die von Künstlern inszenierten oder verursachten Ereignisse bezeichnet, die zuerst in Galerien, dann in Ateliers, in Landhäusern unter Aufhebung der Regeln des Theaters stattfinden. Die Entwicklung führt vom freien Spiel mit Materialien und vom bewegten Bild zum freien Spiel unter zunehmender Einbeziehung des Zufalls mit gegebenen und gefundenen Situationen in der Zeit.[7]

Ein solcher vom Zufall gesteuerter Happening-Ablauf konnte dabei - ich wähle einen Ausschnitt aus Wolf Vostells *in ulm, um ulm und um ulm herum* aus dem Jahre 1964 als Beispiel - etwa folgende Gestalt gewinnen:

gefundene textfragmente aus illustrierten, pressemeldungen und werbepsychologischen schriften wiederum verfremdet und verwischt von wolf vostell. / während der busfahrten von happening zu happening wurden gleichzeitig in 5 verschiedenen bussen verschiedene texte vom tonband abgespielt und immer wieder angehäuft. / (...) 3 leute verteilen zerrissene annoncen aus deutschen illustrierten mit publikumsanweisungen - leere bühne ist ganz in grelles licht getaucht (...)[8]

Man sieht: das Happening folgt seinem Ablauf nach einem Szenario-Entwurf, der lediglich die Spielregeln festlegt und Spielmaterialien bereitstellt; im übrigen entfaltet es sich so frei, daß verschiedene, in das Geschehen involvierte Beteiligte durchaus das Gefühl haben können, ganz verschiedene Erfahrungen zu machen, die stark voneinander abweichen. >zufall als schöpferisch empfinden und empfinden

---

7 H. Sohm (Hrsg.), *Happening & Fluxus, Materialien*, Köln 1970, o. S. (lose Beilage).
8 Diese Zitate und das folgende: Wolf Vostell, *Happening und Leben*, Neuwied und Berlin 1970, S. 231ff.

lassen<, verlautet's denn auch unter den dem *ulm*-Happening vorangestellten Programmsätzen, die man als eine Art Happening-Manifest lesen kann.

Eine solche grundsätzliche Offenheit der Struktur scheint auf die geschlossenen Formen der Literatur - also Roman und Drama - nicht ohne weiteres übertragbar, konstituieren sie sich doch als Textkontinuum in Prosa oder Dialog mit klar fixiertem Anfang und Ende, unter deren inhaltlichen und formalen Spannbogen sie ihre Leser bzw. Zuschauer zu setzen versuchen. Doch dieser Eindruck täuscht: es hat sehr wohl und immer wieder Versuche gegeben, gerade auch diese Formen als >offene Kunstwerke< zu konzipieren und damit den Spielregeln des Zufalls zu öffnen.

So zum Beispiel Marc Saporta mit seiner 1962 erschienenen *Komposition Nr. 1*, die den Roman ins Kartenspiel auflöst. Das Buch offeriert sich seinem Leser nämlich als ein zolldicker, unpaginierter Stoß bedruckter Blätter - und die Gebrauchsanweisung hält fest:

Der Leser wird gebeten, diese Seiten wie ein Kartenspiel zu mischen. Abheben darf er, falls er es wünscht, mit der linken Hand, wie bei einer Kartenschlägerin. Die Reihenfolge, in der die Blätter liegen, entscheidet über das Los des Mannes X.[9]

Natürlich muß das Textmaterial für diese Lese-Offerte entsprechend präpariert sein. Es fehlt deshalb der sonst übliche Erzähler und auch das epische Präteritum. Alles Geschehen ist ausschließlich aus der Perspektive des Helden im Präsens festgehalten, und jedes der insgesamt hundertfünfzig Einzelblätter bietet ein selbständiges, völlig in sich geschlossenes Stück Prosa, das mit allen anderen kombinierbar ist:

Ein Leben setzt sich aus vielerlei Teilen zusammen. Aber die Zahl der möglichen Zusammensetzungen - compositions - ist unendlich.

---

9   Dieses und die folgenden Zitate nach: Reinhold Grimm, *Marc Saporta oder der Roman als Kartenspiel*. In: *Sprache im technischen Zeitalter* 14/1965, S. 1172ff.

Der »einzige Sinn dieses Verfahrens«, merkte Reinhold Grimm in der seinerzeitigen Rezension an, ist es, »den schöpferischen Zufall ins Spiel zu bringen« - und er erinnerte bei dieser Gelegenheit daran, daß bereits Alfred Döblin einmal gesagt habe, man könne die Erzeugnisse der Epik unbedenklich in Stücke zerschneiden; sie würden dennoch lebensfähig bleiben. Als unmittelbare Anregungen für Saportas aleatorischen Roman machte er Stéphane Mallarmés aus dem Nachlaß veröffentlichtes Buch *Le livre*, William Bourroughs *The Naked Lunch* (dazu der Autor: >NAKED LUNCH kann man an jedem Absatz zu lesen anfangen. (...) Dieses Buch verspritzt die Seite nach allen Richtungen, ein Kaleidoskop der Szenerien<) und natürlich den aktuellen Kontext des >nouveau roman< (mit Alain Robbe-Grillet, Nathalie Sarraute und Michel Butor) sowie gleichläufige Tendenzen der experimentellen seriellen Musik geltend.

Diese Verweise machen deutlich, daß wir es mit keiner vereinzelten literarischen Erscheinung, sondern geradezu mit einem modernistischen Trend zu tun haben, der denn auch fortgeführt und sogar noch intensiviert wurde. Als herausragendes weiteres Beispiel ist Oswald Wieners Roman *Die Verbesserung von Mitteleuropa* von 1969 zu nennen, der als >inhaltsverzeichnis< mit einem >personen- und sachregister< eröffnet, von dem aus sich jeder Leser des Werks einen eigenen Weg in dieses Buch bahnen kann. »der neunmalweise leser hat wenig schwierigkeit zusammenhang zu erfinden - er tut dies auf eigene rechnung«, heißt es mittendrin in einer Notiz mit der Überschrift >kritik der ersten neunundvierzig seiten<; und eine Art Resümee des Ganzen, das man auch als eine Umschreibung des Prinzips Zufall lesen kann, obwohl das Wort nicht fällt, findet sich unter >appendix C< nun tatsächlich am Schluß des Buches:

wenn der leser einen gewinn aus der lektüre meines buches ziehen kann, so wird das, hoffe ich, ein gefühl davon sein, dass er sich mit aller kraft gegen den beweis, gegen die kontinuität und die kontingenz, gegen die formulierung, gegen alles richtige, unabwendbare, natürliche und evidente richten muss, wenn er eine entfaltung seines selbst - und sei es auch nur für kurze zeit - erleben will.[10]

Noch einen Schritt weiter als Oswald Wiener gehen Raymond Queneau und Konrad Balder Schäuffelen, indem sie, um zum Ziel zu kommen, nun nicht nur mit den herkömmlichen Formen der Gedicht-Präsentation und den inhaltlichen Konventionen des Erzählens, sondern sogar mit den herkömmlichen Präsentationsformen des Buches und seinem geläufigen Seiten- und Zeilenschema brechen.

Queneaus *Cent mille milliards de poèmes* von 1961 (Übersetzung ins Deutsche durch Ludwig Harig: *Hunderttausend Milliarden Gedichte*, 1984) offeriert dem Leser zehn Sonette, diese jedoch nicht glatt die Seiten hinunter- und hintereinandergedruckt, sondern von Zeile zu Zeile so aufgeschnitten, daß alle Zeilen aller Texte miteinander kombinierbar werden. »Dieses kleine Werk, das ich ersonnen und verwirklicht habe und das jedermann erlaubt, nach Belieben hunderttausend Milliarden Sonette zu bilden (...), ist alles in allem so etwas wie eine Maschine zur Herstellung von Gedichten«, heißt es in einer als Vorwort vorangestellten ›Gebrauchsanweisung‹:

mit jedem Vers (zehn an der Zahl) kann man zehn verschiedene zweite Verse in Übereinstimmung bringen; es gibt also hundert verschiedene Kombinationen der beiden ersten Verse; wenn man den dritten hinzufügt, wird es tausend geben, und für die zehn vollständigen Sonette aus vierzehn Versen hat man also das oben genannte Ergebnis. Wenn man 45 Sekunden zum Lesen eines Sonetts und 15 Sekunden zum Umblättern der Lamellen rechnet, 8 Stunden pro Tag, 200 Tage pro Jahr, hat man für mehr als eine Million Jahrtausende zu lesen, und wenn man 365 Tage im Jahr den ganzen Tag über liest, für 190 258 751 Jahre, ohne die Gequetschten, die Schaltjahre und andere Kleinigkeiten in Betracht zu ziehen. Wie Lautréamont so schön gesagt hat, die Poesie soll von allen gemacht werden, nicht von einem.[11]

---

10   Oswald Wiener, *Die Verbesserung von Mitteleuropa*, Roman, Reinbek bei Hamburg 1969, S. CXCI.
11   Dieses und das folgende Zitat: Raymond Queneau, *Hunderttausend Milliarden Gedichte*, mit einem Nachwort von François Le Lionnais aus

Allein aufgrund dieser Rechnung hat jeder Einzeltext, den man sich als Leser dieses Buches dann tatsächlich herstellt, etwas äußerst Zufälliges, kommt es doch zu einer höchst willkürlichen Selektion aus einer schier unendlichen Menge möglicher Texte, deren Lektüre, wie errechnet und gesagt, milliarden, millionen und hunderttausende von Jahren kosten würde. Die Probe aufs Exempel, die ich hier anstelle, ergibt das folgende Zufallssonett:

> Wenn Prosa eines Tages verfaßt der Reimeschmied
> um kleine Törtchen und um einen Tee zu schlecken
> er greift sich vom Regal die Flasche Aquavit
> und fermentiert zugleich die Felle und die Decken
>
> Wenn man vom schiefen Turm sich um ein Foto müht
> sobald in blinder Wut an Schlössern Flammen lecken
> ein hitziger Baron kassiert sich den Profit
> nicht jedem steht der Sinn nach den verbalen Schrecken
>
> Vor dem urbanen Dreck erhebt man sein Gewand
> man wittert die Gefahr denn Reisen ist riskant
> es lebt vom Pferdemist entlegner Straßenrain
>
> Man hat Gesöff gepietscht schon Anno dazumal
> man trägt ganz ungeniert den alten Winterschal
> so kann man jedem Ding sein Ende prophezein.

Das scheint kaum mehr überbietbar - und doch stellt Konrad Balder Schäuffelens Entwicklungsroman *deus ex skatola* - wie es statt ›deus ex machina‹ für den hilfreichen Eingriff der Götter auf dem Theater heißt, der oft als Zufall in Erscheinung tritt - aus dem Jahre 1975 noch einmal eine absolute Steigerung dar. Der *Lotterieroman* besteht aus einem Holzkästchen mit ca. dreihundert Losröllchen - daher im Doppelsinn des Wortes ›Entwicklungsroman‹ - , die hier nun ohne Festlegung irgendeiner Reihenfolge (also anders als beim gereimten und durch seinen Reim definierten Sonett) kreuz und quer in alle Richtungen miteinander

---

dem Französischen übertragen von Ludwig Harig, Frankfurt/Main 1984, o. S. aus gegebenem Anlaß.

kombiniert werden können, nur daß jetzt die Zahl dieser Möglichkeiten ins wirklich Immense geht. Wie hoch sie tatsächlich liegt, überschreitet meinen Zahlen- und Zähl-Horizont; ich befrage deshalb meinen Mathematik-Kollegen an der Universität, meinen Freund Jörg Wills - und erhalte als Antwort: 10 mit über sechshundert Nullen; und zur anschaulichen Illustration: das reicht hin, die ganze Menschheit unserer Erde seit ihrem Bestehen bis heute und darüber hinaus mit der Lektüre dieses Werks zu beschäftigen. Zu Recht also kommen per Titelassoziation die >hilfreichen Götter< bzw. der >liebe Gott< ins Zufallsspiel - und jeder Leser, der die beigegebene Pinzette nimmt, um sich die Leseröllchen in beliebiger Reihenfolge herauszufischen, wird mit seiner ihm ganz eigenen, durch niemand anderen tangierbaren Zufallslektüre selbst ein kleiner >deus ex skatola<. Die Zufallsprobe aufs Exempel bzw. die Probe aufs Zufallsexempel gewinnt in meinem Fall - beschränkt auf zehn der dreihundert Röllchen - folgende Gestalt:

sätze für bare münze genommen

zwischen den partikeln sind klüfte

noch hinter jeder beschrifteten litfaßsäule steht ein wald weiterer litfaßsäulen, die sich aneinander reibend drehen, ruhlos, unendlich, noch die fernsten wirbeln am rande der milchstraße zuckende leuchtschriften auf

von aussichtspunkt zu aussichtspunkt leben

textstreifen für schuß und kette

aus dem comic *das reich trigan*: (fischer finden eine flaschenpost mit nicht entzifferbarer schrift; sie stammt, was sie nicht wissen, von einem anderen stern) / der eine fischer (in seiner sprechblase): >nichts besonderes! nur geschriebenes!'<

ich kann darüber nichts gescheites sagen, denn sage ich es gescheit, dann habe ich mich der gescheitheit unterworfen und sich unterwerfen ist nie gescheit!

ist die unaufgewickelte rolle ein satz?

fuchs du hast den satz gestohlen!

Offen und erlebnishungrig verliert sich der paradigmatische text in den irrgärten der assoziationen.[12]

Aufgerollt, gelesen, wieder eingerollt, schiebe ich die Zettelchen zurück in den Loskasten, verwische so meine Lesespur, die mir der Zufall gezogen hat, und überlasse das Terrain dem nächsten Leser, der sich in ihm seine Spur suchen möge, um auch sie wieder zu verwischen: es gibt ja, folgt man diesem Paradigma und anerkennt es in seinem programmatischen Stellenwert, gar keinen stabilen Text mehr, sondern nur eben noch, wenn man so will, blitzartige Fährten durch ein höchst vielfältig-variables Sprachmaterial, das sich nur auf diese Weise - jeweils auf diesen einen Leser bezogen, der es aktiviert und für sich in einen rezipierbaren Zusammenhang bringt - zum Lesevorgang arrangieren läßt. Das kommende Computer-Zeitalter, in dem wir ja schon mittendrin stecken, wird sich dieses Fundstücks, das sich vielleicht zufällig in der einen oder anderen Bibliothek erhalten mag, als eines interessanten Vorläufers erinnern, der zumindest eine gewisse Ahnung von den kommenden - elektronischen - Zeiten gehabt habe!

---

12 Konrad Balder Schäuffelen, *deus ex skatola, entwicklungsroman*, 1964, zweite, durchgesehene und vermehrte auflage, 1975 (*schäuffelens lotterie romane 1*), o. S. aus gegebenem Anlaß.

```
der zuf all ist ein geh     der eno rem das lit ene
eim nis vol les pha eno     zuf men dli aus aet und
men übe rra sch ung zur     all übe che ser ans fra
unz eit das bef rem dli     ist rra rät gew ich ppi
che rät sel ein ora kel     ein sch sel oeh ist ere
die sph inx das aus ser     geh ung ein nli das nde
gew oeh nli che die ant     eim zur ora che vom syn
ika usa lit aet ans ich     nis unz kel die him chr
ist das vom him mel gef     vol eit die ant mel oni
all ene und fra ppi ere     les das sph ika gef zit
nde syn chr oni zit aet     pha bef inx usa all aet


aet all usa inx bef pha     bef pha eno ist vom nis
zit gef ika sph das les     dli rät mel rra che him
oni mel ant die eit vol     ika übe kel inx das ora
chr him die kel unz nis     zuf ene sph das syn all
syn vom che ora zur eim     aus der ung ans sch rem
nde das nli ein ung geh     vol ant les zur fra oni
ere ist oeh sel sch ein     ser sel eit nde die das
ppi ich gew rät rra ist     ein gef nli unz usa eim
fra ans ser che übe all     oeh chr ich zit und aet
und aet aus dli men zuf     ere gew geh che die men
ene lit das rem eno der
```

k.r.: der zufall ist ...

Cut-up-Kürzestgeschichten ...
am Beispiel von Helmut Heißenbüttel und Ror Wolf

Nachdem er den poetologischen Begriff aus dem der amerikanischen ›short story‹ abgeleitet und gegen den der ›Novelle‹ abgegrenzt hat, schließt der Artikel *Kurzgeschichte* im Metzler-Literaturlexikon mit dem Hinweis: »In jüngster Zeit scheint es, als würde die Kurzgeschichte ihren Platz als Experimentierfeld der Prosa an noch reduziertere Formen abgeben«.[1] Zur ausführlicheren Begründung stößt man in der einschlägigen Sekundärliteratur - so etwa in Assit Dattas Untersuchung *Kleinformen der deutschen Erzählprosa seit 1945, Eine poetologische Studie* - auf Begründungen wie:

In einer Zeit, in der man mit Diskontinuität, Disharmonie, mit der dialektischen Antinomie der Gesellschaft leben muß, gewinnt das unscheinbare Detail an Bedeutung. Es scheint natürlich zu sein, daß der Reiz des Experiments - durch Verfeinerung, artistische Steigerung und ästhetische Reduktion - bei den Kleinformen der Prosa liegt.[2]

Mein Thema schließt ganz unmittelbar hier an: mit dem Terminus ›Kürzestgeschichte‹ beziehe ich mich auf eben solche noch kürzeren Erzählformen, wie sie hier als ›Experimentierfeld der Prosa‹ apostrophiert werden, was doch wohl heißt, daß es sich um Auflösungsformen der Gattung und zugleich innovative Impulse handelt, die der Gattung neue Horizonte öffnen.

Es ist inzwischen mediengeschichtlicher Topos, daß das novellistische Erzählen im neunzehnten Jahrhundert eng an die Publikationsformen des Almanachs und ähnlicher Periodika

---

1 Metzler Literatur Lexikon, *Stichwörter zur Weltliteratur*, hrsg. v. Günther und Irmgard Schweikle, Stuttgart 1984, S. 243f.
2 Assit Datta, *Kleinformen in der deutschen Erzählprosa seit 1945, Eine poetologische Studie*, München 1972, S. 197.

gebunden war. In dieser Hinsicht hat die Anekdote um Stifters *Condor* einigen Symptomwert: der Autor hatte das Manuskript mit auf einen Empfang genommen, wo es ihm eine Dame der Gesellschaft aus der Tasche stibitzte - und so kam es prompt in eines jener geselligen Taschenbücher, die damals um die Gunst eines weiblichen Lesepublikums so zahlreich miteinander konkurrierten. Die zeitgenössische Novellentheorie setzte bei Goethes >unerhörter Begebenheit< an und suchte die Abgrenzung bzw. Parallele zu Roman und Drama: deren Vielsträngigkeit bricht sich in die Einsträngigkeit des Erzählens, zu deren Intensivierung Leitmotiv und Dingsymbol das ihre beitragen. Wilhelm Tieck und Friedrich Schlegel betonten die notwendige Proportionierung des Erzählstoffes durch Wendepunkte und deklarierten die Novelle auf diese Weise zu einer spezifischen literarischen Energieform, die ein eigenes >geschlossenes Ganzes< bildet.

Demgegenüber gilt die >Kurzgeschichte< als Kind der modernen Tageszeitung und unterliegt ästhetisch deren prägendem Einfluß: wollte es sich im Gemenge der Nachrichten und Kommentare, Glossen und Kritiken behaupten, mußte sich das Erzählen notgedrungen ins Korsett der Druckspalten bequemen und nach deren Maßgabe allein schon dem Umfang nach reduzieren. Entsprechende Hinweise auf die enge Autorbindung an die unterschiedlichen Formen der Presse lassen sich quer zur Entstehung und Ausfaltung der Kurzgeschichte als literarischer Gattung in zahlloser Fülle beitreiben: so etwa schon bei Edgar Allan Poe, dem Vater und ersten Theoretiker der amerikanischen >short story<, und dessen publizistischem Bezug zu den zeitgenössischen >Magazines<. Entsprechend argumentiert auch die literaturwissenschaftliche Sekundärliteratur und erklärt das Zeitungsfeuilleton zu einem der Ursprungsorte der modernen >short story< und >Kurzgeschichte<, wobei man allerdings diesen Bezug nicht nur äußerlich zu sehen hat: neben die Umfangsbegrenzung, wie sie die Zeitung auferlegt, treten deshalb formale Charakteristika wie etwa der >relativ kurze Schaffensprozeß in schnellster Reaktion auf äußere Um-

stände< als charakteristische Schreibsituation und das >fragmentarisch wirkende, dissonant-offene Ende< als erzählerisches Strukturelement.
Das reduktionistische Moment ist gegenüber der Novelle unterschiedlich gekennzeichnet worden. Ich greife auf Walter Höllerers stichpunktartige >Besonderheiten< zurück, unter denen mir »Augenblicksfixierung«, »Mehrdeutigkeit« der Geschehnisse, darunter häufig »scheinbar belanglose Situationen«, Aufbau der Handlung aus »atmosphärisch genau bezeichneten Abschnitten«, »Kabinen« genannt, die »sich gegenseitig stützen oder sich Widerpart geben«, »Arabesken des Erzählens« - »Der Erzähler sucht nicht zu vertuschen, daß er erzählt; er zeigt das ganz offen und desillusionierend« - sowie »Unabgeschlossenheit am Anfang und am Ende (...) an Stelle von Streckenberechnungen und Streckenvermessungen mit aufsteigender und abfallender Linie« als besonders signifikant erscheinen.[3] »Für Anfang und Schluß der Kurzgeschichte gilt die Unabgeschlossenheit als gattungsspezifisches Strukturmerkmal«, resümiert Leonie Marx in ihrem Sammlung-Metzler-Bändchen *Die deutsche Kurzgeschichte*:

Das bedeutet: schon vor dem ersten Satz (...) hat das Geschehen längst begonnen (...). Am Schluß dauert die Spannung des Geschehens über den letzten Satz hinaus fort, läßt den Leser emotionell bzw. gedanklich nicht los, spannt ihn zur Mitarbeit ein, weil keine Lösung geboten wird.

Oder:

Wenngleich die Kurzgeschichte nicht auf das unabgeschlossene Ende festgelegt werden kann, so ist der offene Schluß, mit unterschiedlich angelegter, über das Ende fortdauernder Spannung doch vorherrschend. Er kann, vom ausschnitthaften Charakter der Kurzgeschichte her gesehen, wie ein >Abbruch< des Geschehens erscheinen, den fehlende Abrundung, plötzliche Ernüchterung und desillusionierende Wirkung kennzeichnen (...). / Um genauere Ergebnisse über Art und Funktion des Erzählschlusses in der Kurzgeschichte haben sich Gutmann und Rohner bemüht. (...)

---

3   Walter Höllerer, *Die kurze Form der Prosa*. In: *Akzente*, 9, 1962, S. 226.

Gutmanns Ergebnisse zeigen einen weiten Spielraum >zwischen schlußpunktartigem Ende und problematischer Offenheit<, den Gutmann in drei möglichen Gruppen typischer Erzählschlüsse zu erfassen versucht.

Es sind dies: >lösender Schluß<, >symbolhaft-vorausdeutender Ausklang< und >problematisch-offener Schluß<.[4]

Die Kürzestgeschichten, auf die ich im folgenden abhebe, ziehen in gewisser Weise noch weitere Konsequenzen aus den hier angedeuteten Formen der erzählerischen Reduktion und Komprimierung, verstehen sich aber auch als parodistische Gegensetzung und damit als Spiel mit den Inhalten und Formen der Novelle oder Kurzgeschichte. Als wolle er diesen Gattungszusammenhang ganz besonders hervorstreichen, hat Helmut Heißenbüttel in den drei Prosabänden seiner *Projekt*-Serie - *Eichendorffs Untergang und andere Märchen* (1978), *Wenn Adolf Hitler den Krieg nicht gewonnen hätte, Historische Novellen und wahre Begebenheiten* (1979) und *Das Ende der Alternative, Einfache Geschichten* (1980) - bewußt mit der Verschränkung dieser Formen gearbeitet; ich gehe deshalb etwas ausführlicher auf dieses Juxta-Arrangement ein!

Jeder dieser drei Bände enthält jeweils dreizehn längere Erzählungen, die sich tatsächlich noch einmal auf das Muster des >Märchens<, der >Novelle< oder eben der >einfachen Geschichte< zurückbeziehen lassen: dies gelingt nicht zuletzt dank einer Fülle historischer Anspielungen inhaltlicher wie formaler Art. Die Richtung, in die der Autor mit Hilfe des >Märchens< und der ihr benachbarten >Legende< drängt, läßt sich vielleicht am besten an der letzten dieser längeren Erzählungen in *Eichendorffs Untergang* belegen, *Maria Magdalenas Welt* überschrieben, das triste Sterben einer alten Frau in einem Altersheim zum Thema nehmend. Nicht um die Umdeutung der Legendengestalt, die aus der Bibel und der Heiligen-Literatur hergenommen ist, geht es dabei dem Erzähler vorrangig, sondern um etwas Übergreifendes,

---

4   Leonie Marx, *Die deutsche Kurzgeschichte*, Stuttgart 1985, S. 67ff.

das weder in den legendären noch in den sozialen Umständen beschlossen sei, »obwohl es durchaus wichtig sein könnte, beide zu verfolgen«. ›Maria Magdalenas Welt‹, heißt es, bezeichne einen Vorgang, dem niemand entkommt:

Was ich hier und durchaus versuchsweise Maria Magdalenas Welt nenne, das ist jedermanns Welt, wenn Welt aufhört, Welt zu sein. Nicht jeder macht es sich bewußt, mancher merkt es nicht.[5]

In je unterschiedlicher Weise sind alle längeren Geschichten, die Heißenbüttel in diesem Buch erzählt, auf eine solche übergreifende ›Welthaftigkeit‹ aus. Auf der Ebene der erzählten Figuren und Ereignisse formuliert er sie als abrupten Ausbruch aus der Normalität, als bizarre Abweichung und Sonderung, als komplex erfahrenen Momentaugenblick, der in die Tiefe reicht. Als Autor, der Erzählprosa schreibt, bannt er sie im Zugleich von Tatsächlichem und Erfundenem - und fixiert sie im Bild der kreativen Phantasie, der »liebsten Gespielin des menschlichen Geistes«, wie in einem dem Buch vorangestellten Motto nach dem Volksmärchen-Dichter Musäus zu lesen ist:

Der menschliche Geist ist also geartet, daß ihm nicht immer an Realitäten genügt; seine grenzenlose Tätigkeit wirkt in das Reich hypothetischer Möglichkeiten hinüber, schifft in der Luft und pflügt im Meere.[6]

Wird in *Eichendorffs Untergang* - von der Psychologie her unterwandert - das ›Märchen‹ in eine neue erzählerische Position gebracht, so in *Wenn Adolf Hitler den Krieg nicht gewonnen hätte* das novellistische und essayistische Erzählen, die stärkere Orientierung am Faktischen. An den ›wahren Begebenheiten‹ interessiert jedoch, in welcher Weise sie sich im Bewußtsein und als Bewußtsein zusammensetzen. Das läßt sich unter den Geschichten, die zwischen ›historischer Novelle‹ und ›Science-Fiction-Story‹ auf die Gegen-

---

5   Helmut Heißenbüttel, *Eichendorffs Untergang und andere Märchen*, Stuttgart 1978, S. 178.
6   A.a.O., S. 5.

wart des Autors zu sprechen kommen, vielleicht am besten an der Erzählung mit dem Titel *Axel Springer Syndrom* demonstrieren. Heißenbüttel winkt zunächst ab, von einer »bestimmten, historisch und biographisch realen Person« reden zu wollen, aber nur, um dann um so präziser erzählerisch auf sie einzugehen:

Was die Wahl des Namens betrifft, so könnte eingewendet werden, ich könne doch ebenso von einem Konrad Adenauer Syndrom oder von einem Rudolf Augstein Syndrom reden. Ich kann das nicht, weil sich, wie der Fortgang zeigen wird, an diesen Namen nicht in gleicher Weise das angeschwemmt hat, was ich erzählen kann.

Das heißt: es geht gar nicht um abstrakt ermittelte Daten und Fakten zur Person, sondern um die Einkreisung eines Erinnerungs- und Eindrucksfeldes, gerade auch mit Mitteln einer unter Obsessionsdruck gesetzten Imagination. Die Geschichte endet - wie sie beginnt - mit einem Alptraum. Heißenbüttel erinnert als Kindheitsvision eine ähnliche Retourreise in die Vergangenheit, wie er sie parallel in der Erzählung *Gustav Freytag verirrt sich im Wald und trifft Ingo und Ingraban* am Verfasser der *Ahnen* und der *Verlorenen Handschrift* exemplifiziert, nur daß er nun - mit Axel Caesar Springer als Reisebegleiter - noch sehr viel weiter zurückgerät: unter die Neanderthaler und Pithekanthropusse, denen sich der neuzeitliche Pressezar mondlichtbeschienen in der Zier seiner Orden und Ehrenzeichen zur Schau stellt. Und quasi im Umsprung der Zeitperspektive gelten die letzten Sätze des Textes einer nahen Katastrophe analog der von 1945, die als ein anderer Akt der Befreiung aufzufassen ist:

Wir ernährten uns von Pilzen, die auf den Ruinen der Städte wucherten, und tranken das Wasser, das sich in den Ruinen in flachen Lachen ansammelte. Zwischen den Trümmern lagen große Packen gepreßten Papiers. Wir benutzten sie als Sitzgelegenheiten, und einige versuchten, daraus Wände aufzurichten. - Die Reste der Springerpresse, sagte eine Stimme.[7]

---

[7] Helmut Heißenbüttel, *Wenn Adolf Hitler den Krieg nicht gewonnen hätte*, Stuttgart 1979, S. 56.

Der dritte Band im *Projekt 3* rekurriert auf die beiden vorhergehenden Bände, thematisiert diesen Rückbezug und gibt ihm - in die Erzählerreflexion gehoben - eine eigene Qualität. Entsprechungen für diese Beobachtung, die auf das Ineins von Rekurs und Innovation abhebt, bietet *Das Ende der Alternative* auf vielen Ebenen. Zunächst auf der poetologischen, auf der Heißenbüttel an die Erzählereinlassungen und -erklärungen zur Schreibweise anknüpft, auf die der Leser der bisherigen *Projekt*-Bände bereits eingestellt ist. So findet man beispielsweise in der *Hornvogelgeschichte*, einem jener raffiniert arrangierten, psychologisch unterminierten Märchen, wie sie in *Eichendorffs Untergang* hervorstechen, folgende Einlassung zum ›Nachtrag‹ einer ersten Niederschrift - übertragbar, wie ich meine, auf die hier anstehende Frage nach der Ankoppelung des abschließenden *Projekt*-Bandes an die vorhergehenden:

Was ich hier eingefügt habe, erscheint mir nun als Anmerkung zur ersten Niederschrift, aber auch als Versuch, der notwendigerweise linearen Abfolge der Sätze nachträglich Breite, Tiefe, Fülle zu geben. Was so nachgetragen wird, läuft quer zum Erzähl- und Erinnerungsfluß und füllt ihn zugleich auf.[8]

Ein anderer, nicht weniger wichtiger Hinweis läßt sich dem zentralen Motiv der Erzählung *Die Hybris des Oberpostinspektors i.R. Anselm Brotsamen, Bericht seines Freundes Christian Derlebt* entnehmen. Es wird hier die Frage nach der Möglichkeit aufgeworfen, ältere literarische Oeuvres spielerisch auf die Gegenwart anzuwenden:

Eine Erzählung von Ottilie Wildermuth zum Beispiel, in ihrem syntaktischen und erzählerischen Gerüst bewahrt, aber aufgefüllt mit Vokabular aus den psychoanalytischen Schriften von Freud. Als Anfang. Oder die Bewegungsabläufe eines Autofahrers von heute, eingepaßt in die Beschreibungsstruktur des - Witiko - von Stifter.[9]

---

8   Helmut Heißenbüttel, *Das Ende der Alternative*, Stuttgart 1980, S. 81.
9   A.a.O., S. 127.

Keine epigonale Stilimitation also, keine Persiflage, sondern das zitierende Heraufholen eines Stücks vergangener Literatur und sein distanzierter Einsatz als literarisches Darstellungs- und Erkenntnismittel. Wie in *Eichendorffs Untergang* das ›Märchen‹ und in *Wenn Adolf Hitler den Krieg nicht gewonnen hätte* ›historischer Essay‹ und ›Novelle‹ als literarische Gattungen, so erweisen sich hier literarische Einzeloeuvres, das Schaffen dieses oder jenes bestimmten Autors, mit ihrer formalen und inhaltlichen Signifikanz in einer hilfreichen, weil sprachaufschließenden, das Nichtbeschreibbare beschreibbar machenden Funktion. Indem er die eigenen Werke und die fremder Autoren zitiert, gewinnt Heißenbüttel aus ihrem Schlagschatten heraus doch eine neue Qualität der Erzählung. Das ist der komplizierte Sachverhalt, der den Untertitel *Einfache Geschichten* rechtfertigt. ›Einfach‹ dem einfacheren Verstand nach ist das Anknüpfen an die eigene Person, eine ichmäßig-autobiographische Ausrichtung der Prosa, die zwar in allen drei Bänden eine gewisse Rolle spielt - und doch jetzt erst entschiedener hervortritt, auffällt.

Die Auseinandersetzung, die der Autor auf diese Weise mit sich selbst führt, schlägt den Bogen von der Kindheit - Heißenbüttel ist 1921 in Wilhelmshaven geboren - bis in ein künstlich hochgeschraubtes Alter (auf die Hundert zu), ineins genommen zum Beispiel in folgendem Passus:

Er hatte schon in jungen Jahren, so hat er gelegentlich erzählt, nicht begreifen können, woher die Leute so im Lauf eines Tages eigentlich den Stoff für ihr ununterbrochenes und oft ununterbrechbares Gerede hernahmen. Was beschäftigte sie denn so, daß sie den ganzen Tag darüber reden konnten? Später hatte er selber größere Mengen an Redestoff angesammelt, Anekdoten, Floskeln, Klatsch, Gedanken usw., ja er war in den mittleren Jahren seines Lebens mit der Gabe des Einfalls gesegnet gewesen, konnte blitzschnell kombinieren und vermochte damit zu brillieren. / Im Alter hatte er erkannt, daß das alles nur Unternehmungen und Machenschaften waren, die dazu dienten, sich die Fallgruben der Eitelkeit und der Angst zu verheimlichen, sich darum herumzudrücken, auf sich selbst zurückzustürzen, vergebliche Versuche, am Ende, dem Alleingelassensein zu entrinnen.[10]

Dieser Bogen schließt die politisch-historische Dimension ein, die Heißenbüttel - im Rahmen der *Projekt*-Serie - mit *Wenn Hitler den Krieg nicht gewonnen hätte* freigestellt hatte. Diesen politischen Einlassungen, die als altersgefärbtes Räsonnement in Erscheinung treten, ist ein resignativer Grundzug tief eingeschrieben; der Titel - *Das Ende der Alternative* - erhält von hier aus seine innere Füllung. Quer durch diesen Erzählband werden in Momentaufnahmen immer wieder Situationen angepeilt, die in der Tat kaum mehr Raum für Alternativen - also Ausweichmöglichkeiten, Veränderungen etc. - parat halten. Wie die Vorstellung der ›alt gewordenen Revolution‹ gerät Heißenbüttel auch der »Abschied der Alternative«[11] zur Allegorie: eine schöne, große Frau mit üppigen Körperformen schreitet aufs Meer zu, am Ufer angekommen, schürzt sie ihre Röcke, bückt sich und zeigt den Zurückbleibenden noch einmal ihre kräftigen Hinterbacken, das braunlippige behaarte Geschlecht - und watet ins Wasser hinaus. Vielleicht sei sie, heißt es, an einem fremden Ufer an Land gestiegen, vielleicht aber auch - ohne daß jemand sie erkannt hätte - schon wieder zurückgekehrt ...

Daß man doch wieder Märchen, Novellen, ja sogar Ich-Geschichten erzählen könne, wenn man sich nur den rechten Weg zu bahnen wisse, wäre also der poetologische Sinn dieser *Projekt*-Bände, und dabei fällt sicher ins Gewicht, daß es ein Autor mit avantgardistisch-experimenteller Vergangenheit ist, der dies propagiert. Nun enthalten aber die drei *Projekt*-Bände über die knapp geschilderten längeren Erzählungen hinaus jeweils zu gut einem Fünftel ihres Umfangs eben jene Kürzestgeschichten, auf die es mir ja eigentlich ankommt. Ihrem Umfang nach kaum länger als ein paar Druckzeilen, fungieren sie in der Tat als eine Art Gegensetzung zur längeren epischen Explikation und erhalten ihren

---

10 A.a.O., S. 137.
11 A.a.O., S. 16.

Reiz gerade aus der noch fortgeschritteneren Reduktion der Erzählung. Meist liegt der Ausgangspunkt im ›Merkwürdigen‹; der Autor berichtet einen seltsamen Vorfall - vielleicht von der Art: »Ein älterer Buchhändler las einmal ein Buch, in dem ein älterer Buchhändler ein Buch las (...)«, »Ein achtundsechzigjähriger Rentner in der Stadt Leeds versuchte einmal eine siebzigjährige Witwe zu vergewaltigen (...)« oder auch nur »Eine Reitlehrerin heiratete einmal einen Bühnenbildner«.[12] Jeder dieser Texte schließt mit dem Stereotypsatz: »Mehr ist dazu eigentlich nicht zu sagen« bzw. mit Varianten und Variationen wie: »Dem ist eigentlich nichts hinzuzufügen«, »Mehr möchte ich dazu gar nicht sagen« etc.. Auf diese Weise entstehen Cut-up-Effekte, die der Erwartung des Weitererzählens in den Arm fallen und den Leser auf die Exposition des Erzählanfangs, der nun die ganze Erzählung ausmacht, zurückverweisen: die permanente Verweigerung des Weitererzählens folgt der Logik des Kalauers und gewinnt eine eigene, fortschreitende Absurdität. Die stereotype ›Schlußpunkt‹-Wendung mit Abweichung unterstreicht aber auch, daß wir es bei alledem immer mit ›Gesagtem‹, ›Erzähltem‹, ›Geschriebenem‹ zu tun haben, daß es sich also um Abruptheiten im Medium der Sprache handelt. Ein besonderer Reiz bildet sich deshalb dort aus, wo die Berichtgeschichte auch thematisch auf ›Sprache‹ und ›Literatur‹ eingeht, wobei hier die Witzfigur sozusagen introvertieren darf. Zum Beispiel *Linguistenherbst*:

Zwei amerikanische Linguisten trafen einander, als sie schon etwas älter waren, einmal und vollzogen einen Sprechakt aneinander. Wozu eigentlich nichts weiter hinzuzufügen wäre, es sei denn, daß niemand weiß, ob die Linguisten sich nicht in Wirklichkeit bloß einfach über das Wetter unterhalten haben oder ob es ihnen diesmal gelungen ist, den Gang der Weltgeschichte auf den, wie es Hans Wollschläger ausgedrückt hat, Satz zu reduzieren: Karlchen fährt Roller.[13]

---

12   Heißenbüttel, *Eichendorffs Untergang*, a.a.O., S. 161, 79, 96.
13   A.a.O., S. 158.

Wie in *Eichendorffs Untergang* und *Wenn Hitler den Krieg nicht gewonnen hätte* stehen auch in *Ende der Alternative* rund dreißig kurze, kaum über eine halbe Druckseite reichende Cut-up-Kürzestgeschichten, die wieder mit dem festen Titelschild *Herbst* und einem festen Pointenschema operieren, kontrastierend gegen die längeren, episch ausgeführten Erzählungen. Die mitgebrachte Kalauer-, Witz- und Absurditätsvorstellung irritierend, wechselt Heißenbüttel nun aber - die Textgruppe *Bekannter Schriftsteller Herbst 1-7* einmal außer acht gelassen - sozusagen die Einfärbung des Genres und mit ihr die sprachliche Instrumentierung der komischen Verfremdung: statt mit der Satzsteroetype »Mehr ist dazu eigentlich nicht zu sagen« haben wir es nun - wie konvex zu konkav - mit der Wiederholungsfigur »Darüber wäre wohl noch viel zu sagen« zu tun. Diese Variation im Schema übt einen eigenen Reiz aus: sie nutzt das Erinnerungsmoment und bringt sich trotzdem ein Stück weiter. Die herausgestrichene Ergänzungsbedürftigkeit richtet sich dabei vor allem auf Sachinformationen, die dem aktuellen Nachrichtenfluß, speziell der Technik- und Wissenschaftsjournalistik entnommen sind, meist sogar als direktes Zitat. Ob nun *Desoxyribonukleinsäureherbst*, *Computerherbst*, *Quarkherbst* oder *Hubble-Konstante Herbst*, es geht Heißenbüttel um die Freistellung von Informationen, die gerade in ihrer Formelhaftigkeit - als lexikographische Abgeklärtheit oder bloße statistische Summierung - seltsam defizitär bleiben; so der Fall etwa auch bei *Katathymenherbst*:

Aus zahlreichen Beobachtungen ist bekannt, daß unter extremer emotionaler Belastung sehr prägnante und lebhafte Imaginationen auftreten können. Der Göttinger Psychiater Hanscarl Leuner hat daraus das inzwischen als Therapie weithin bekannte Katathyme entwickelt. Bei der Auswertung des katathymen Bilderlebens ist zunächst auf den Inhalt zu achten, dessen Bedeutung sich aus Vorgeschichte und Symbolen ergibt. Dabei zeigt sich eine Projektion nicht nur aus der Seele in das imaginierte Bild, sondern auch umgekehrt eine Rückwirkung auf den inneren Seelenzustand. Das ist verständlich, wenn man das Symbol nicht mehr als ein unverbindliches Zeichen, sondern als wirkkräftig in seinem tiefen seelischen Gehalt begreift, wie das Naturvölker oder ganz kleine Kinder tun. Darüber wäre wohl viel noch zu sagen.[14]

Der Effekt ist - in umgekehrter Richtung - in etwa derselbe wie bei den *Herbst*-Geschichten der ersten beiden *Projekt 3*-Bände: im Typus der Cut-up-Kürzestgeschichte, der als bewußte Gegensetzung, ja als >break< zu den historisch vermittelten Formen längeren Erzählens fungiert, überschneiden sich bei Heißenbüttel Abbruch der Geschichte als ironische Verweigerung und Andeutung möglicher Ausweitungen ins Immense und korrespondieren in ihren Effekten unmittelbar. In beiden Fällen schnurrt das zu Erzählende auf das expositorische Moment einer Anekdote oder Sachinformation und die daran ganz unvermittelt angeschlossene Cut-up-Variationsformel zusammen: der Reduktionismus berührt damit das Erzählerische in seiner Substanz. Wenn, wie es hier geschieht, das Nicht- bzw. Nicht-mehr-Erzählen zum Thema des Erzählens wird, handelt es sich ja doch wohl um eine Poetik ex negativo und damit um einen radikalen Schnitt innerhalb der Geschichte der Narrativik. Für die >Kurzgeschichte< markiert Heißenbüttel damit einen ähnlich zentralen Punkt, wie er für andere literarische Gattungen innerhalb der Entwicklung der Moderne längst schon gesetzt wurde; so etwa, wenn das Abreißen des Dialogs, das Aneinander-vorbei-Reden und andere Formen der verweigerten bzw. nicht mehr zustande kommenden interpersonalen Kommunikation für das avantgardistische Drama konstitutiv wurden, wenn ein einzelnes Wort, ja ein einzelner Buchstabe zum Gedicht erhoben werden konnte oder wenn avantgardistische Komponisten sich auf das >Prinzip Pause< statt auf die >Folge der Töne< als neue Kompositionseinheit festlegten.
Zweifellos funktionieren einige der poetologischen Bestimmungen des Erzählens von Novellen und Kurzgeschichten noch und lassen sich auf die >Kürzestgeschichten< der drei

---

14 Heißenbüttel, *Das Ende der Alternative*, a.a.O., S. 68.

Bände von *Projekt 3* anwenden - so etwa über die Strukturelemente von >Anfang< und >Ende< wie über die inhaltlichen Festlegungen auf >Merkwürdigkeit<, >Außerordentlichkeit< und >Aktualität< hinaus auch die Fähigkeit, zu einem >Kranz< oder einer >Kette< von Erzählungen zusammenzutreten, bei Heißenbüttel durch das Prinzip serieller Variation von Schlußsätzen gewährleistet -, zugleich jedoch handelt es sich um die Auflösung solcher Definitionen, deren parodistische Inversion und Extrapolation. Man vergleiche daraufhin das vorgestellte Material mit wissenschaftlichen Charakterisierungen herkömmlicher Kurzgeschichtenschlüsse wie:

Die Pointe beleuchtet das Geschehen >schlaglichtartig<, vermittelt eine Tiefenperspektive über den einzelnen Vorfall hinaus, weist auf >unerkannte Ursachen, und unerwartete Folgen, undurchschaubare Zusammenhänge< hin, kann aufklärend, mahnend, fragend oder witzig sein.[15]

Verkennt man diesen Ansatz in der radikalen Poetik der Moderne und damit die Dynamik der Literatur, die über Gegenformen, Innovations- und Provokationsmuster die Grenzen des Bekannten auch in den literarischen Gattungen immer wieder sprengt und erweitert, muß man notwendig den inneren Zusammenhang zwischen jenen längeren Erzählformen wie >Märchen<, >Novelle< und >Ich-Geschichte<, den Heißenbüttel in den drei Einzelveröffentlichungen seines *Projekt 3* so nachdrücklich unter Beweis stellt, verfehlen. Das ist beispielsweise bei Manfred Durzak der Fall, der in *Die deutsche Kurzgeschichte der Gegenwart* zu folgendem negativen Resümee kommt:

Solche Kürzestgeschichten, wie sie eine Zeitlang durch Veröffentlichungen in den *Akzenten* gefördert wurden, wie sie Reinhard Lettau in seinen Prosabänden *Schwierigkeiten beim Häuserbauen* und *Auftritt Manigs* vorgelegt hat, wie sie kürzlich Herbert Somplatzki in seinen *Schrumpfstories*, Wolfgang Weyrauch in seinem Band *Hans Dumm, 111 Geschichten* oder Helmut Heißenbüttel in manchen Textstücken seines Erzählbandes *Eichendorffs*

---

15 Marx, *Die deutsche Kurzgeschichte*, a.a.O., S. 70.

Untergang veröffentlicht haben, wie sie bei Günter Bruno Fuchs in seinen *Gesammelten Fibelgeschichten* dominieren, verengen das Gestaltungsspektrum so sehr, daß die Gattungscharakteristika der Kurzgeschichte ausgelöscht werden und in der Tat nur Schrumpfgeschichten zurückbleiben, die zum Aphorismus, zur Parabel, zum Tagebuchnotat tendieren: Zwischenformen, erzählerische Zwitter, die man mit dem Wort Kürzestgeschichte zu Unrecht auf das Gattungsspektrum der Kurzgeschichte bezieht. / Die Möglichkeit zur Wirklichkeitserfassung wird eingeebnet auf einen einzigen Reflex des Autors, auf eine bestimmte Stilfigur, auf einen Satz, eine Geste, ein Zeichen.[16]

Gegen derlei normative Festsetzung und Einengung der Literatur vom literaturwissenschaftlichen Katheder herunter ist allemal der lebendige literarische Prozeß mit all seinen Überraschungen, die eben auch lehren, daß scheinbar noch so fremde und unangemessen erscheinende Veränderungen, speziell im Bereich der poetischen Gattungen, auch produktive Herausforderungen darstellen können, das beste Remedium. Ich beziehe mich deshalb - mit dem Fluß der Gegenwartsliteratur - in meinen folgenden Notizen auf eine der jüngeren Prosa-Publikationen von Ror Wolf, der mit seinen frühen Romanveröffentlichungen und Erzählungen zum festen Bestand der avantgardistischen deutschen Nachkriegsliteratur gehört; nach den längeren Erzählformen wendet nun auch er seine innovative Energie der ›Kurzgeschichte‹ zu und transformiert sie in ganz ähnlicher Richtung, wie dies Heißenbüttel in seinem dreigeteilten *Projekt 3* vorgeführt hat.

Bekanntlich war es eine Marotte des amerikanischen Filmregisseurs Alfred Hitchcock, daß er sich in winzigen Nebenrollen, etwa als zufälliger Straßenpassant bzw. als Schatten eines zufälligen Straßenpassanten, in seine eigenen Filme hineingeschnitten, sich in ihnen sozusagen zur Person zitiert hat: ohne sich in die Handlungen dieser Filme einzumischen, wurde er auf diese Weise doch zu ihrem integralen Bestandteil. Das gäbe einen seltsamen Film, meine ich,

---

16 Manfred Durzak, *Die deutsche Kurzgeschichte der Gegenwart*, Stuttgart 1980, S. 309.

wenn man alle diese kurzen Zelluloidpassagen zu einer einzigen Collage zusammenschnitte und diese als ein letztes - definitives - Werk des bekannten Filmemachers ausgäbe! Ror Wolfs Prosaband - *Mehrere Männer, zweiundachtzig ziemlich kurze Geschichten, zwölf Collagen und eine längere Reise* - ist eine Publikation von exakt dieser Art. Sie besteht in der Hauptsache aus einer Reihe von Kurz- und Kürzestgeschichten, die stereotyp mit Wendungen wie »Ein Mann kam ...«, »Ein Mann hatte ...«, »Ein Mann überraschte ...« einsetzen bzw. dieses erzählerische Entree wie folgt variieren: »Eines Tages fiel ein Mann vom Stuhl ...«, »Einmal traf ich einen Mann mitten im Meere schwimmend ...« oder »Ich beschreibe jetzt einen Mann, der plötzlich hinaus in die Finsternis springt«.[17] Was jeweils folgt, ist eine Serie abrupter Handlungspartikel, blitzhaft beleuchteter Aktionen, Ereignisse und Situationen meist merkwürdigen - kuriosen - Zuschnitts. Dieser Ansatz ist anekdotisch, und dies durchaus im Sinne jener älteren Literatur, der wir die konkrete Anschauung dieser erzählerischen Stilform, die auf die Pointierung des Faktischen hinausläuft, zu danken haben. Man denke an Johann Peter Hebel, Heinrich von Kleist oder jene Zeitschriften und Journale des Merkwürdigen und Phantastischen, die zum Ende des achtzehnten Jahrhunderts das Rohmaterial für derlei Erzählen lieferten.

Die Reize dieser Prosa liegen also zunächst in ihrer wie immer auffälligen Stofflichkeit; dabei reicht der Spannbogen von der seltsam verfremdeten Tagesrealität unserer unmittelbaren Gegenwart zu allen Spielarten des Grotesken und Absurden überhaupt. Anläßlich der Geschichte eines Mannes namens Mang, der alles hochhebt, was ihm nur immer unterkommt, z.B. eine auf einem Stuhl sitzende Frau, die wiederum ein Brett in der Hand hält, auf dem seinerseits ein Teller steht usw., assoziiert man den gleich-

---

17 Ror Wolf, *Mehrere Männer, Zweiundachtzig ziemlich kurze Geschichten, zwölf Collagen und eine längere Reise*, Darmstadt und Neuwied 1987, S. 11 u.ö., 6 u.ö., 46, 39, 41, 59.

namigen Gewichtheber, der sich anläßlich einer der letztvergangenen Olympiaden in Erinnerung gehalten hat, bei der er - ein wahrer Fleischberg - die Rolle eines nationalen Muskelheros gegen amerikanische und russische Gewichtheber-Konkurrenz spielen sollte:

Er hob alles hoch, was er sah. Seine Mutter hob er am Muttertag hoch und sagte: Ohne dich wäre ich niemals der Meister geworden. Das war Mang, ein Mann.[18]

Die meisten Helden dieser Geschichten, deren längste über zweieinhalb Druckseiten reicht, deren kürzeste aber nur eben aus zwei Sätzen besteht - »Ein Mann hatte sich bei einem Spaziergang verlaufen. Man hat ihn niemals wieder gesehen«[19] - , kommen jedoch ganz namenlos bzw. mit Allerweltsnamen daher. Eine besondere Spezialität Ror Wolfs ist es, das Sensationelle sozusagen von unten her anzusteuern: er greift gewöhnlichste Alltagsgeschehnisse auf, postiert sie aber so, daß sie zwangsläufig in den Anschein des Außerordentlichen geraten müssen; mitunter tendiert er auch einfach zu Witzen und Bluffs, in denen die Welt seltsam verwirrt und auf den Kopf gestellt scheint. Das ist etwa bei jenem Mann der Fall, der es in seinem Zimmer tropfen hört, daraufhin einen Eimer unter das Tropfen stellt, unter diesen aber, da der Eimer seinerseits ein Loch hat, eine Schüssel, unter diese wieder, da auch sie leck ist, eine Wanne - und so weiter und so fort! Von >Eimer< zu >Schüssel< und >Wanne< wird dabei ein fixes Wortfeld abgeschritten und überraschend komponiert. Ereignis- und Geschehnishaftes gehen auch sonst ständig ins Sprachspiel über und inszenieren sich aus ihm heraus erst eigentlich. Nach dem Diktat des Buchstabens F kommt so ein >Farmer< nach >Fermo<, entwickelt eine >Formel<, gründet eine >Firma< und verschwindet schließlich nach >Formosa<:

---

18 A.a.O., S. 21.
19 A.a.O., S. 33.

Im folgenden Jahr fand man ein Formular, in dem eine treffende Formulierung über die Form eines zu entwickelnden Hutes zu lesen war. Wir haben es mit einem Mann von Format zu tun.[20]

Noch wichtiger aber: Ror Wolf unterwirft das Anekdotische fast total den Gesetzen der Fiktionalität und macht es damit durchweg als Erfundenes oder gar erst zu Erfindendes traktierbar. Wie das?
Gleich in einer der ersten Geschichten werden wir für diesen Sachverhalt sensibel gemacht. »Ein Mann, der unter anderen Umständen nicht erwähnenswert wäre, kam, ich erwähne das hier nur am Rande, eines Morgens aus einer Tür«, lautet in diesem Fall der erste - einleitende - Satz. Aber statt den Leser in seiner nun einmal angestachelten Erwartungshaltung durch den Nachschub weiterer Ereignisse prompt zu befriedigen, wie dies doch sonst beim Erzählen immer der Fall ist, ertappt ihn der Erzähler bei seiner Neugier und läßt ihn leerlaufen:

Alles, was wir erwarten, ist jetzt ein Schuß, ein Stoß oder Sturz. Das ist wirklich nicht viel verlangt.[21]

Ehe sie gestartet und in die Wege geleitet ist, ist die Geschichte damit auch schon an ihrem Ende! - Als Verwirrspiel mit dem Leser aufgezogen, finden sich solche Umbrüche von Realität und Fiktionalität vor allem am Schluß der einzelnen Geschichten. Bald ist der Autor dem Leser zu Willen und führt die Handlung nach dessen geheimen Wünschen sogar zu einem »schlechten Ende«,[22] bald verweist er auf »fehlenden Bleistift« und »ausbrechende Verwirrung«, die verhindert hätten, daß der Fortgang der Handlung hätte notiert und mitgeteilt werden können, oder er apostrophiert das simple Bedürfnis nach einer »kleinen Pause« und etwas Atemschöpfen.[23] Die Personen, von denen

---

20 A.a.O., S. 15.
21 A.a.O., S. 10.
22 A.a.O., S. 61.
23 A.a.O., S. 96, 103.

eben noch erzählt wurde, stehlen sich unter der Hand davon, gehen dem Erzähler unter der Hand schlichtweg verloren. Oder es kommt zu Cut-up-Effekten nach dem Muster: das eben Berichtete sei ohne »Bedeutung«, gehöre »eigentlich gar nicht hierher«.[24] »Ganz ohne Veranlassung« - so einer dieser Texte - »mußte ein Mann gähnen, und zwar hier, vor unseren Augen. Das veranlaßt uns, diese Geschichte, die wir gerade begonnen haben, augenblicklich zu beenden«.[25]

In ihrer stofflichen Präsentation wie in der seriellen Variation des Erzählaktes als solchem üben diese Geschichten Ror Wolfs eine eigene und anhaltende Faszination aus, und dies gerade auch in ihrem inneren Zusammenhang, der äußerlich durch die Variation der Schlußpointen gesteuert wird. Doch ähnlich wie Helmut Heißenbüttel interpoliert auch hier der Autor aus der ganz kurz gehaltenen Erzählform - >ziemlich kurze Geschichten< heißt es ausdrücklich im Untertitel der Veröffentlichung - aufs längere Erzählen hin und kommt über die Konfrontation doch auch zu einer Parallelisierung. An den Schluß seines Buches hat Ror Wolf jedenfalls eine in mehrere Kapitel unterteilte längere Erzählung, ja fast einen kleinen Roman gestellt: *Auf und davon, Eine längere Reise (Bix Beiderbeck gewidmet).*[26] Der Held, der >Mann< der Geschichte, ist der amerikanische Erzgangster Al Capone. Die inhaltlichen Möglichkeiten der Kriminalstory liegen damit auf der Hand; gerade in formaler Hinsicht führt der Autor jedoch vor, daß sich in der Tat alle in der Kleinform erprobten Techniken des Erzählens auch ins Große projizieren und entsprechend modifizieren lassen. Dieses poetologische Moment hebt die Veröffentlichung noch einmal über sich selbst hinaus: es unterstreicht, daß es sich bei den hier angestellten Erzählversuchen im Bereich der Kürzestprosa wirklich um ein kreatives Experimentierfeld - und nicht nur für das Erzählen von Kurzgeschichten,

---

24 A.a.O., S. 47.
25 A.a.O., S. 75.
26 A.a.O., S. 107ff.

sondern überhaupt fürs Erzählen - handelt: ist es verwunderlich, daß die innovatorischen Anstöße dabei ausgerechnet bei jenen Schreibweisen wie >serielle Formation<, >Permutation<, >Sinnentzug<, >leere Form< etc. ansetzen, die innerhalb der avantgardistischen Kunst- und Literaturbewegungen seit der Jahrhundertwende ihren festen Platz haben? Bleibt noch der medienhistorische Aspekt, auf den ich einleitend abhob! Was wäre wohl, wenn sich die Novelle des neunzehnten Jahrhunderts tatsächlich aufs engste im Rahmen der Almanache, Wochen- und Monatszeitschriften, die Kurzgeschichte hingegen im Rahmen der modernen Tagespresse entwickelte, das Medienäquivalent für die Kürzestgeschichte, so hier eine ähnliche Signifikanz vorliegt? Natürlich wird man wie in jenen Fällen auch hier von keinem allzu direkten Nexus auftragsmäßiger Art ausgehen dürfen, sondern mehr an eine lose Korrespondenz denken müssen, die sogar in Opposition zu ihrer Ursache stehen darf, wie folgende Anekdote um Heinrich Böll schlaglichtartig deutlich macht:

Es ist ein verhängnisvoller Irrtum, wenn etwa ein Redakteur einem Autor sagt: Schreiben Sie uns doch mal eine Kurzgeschichte. Sie können das doch. Es ist ungefähr so, als wenn er sagte: Holen Sie mir doch mal eine Sternschnuppe. Es kann Jahre dauern, ehe ich mit einer Kurzgeschichte zu Rande komme.

Dies in Rechnung gestellt, sind Kürzestgeschichten vielleicht ein unmittelbarer Ausdruck jener in den modernen Massenmedien um sich greifenden Zwänge, die den Raum der Literatur mehr und mehr einengen und ihr allenfalls noch schmale Programm-Enklaven bereitstellen: eine weitere Reduktion der Formen, ein Hang zur Veräußerlichung der Effekte und zur seriellen Produktion sind offensichtlich die unmittelbare Folge. Auf diesen Prozeß scheinen Helmut Heißenbüttel und Ror Wolf mit ihren Kürzestgeschichten fixiert zu sein; sie entziehen sich ihm jedoch auch gleich wieder, weil sie Spielräume öffnen, die jenseits einer solchen Zuweisung liegen.

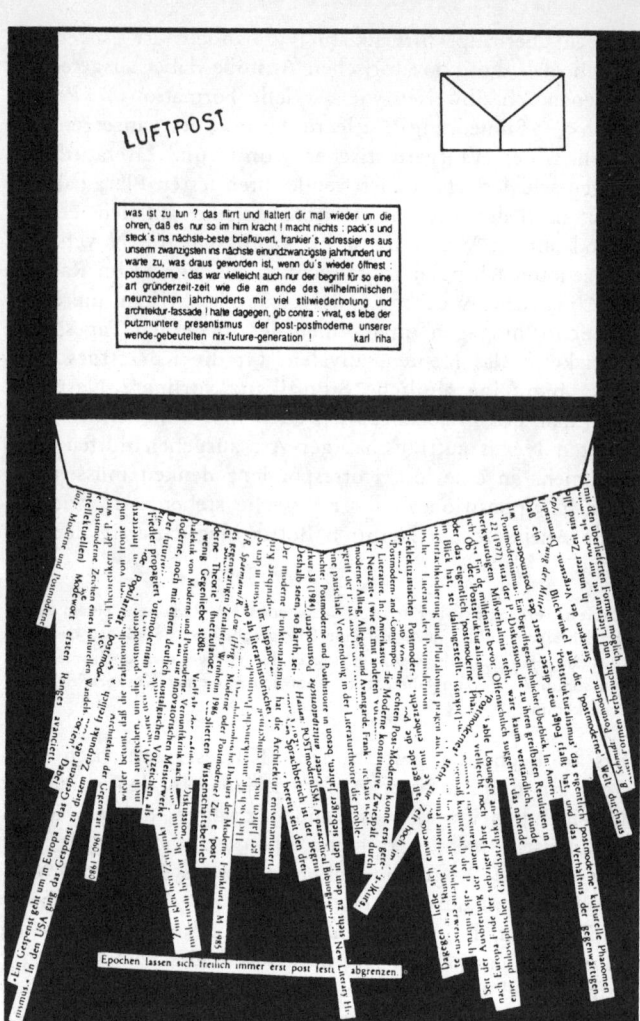

k.r.: post-postmoderne

Prä-Moderne versus Post-Moderne
Noch ein Beitrag zu einer aktuellen Diskussion

Alle sprechen von der Post-Moderne; ich schlage vor: sprechen wir zunächst noch einmal von der Prä-Moderne! Noch längst ist ja die Rekonstruktion der Vorgeschichte der Moderne nicht abgeschlossen und lassen sich aus ihr wichtige Erkenntnisse für den programmatischen Einsatz innovativer Kunst- und Literaturbewegungen um die Jahrhundertwende und ihr lebendiges Weiterwirken bis heute gewinnen. Ausgehend von den ästhetischen Revolutionen der abstrakten und konstruktivistischen Kunst, der futuristischen Befreiung des Wortes, der dadaistischen Collage, der Entdeckung des Prinzips der Simultaneität, des Bruitismus und des Zufalls, der surrealistischen Erforschung des Traumhaften und Unbewußten, haben wir ja gleich mehrere Perspektive (sprich: Fernrohre) zur Hand, mit denen wir einen ganz frischen Blick auf alle je dagewesene Kunst und Literatur werfen können - mit dem Ziel, versteht sich, sie neu zu sichten, neu zusammenzusetzen und damit unter eine andere Anspannung zu bringen, als es die herkömmliche Kunst- und Literaturgeschichtsschreibung wahrhaben will, die ihre statischen Epochenbegriffe verwaltet. Freilich wird man sich dabei hüten müssen, den Blick der Moderne unkompliziert und oberflächlich in die Geschichte zurückzuprojizieren, wie seinerzeit - über gleich mehrere Jahrhunderte hinweg - die vermeintliche Gleichsetzung von expressionistischer Chiffrenpoesie und barocker Metaphorik zeigte, die eben doch verschiedene Wurzeln haben und deshalb nicht über einen Leisten geschlagen werden dürfen. Ist man sich jedoch solcher Differenz bewußt und bezieht sie bewußt in das Recherchierverfahren mit ein, ist der Versuch, hinter den eigentlichen Einsatz der Moderne zurückzugehen, ihre Vorgeschichte zu markieren und den verstreuten Zusammenhängen der Prä-Moderne zu folgen, durchaus legitim und notwendig, gerade auch für die Theorie der Moderne und ihre Re-Integration in den Gesamtprozeß der Kunst und Literatur, trotz aller protesthaften Aufkündigung der Tradition, wie es etwa die Begriffe der >Nicht-Kunst< bzw. >Anti-Kunst< signalisieren.

In ihnen blätternd, stößt man unter den Aphorismen in den *Sudelheften* des Göttinger Gelehrten und Philosophen Georg Christoph Lichtenberg auf folgende merkwürdigen Eintragungen: »Es ist nötig, alle seine Kenntnisse umzurühren und sich dann wieder setzen zu lassen, um zu sehen, wie sich alles setzt« - oder:

Wenn wir beim Nachdenken uns den natürlichen Fügungen der Verstandesformen und der Vernunft überlassen, so kleben die Begriffe oft zu sehr an andern, daß sie sich nicht mit denen vereinigen können, denen sie eigentlich zugehören. Wenn es doch etwas gäbe wie in der Chemie Auflösung, wo die einzelnen Teile leicht suspendiert schwimmen und daher jedem Zug folgen können[1].

Natürlich spricht hier der Naturwissenschaftler des achtzehnten Jahrhunderts; dennoch haben diese Äußerungen einen Überschuß, der weit über ihre schriftliche Fixierung hinausreicht, und gerade er macht das spezifisch moderne Denken Lichtenbergs aus, das uns heute noch erreicht. - Ohne daß Lichtenberg als konkreter Rückbezug gedient hätte, erfahren solche und ähnliche Erkenntnisse Ende des neunzehnten, Anfang des zwanzigsten Jahrhunderts ihre Re-Animation im ästhetischen Manifest und dessen poetischer Umsetzung, so etwa bei Hugo von Hofmannsthal, der in seinem Aufsatz *Poesie und Leben* fordert, man müsse die Worte aus ihren falschen Verbindungen reißen, eine »neue und kühne Verbindung von Worten« sei das »wundervollste Geschenk für die Seelen«[2], oder bei Paul Scheerbart, der in seinem phantastischen Roman *Münchhausen und Clarissa* den

---

1   Georg Christoph Lichtenberg, *Physikalische und mathematische Schriften*, hrsg. von Ludwig Christian Lichtenberg und Friedrich Christian Kries, Göttingen 1803-06, Bd. 4, S. 137f.
2   Hugo von Hofmannsthal, *Gesammelte Werke, Prosa I*, Frankfurt/Main 1950, S. 309.

Glauben daran artikuliert, daß man »hinter das Wesentliche in der Natur viel schneller kommt«, wenn man »die einzelnen Stücke der Natur voneinander trennt und sie nachher wieder in anderer Art zusammenbringt. Schaffen heißt (...): Neues schaffen«; und dies gelingt eben nur, wenn man »die vorhandenen Naturbilder zerlegt und mit den zerlegten Stücken neue - ganz neue - Bilder schafft«. »Schaffen«, heißt es programmatisch, »ist eben komponieren«[3].

Diese Scheerbart-Zitate wiederum lassen sich geradezu direkt als Vorwegnahme eines collagierenden Bewußtseins lesen, das dann bei den Dadaisten voll durchdringen und ihre provokativen Kunst-Antikunst-Aktionen festlegen sollte. Vom »Durcheinanderjagen aller Dinge«[4] als aktueller Zeiterfahrung und deshalb notwendigem Kunstausdruck ist im *Dadaistischen Manifest* von 1918 ausdrücklich die Rede. Und weiter: läßt sich der produktive Bezug nicht auch noch bis zu André Bretons surrealistischen Manifesten hinauf ziehen, in denen vom Protest gegen die »Herrschaft der Logik« die Rede ist - eine Logik, die »sich in einem Käfig windet, und es wird immer schwieriger, sie entweichen zu lassen«[5] - , eben deshalb der Rekurs aufs Traumhafte und Unbewußte und die Versuche im automatischen Niederschreiben aus dem Unterbewußten aufsteigender Sätze. Die Befreiung der Worte aus dem Korsett einer sie einengenden und ihre Mobilität hemmenden Grammatik, die Lösung der Poesie aus den Schemata herkömmlicher Form- und Satzordnungen läßt sich vom italienischen und russischen Futurismus herauf bis in den Einzugsbereich der konkreten Poesie verfolgen, für die Helmut Heißenbüttel - mit Bezug auf das Grundmodell unserer Sprache: Subjekt-Prädikat-Objekt - formuliert hat: »Wir benutzen es noch. Aber es ist

---

3   Paul Scheerbart, *Dichterische Hauptwerke*, hrsg. von Else Harke, Stuttgart 1962, S. 466.
4   *Dada-Almanach*, im Auftrag des Zentralamts der deutschen Dada-Bewegung hrsg. von Richard Huelsenbeck, Berlin 1920, S.
5   André Breton, *Erstes Manifest des Surrealismus*, zit. nach: A. B., *Die Manifeste des Surrealismus*, übers. von Ruth Henry, Hamburg 1977, S. 15.

bereits starr. Es erscheint abgenutzt, bröckelt ab, verwittert«. Die neue Forderung an den Dichter lautet daher, er müsse versuchen, »ins Innere der Sprache einzudringen, sie aufzubrechen und in ihren verborgensten Zusammenhängen zu befragen«: »Satzsubjekte, Satzobjekte, Satzprädikate fallen weg, weil die Erfahrung, von der geredet wird, außerhalb der eindeutigen Subjekt-Objekt-Beziehung steht«⁶.

Einer bloßen Anhäufung von mehr oder weniger zufällig gewonnenen Prämoderne-Fundstücken gegenüber, die zwar stets überraschend wirken und aus diesem Effekt heraus bald irritierend, bald konstruktiv eingesetzt werden können, aber dennoch isoliert bleiben, erweist sich jedoch eine Argumentation als notwendig, die stärker auf das grundsätzliche Verhältnis von Geschichte und Moderne abhebt und dabei zwangsläufig breitere Schichten einschlägiger Paradigmata zutage fördert. Ich verweise hier - als Anstoß - auf Helmut Heißenbüttels Aufsatz mit dem Titel *Die Rache der Sprechblase*⁷, in dem er die These vertritt, daß die moderne Grenzüberschreitung der Künste, also die Überwindung der traditionellen Grenzen literarischer und bildkünstlerischer Kreativität und ihre gegenseitige Befruchtung, eine interessante Vorgeschichte in der Bilderliteratur des neunzehnten Jahrhunderts, also in all jenen populären Bild-Text-Medien wie Bilderbogen, Bildergeschichten, Karikaturen, humoristisch-satirischen Zeitschriften habe, auf die man in den offiziellen Kunst- und Literaturgeschichten allenfalls am Rande und meist mit abwertendem Urteil verwiesen wird. Dies ändert sich mit der neuen Optik, die Heißenbüttel fordert, radikal: um die Vorgeschichte der so festgelegten Moderne angehen zu können, erweist es sich als absolut notwendig, unter das Raster der etablierten Epochentermini der Kunst- und Literaturgeschichte mit ihren abgegrenzten Stilfixierungen zu gehen und gerade solche

6   Helmut Heißenbüttel, *Voraussetzungen*, in: *Mein Gedicht ist mein Messer*, hrsg. von Hans Bender, München 1961, S. 89ff.
7   Helmut Heißenbüttel, *Von fliegenden Fröschen, libidinösen Epen, vaterländischen Romanen, Sprechblasen und Ohrwürmern, 13 Essays*, Stuttgart 1982, S. 99ff.

Tendenzen zu verfolgen, die man bislang dieser Ordnung gegenüber als ›randgelagert‹ bzw. ›unterströmig‹ glaubte vernachlässigen oder eliminieren zu dürfen. Heißenbüttels Vorschlag hat deshalb ganz unmittelbar die Aufwertung einer ganzen Schicht künstlerischer Kreativität zur Folge, die mit dem Blick der Moderne überhaupt erst aufgestöbert und ins Zentrum der Aufmerksamkeit gestellt wird.

Sollte sich diese These verifizieren und entsprechend verallgemeinern lassen, hätte dies allerdings erhebliche Konsequenzen in ganz unterschiedlicher Hinsicht: die Vorstellung vom punktuellen Einsatz der Moderne um 1910 müßte aufgegeben werden zugunsten einer eher gleitenden Skala, deren Markierungen ins neunzehnte Jahrhundert und weit darüber hinaus zurückreichen, und umgekehrt müßte man neunzehntes, achtzehntes Jahrhundert etc. neben ihren herkömmlichen, inzwischen sedimentierten und als Lexikonwissen abrufbaren literatur- und kunstgeschichtlichen Epochenstilvermessungen, die von der Aufklärung, Klassik und Romantik übers Biedermeier, die Vormärz-Bewegung und das Junge Deutschland in den poetischen Realismus und Naturalismus führen, auch als eine Periode begreifen, die immer wieder in ganz andere Richtungen tendierte und deshalb eine Fülle von Paradigmata parathält, die sich den geläufigen Schemata entziehen und sich deshalb mitunter sehr direkt einer Vorgeschichte der Moderne zuführen lassen. Es heißt dies allerdings, daß das publizistische Terrain ganz neu zu sondieren wäre, was allemal mit Schwierigkeiten verbunden ist, und dies besonders dann, wenn man zurückgehen muß auf die Zeitungen und Zeitschriften der Zeit und anderes poetisch-künstlerisches Anschauungsmaterial außerhalb der bevorzugten Gattungen Lyrik, Roman und Drama.

Machen wir - ausgehend von der Poetik des Experiments und jenen radikalen Modifikationen, welche die Avantgardebewegungen seit dem Beginn unseres Jahrhunderts charakterisieren - die Probe aufs Exempel! - Das Prinzip der Simultaneität, also der Gleichzeitigkeit der Geschehnisse innerhalb einer großstädtisch-turbulenten Welt, wie sie die Futuristen entdeckten und zur Herausforderung an die Kunst erhoben, präfiguriert in zahlreichen autobiographischen Dokumenten schon des achtzehnten und neunzehnten Jahrhunderts, die sich erhalten haben, so etwa in jenem berühmten Brief, den 1775 Georg Christoph Lichtenberg aus London an seinen Freund Baldinger in Göttingen schrieb: die Schreibform des »flüchtigen Gemäldes« ähnelt einer raschen Schnittfolge filmischer Sekundenbilder, die in sich ein buntes, verwirrendes Kaleidoskop entwerfen, das aber die ›neue Ordnung‹ einer ›neuen Wirklichkeit‹ zu treffen versucht, wie der Autor selbst in einer diesbezügliche Einlassung zur Schreibweise des Briefes verrät: »Bis hieher habe ich fast, wie man sagt, in einem Odem weggeschrieben, mit meinen Gedanken mehr auf jenen Gassen als hier. Sie werden mich also entschuldigen, wenn es sich zuweilen hart und schwer liest«, aber »es ist die Ordnung von Cheapside«[8].

Aufgenommen wird diese Brief-Perspektive zunächst am ehesten noch in der journalistischen Literatur, die solche Berichte aus den großen europäischen Städten bald zu ihrer eigenen Domäne werden läßt und ihnen eigene Periodika widmet, und natürlich sind es die Karikaturisten und Illustratoren der Zeit, die solches tumultuarische Geschehen im Kupferstich und dann in der Lithographie festzuhalten versuchen. William Hogarth mit seinen diversen Kupferstichserien aus dem Londoner Straßen- und Alltagsleben, denen Lichtenberg eigene Beschreibungen gewidmet hat, wäre hier stellvertretend zu nennen. - Zu einer eigenen Spezies innerhalb dieser eskalierenden Großstadtgraphik entwickeln sich, abgeleitet aus dem Architekturaufriß, die Darstellungen von Häuserquerschnitten, in denen uns die ganze Skala des bunten Lebens, die Fülle der Kontraste innerhalb eines einzigen Großstadthauses vom Keller über die Beletage und alle weiteren Etagen bis unters Dach vorgeführt wird. In Paris, London und bald auch in

---

8   Georg Christoph Lichtenberg, *Schriften und Briefe*, Bd. 4, *Briefe*, hrsg. von Wolfgang Promies, S. 212.

Berlin schießt eine populäre Literatur in illustrierter Zeitschriften- bzw. billiger Heftchenform aus dem Boden, die eben dieses Thema behandelt und aus ihm alle nur möglichen Einzelaspekte herausschlägt. Auf sie geht Karl Gutzkow mit seinem Entwurf eines *Romans des Nebeneinander* zurück, den er im Zusammenhang mit seinem voluminösen Roman *Die Ritter vom Geiste* skizziert und in Umrissen sichtbar macht:

Den Roman des >Nebeneinander<, den ich aufgestellt habe, wird man verstehen, wenn man sich aus einem Bilderbuch die Durchschnittszeichnungen eines Bergwerks, eines Kriegsschiffs, einer Fabrik vergegenwärtigt. Wie das nebeneinander existierende Leben von hundert Kammern und Kämmerchen, wo eine von der andern keine Kenntnis hat, doch zu einer überschauten Einheit sichtbar wird, so wird der Roman des >Nebeneinander< den Einblick gewähren von hundert sich kaum berührenden und doch von einem einzigen großen Pulsschlag des Lebens ergriffenen Existenzen. Eine Betrachtungsweise, wo ein Dasein unbewußt die Schale oder der Kern des andern wird, jede Freude von einem Schmerz benachbart ist, (...) und wo andererseits eine Unbill auch schon wieder unbewußt den Rächer auf den Fersen hat, wird den Roman noch mehr als früher zum Spiegel des Lebens machen. (...) Wiedergeben läßt es sich mit der Feder nur in der Form des Nacheinander, aber auf die Anschauung kommt es an[9].

Mit diesem programmatischen Exposé, dem freilich die reale Ausführung noch kaum zu folgen vermag, ist für die Entwicklung des modernen Romans - hin zur Auflösung des linearen Erzählens einer geschlossenen Geschichte, zur Sprengung der Handlung in eine Vielzahl von Stoffpartikeln, zur Montage und generell zur Aufsplitterung des Lesevorgangs - eine zentrale Markierung gesetzt. Von ihr aus eröffnet sich folgerichtig ein anderer Rundblick, als dies von anderen Positionen aus der Fall ist, die stärker in der Fluchtlinie jener allgemeineren Trends verbleiben, nach deren Ansicht der Roman des neunzehnten Jahrhunderts seine markante Kontur als kompaktes Erzählgefüge erhielt und - bald als Entwicklungs- und Bildungsroman, bald als

---

9 Karl Gutzkow, *Werke, Auswahl in zwölf Teilen*, hrsg. von Reinhold Gensel, Berlin, Leipzig, Wien, Stuttgart o.J., Teil 12, S. 111f.

realistischer oder psychologischer Roman, bald als höchst stilisiertes Gebilde, dann aber auch als sensationsgieriger, höchst kruder, an die Presse ausgelieferter Zeitungsfortsetzungsroman - zur zentralen Gattung der Literatur aufgewertet wurde. Bei so viel absorbierter Energie ist es nicht verwunderlich, daß der Blick für die zeitlich parallelen Auflösungsformen des Romans eingeschattet blieb und sich nicht in dem Maße freisetzen konnte, in dem dies erst im Rückblick aus unserem Jahrhundert möglich ist. Begreift man beispielsweise, wie dies aus allerjüngsten Entwicklungen heraus legitim erscheint, ›Roman‹ nicht mehr als ›widergespiegelte Welt‹, ›Entwurf eines Charakters‹, ›aus sich selbst heraus fortgesponnene Geschichte‹, sondern lediglich als ›Integrationsform‹ diffuser Stoffpartikel und unterschiedlichster Sprach- und Zeichensysteme, dann gewinnen natürlich gerade jene Ansätze schon des neunzehnten Jahrhunderts eine besondere Signifikanz, die antizipierend graphische Elemente in den Roman hineinziehen bzw. als Roman selbst in die Graphik tendieren, wie dies punktuell beim Arabesken-Roman *Münchhausen* von Karl Leberecht Immermann[10] bzw. voll entfaltet in den phantastischen Episoden und poetischen Exkursionen des *Tutu* von Alexander Ungern-Sternberg der Fall ist[11], der sich mit einem eigenen Kapitel dieses Buches an Rodolphe Toepffers komischen Bilderromanen als einem ganz eigenen Genre der Bildererzählung orientiert, das zu Recht einen separaten Platz zwischen den etablierten Künsten beansprucht und in seiner spezifischen Ausformung als ein Vorläufer des Films angesehen werden kann. So Toepffer in seinem *Essai de Physiognomonie* aus der Mitte des neunzehnten Jahrhunderts:

---

10 Karl Leberecht Immermann, *Werke in fünf Bänden*, hrsg. von Benno von Wiese, Bd. 3, Frankfurt/Main 1972, S. 66.
11 Alexander von (Ungern-)Sternberg, *Tutu, Phantastische Episoden und poetische Excursionen*, Leipzig 1846, S. 113ff.

Man kann Geschichten schreiben mit Kapiteln, Zeilen, Wörtern: das ist wirkliche Literatur. Man kann Geschichten schreiben in Bildern und fortgesetzten Szenen: das ist Literatur in Bildern[12].

Unter den karikaturistischen, humoristisch-satirischen Zeitschriften, die als ein unmittelbarer Ausdruck der liberalen und republikanischen Ideen der Zeit zu gelten haben und deshalb mit den revolutionären Bewegungen der Zeit aus dem Boden schießen, sind die 1844 gegründeten *Fliegenden Blätter*, die eine ganze Flut ähnlicher Periodika nach sich ziehen, eine wahre Fundgrube an solchen Grenzüberschreitungen der Künste und aus ihnen abgeleiteter Erfindungen, die spielerisch Konzeptionen der Moderne vorwegnehmen. Walter Benjamin hat einmal in einem kleinen Aufsatz, dem er den Titel *Worüber sich unsere Großeltern den Kopf zerbrachen* gab, die Aufmerksamkeit auf die Rebus-Bilder in solchen und ähnlichen Zeitschriften gelenkt und ihnen eine hohe Zeitsignifikanz zuerkannt[13]; mit einer leichten Wendung der Argumentation lassen sich diese Bilderrätsel aber auch als Vorläufer einer surrealistischen Bildlichkeit ansprechen bzw. gewinnen eine eigene Interessantheit, wenn man sie in einen solchen Zusammenhang rückt. Es fehlt freilich bislang an einer exakten bibliographischen Erfassung dieser populären Zeitschriften, die oft sehr kurzlebig waren, mitunter aber auch lange Laufzeiten bis in unser zwanzigstes Jahrhundert hinein erreichten, freilich oft mit nachlassender satirischer und kreativer Energie, deshalb abgelöst durch andere Zeitschriften mit anderem Ursprung und anderer Ausrichtung, darunter an hervorstechender Stelle *Simplicissimus* und *Wahrer Jacob*, aber nicht zuletzt gerade auch die Zeitschriften der Dada-Bewegung, für die hier allein die Berliner Zeitschrift *Jedermann sein eigner Fußball* stehen soll. Doch allein schon bei kursorischer Lektüre stößt man rasch und in dichter Folge immer wieder

---

12 Rodolphe Toepffer, *Essai de Physiognomonie*, hrsg. von Wolfgang Drost und Karl Riha, Siegen 1980, S. 1f.
13 Walter Benjamin, *Gesammelte Schriften*, Bd. IV, 2, hrsg. von Tillman Rexroth, Frankfurt/Main 1972, S. 622f.

auf einprägsame Beispiele, die spontan ins Auge springen und sich leicht zu einer instruktiven Galerie der Prä-Moderne im hier gemeinten Sinn versammeln lassen.

Die herausgegriffene Beispiel-Kette steht für andere, die sich mit Hilfe des so umrissenen prä-modernistischen Materials und seiner Interpolation auf die eigentliche Moderne leicht bilden lassen. Dabei scheint mir wichtig, daß die hier von mir angesprochenen karikaturistischen Zeitschriften bereits aus sich heraus in poetologischer Hinsicht stimulierend, also über sich selbst hinaustreibend gewirkt haben, wie sich beispielsweise an der Konzeptions- und Entstehungsgeschichte der *Blechschmieden*-Satire des Arno Holz belegen läßt: als »umgekippter, umgeschwippter, umgestürzter WUNDERPAPIERKORB« schwebte ihm dabei ein immenses Zitaten-Mosaik vor, »aus Roman, Tagebuch, Kritik, Erinnerung, Biographie und Autobiographie, namentlich aber aus eigenen Produktionen des Gefeierten auf allen Gebieten, merkwürdig zusammengesetzt«[14]. - Natürlich läßt diese ›Zettelkasten‹-Metapher sofort an Arno Schmidt denken, der diese Schreibweise aufgenommen und in *Zettels Traum* fixiert hat. Andere Autoren sind noch sehr viel weiter gegangen. Ich lasse mich durch sie stimulieren und dynamisiere den Entwurf des Arno Holz in einer Weise, daß der Autor für mich tatsächlich - wie Helmut Heißenbüttel dies einmal formulierte - zum ›Vater der Moderne‹ avanciert. Er hat ja selbst um die programmatische Bedeutung gewußt, die man ihm auch noch vom Ende des zwanzigsten Jahrhunderts her zumessen muß, und hat - mit einem selbstbewußten Seitenblick auf den zeitkritischen ›Umwerter‹-Philosophen Friedrich Nietzsche - den zukunftsweisenden Anspruch seiner Dichtung unter den Begriff eines »Buchs von Übermorgen« gebracht[15].

Schließt sich hier der Zirkel von Prä-Moderne, Moderne und Post-Moderne, den ich zu schlagen versucht habe? - Es

---

14 Arno Holz, *Briefe*, hrsg. von Anita Holz und Max Wagner, München 1948, S. 113.
15 Holz, *Briefe*, a.a.O., S. 122.

war meine Absicht, noch einmal etwas von den Energien freizusetzen, die nach wie vor in der Originär-Moderne vom Beginn unseres Jahrhunderts beschlossen liegen, um im Rückschlag auf die vorgelagerte Geschichte der Literatur und Kunst die Vorgeschichte der Moderne zu eruieren: Prä-Moderne - so verstanden - als Aufriß sedimentierter Kenntnisse, als frischer Blick, als Entdeckung abseitig gehaltener Dokumente, die zu einer neuen Perspektive zusammenschießen und eine neue Erkenntnisstruktur bilden. Habe ich mein Ziel erreicht? - Wie behauptet sich demgegenüber der Begriff der Post-Moderne? Entläßt er uns - so plötzlich in aller Munde - wirklich aus der Anspannung, unter die uns die primäre Moderne so nachhaltig setzt, daß wir mit ihrer Hilfe sogar die Geschichte neu besetzen, uns neu zusammensetzen können, und öffnet unbekannten Zukunfts-Horizonten den Raum? Vertraut man dem jüngsten Lexikon[16], das mit seinem Artikel *Postmoderne* schon resümiert, was kaum in die Begriffswelt gesetzt ist, handelt es sich um einen Terminus, der offensichtlich gerade durch seine Unschärfe attraktiv wird, läßt er doch offen, ob er auf eine Art ›Nach-Moderne‹ oder auf eine tatsächliche ›Überwindung der Moderne‹ abzielt. Gilt das eine, wiederholen sich die Fragen, die ich auf der Suche nach der Prä-Moderne aufgeworfen habe: mit umgedrehtem Perspektiv (auch hier sprich: Fernrohr) blicken wir nun eben nicht in die Geschichte zurück, sondern mit dem Fortschreiten der Kunst- und Literaturentwicklung auf jene Bewegungen, die sich konsequent aus der Moderne ableiten, voraus, wobei es durchaus so sein kann, daß die seinerzeit so radikal freigestellten Dekompositionsakte nun wieder rekompositorisch erprobt werden, was sehr wohl neue künstlerische Handlungsräume eröffnet. Einige Gegenwartsautoren, deren Namen fest mit den avantgardistischen Formationen der deutschen Nachkriegsliteratur verbunden sind, scheinen mir

---

16 Dieter Borchmeyer, *Postmoderne*, in: D.B. und Viktor Zmegac (Hrsg.), *Moderne Literatur in Grundbegriffen*, Frankfurt/Main 1987, S. 306 f.

konsequent auf diesem Weg zu sein; so etwa Helmut Heißenbüttel, der in den sechziger Jahren der Stuttgarter Gruppe um Max Bense angehörte und experimentelle *Textbücher* vorlegte, heute aber zeigt, daß sich mit dem damals kreierten und in der Zwischenzeit vielfach erprobten Handwerkszeug doch wieder Novellen, Märchen, Ich-Geschichten und sogar Romane schreiben lassen, und zwar ganz neuartige. So auch Ludwig Harig, Ror Wolf und viele, viele andere Autoren! Gilt das andere, darf man wohl zu Recht nach dem Kriterium der Transgression, Überwindung oder Ablösung der Moderne fragen, wie immer die Bezeichnung lauten mag; bleibt es hier jedoch beim behaupteten Rückgewinn der Semantik, des Erzählens, der Gegenständlichkeit bzw. bei der Formel des >anything goes<, gefaßt als Tendenz zur Mehrfachkodierung im Rückgriff auf alle je dagewesenen Stilformen, die zu beliebigem Einsatz verfügbar sind, liegt die Vermutung nahe, es handle sich nun zum Ende des zwanzigsten Jahrhunderts - in gewisser Parallele zur fälschlich so genannten Gründerzeit zum Ende des neunzehnten Jahrhunderts - doch nur abermals um Epigonalkunst mit viel Stilwiederholung und Stilklitterung als Signet. Ihr gegenüber wäre das Nachsinnen über die uneingelösten Momente der Moderne, die Möglichkeiten ihrer Weiterführung und Modifikation doch allemal das bessere Ende der Geschichte.

Doch - halt! Mir wird das Ganze zu abstrakt; statt weiter die >Postmoderne< als solche zu apostrophieren, schließe ich deshalb mit einem Hinweis auf ein jüngst erschienenes, konkretes Werk der literarischen Postmoderne: Enrique Vila-Matas' *Historia abreviada de la literatura portátil*, erstveröffentlicht 1985, unter dem Titel *Dada aus dem Koffer, Die Geschichte der tragbaren Literatur* 1988 von Orlando Grossegesse aus dem Spanischen ins Deutsche übersetzt und 1991 aus dem vifen *Popa*-Kleinverlag ins *Suhrkamp-Taschenbuch* gebracht[17]...

---

17 Enrique Vila-Matas, *Dada aus dem Koffer, Die verkürzte Geschichte der tragbaren Literatur*, Frankfurt/Main 1991.

Von Raoul Hausmann, dem Berliner Dadasophen, haben wir
- datiert auf >Berlin 1923<, wo er vom >Dadaisten< zum
>Antidadaisten< und >Presentisten< mutierte, und gleichzeitig datiert auf >Limoges 1960<, wo er über das Ende des
Zweiten Weltkriegs hinaus im Exil lebte und starb - den
Bericht einer *Begegnung mit Franz Kafka*, die so nie stattfand,
dafür aber alle Plausibilität des Fiktiven, Möglichen oder
Wahrscheinlichen hat: danach treffen die beiden Autoren per
Zufall in einer Berliner Vorortstraße zusammen, erkennen
sich gegenseitig und vertiefen sich, während sie den gemeinsamen Weg in die Stadt nehmen, in ein Gespräch über
den Dadaismus. In ihm erhält Hausmann Gelegenheit,
seinen Rückblick auf diese radikale Kunst-Antikunst-Bewegung, die zum Ende des Ersten Weltkriegs an verschiedenen
Orten gleichzeitig entstand und in Zürich den Namen
>Dada< erhielt, wie folgt zu präzisieren:

Dada war für uns weder ein Bierulk noch so etwas wie die Philosophie von Scheeler oder der Phänomenologisten. Wir hatten erkannt, daß der Freudismus auf einem Irrtum beruht: Ödipus ist nicht der Ausgangspunkt einer Moral, die aus der Unterdrückung des Vatermordgedankens über das >Es< zur Befreiung von Komplexen führen kann. Wir gingen von den Gedanken Otto Gross' aus, daß am Anfang der Leitlinie jedes Individuums der Konflikt des Eigenen und Fremden steht und daß das Individuum in unserer Gesellschaft sich stets gegen die von der Familie aufrechterhaltenen Minderwertigkeitserklärungen wehren muß./ Dada hat diese Erkenntnis nur ins Allgemeine und Ironische, in die Selbstauflösung verlegt. Angewandt auf den Künstler, so haben wir ihn von der Fremdautorität befreit.[18]

Kafkas unmittelbare Antwort darauf:

Das alles ist mir neu. Ich wußte nicht, daß die Dadaisten so sehr für die Psychoanalyse waren. Ich kenne diese Theorien natürlich auch, finde aber, daß sie sehr viel Abstoßendes enthalten. Auch habe ich nicht bemerkt, daß sie praktisch jemals zu einer Befreiung von Komplexen geführt hätten. Wie haben Sie sich diese Befreiung vorgestellt? Für mich sind die Mittel des Schriftstellers keineswegs so außerordentlich und diskursiv wie für einen Wissenschaftler, schon die >parabolische Form<, die ich oft anwende, steht dem Mythos nahe und weist auf eine Metaphysik. Es besteht eine komplementäre Übereinstimmung zwischen dem persönlichen Bemü-

---

18 Aus dem Manuskript.

hen und einer Annäherung an die gesellschaftlichen Andränge, die durch nichts anderes überwunden werden können als die künstlerische Schöpfung. Dies entgeht mir im Dadaismus.

Da naht die Straßenbahn und läßt ihr Klingelsignal ertönen:

>Es hat mich sehr gefreut, Ihre Bekanntschaft gemacht zu haben. Auf Wiedersehen, vielleicht ein andermal.<
Wir lüften gegenseitig unsere Kopfbedeckungen.
>Auf Wiedersehen, Herr Kafka.<
Sehe ihn leichtfüßig auf die Plattform steigen, höre das Abklingelsignal des Schaffners, Gepolter des Anfahrens – langsam entschwindet Kafka mit dem Wagen gegen die Kaiserallee. In eine ungewisse Dämmerung, in der es kein Wiedersehen gibt.

Kafka weilte, wie wir wissen, 1923 tatsächlich in Berlin, die Begegnung hätte also in dieser oder ähnlicher Form, wie sie hier festgehalten ist, wirklich stattfinden können, doch sie ereignete sich – zum Zeitpunkt ihrer Aufzeichnung über dreißig Jahre später – nur auf dem Papier des exilierten Ex- bzw. Immer-noch-Dadaisten. Wie immer aus der Luft gegriffen, behauptet das kleine Prosastück jedoch eine eigentümliche Faszination, deren Herausforderung darin liegt, daß die historischen Sachverhalte nicht abgeschlossen erscheinen, sondern sich der weiterführenden und sie ergänzenden Imagination öffnen, mit deren Hilfe sie neuen Vorstellungs-Konstellationen Raum geben. Exakt von dieser Art ist Enrique Vila-Matas' *Dada aus dem Koffer*, im Untertitel: *Die verkürzte Geschichte der tragbaren Literatur*. Für einen spanischen Autor nicht verwunderlich, verbindet er den Begriff >Dada< weniger mit Zürich und Berlin als mit der Achse New York-Barcelona-Paris, die als zentrale Figur Francis Picabia in seinen Beziehungen einerseits zu Marcel Duchamp und andererseits zu Tristan Tzara verkörpert; selbst Hugo Ball und das von ihm gegründete *Cabaret Voltaire* rücken dabei etwas an den Rand und tauchen nur eben in den Anfangspassagen des Buches – aber auch hier als längst verstrichenes Ereignis, das fünf Jahre zurückliegt – auf. Die Assoziationen, die der Titel bzw. der Begriff der >tragbaren Literatur< weckt, führen auf einen Einfall Duchamps zurück, der alle seine Werke en miniature in einem Schachtel-Museum versammelte, das er in einem Koffer plazierte und überallhin mit sich führen konnte. Diese Kunst-Idee überträgt Vila-Matas auf die Literatur; analog zu Duchamp geht es ihm in seiner literaturhistorischen Rekonstruktion, die seltsam zwischen Essay und Erzählung, Authentischem und Erfundenem irisiert, um Autoren, die sich durch das magische Band dieser Idee verbinden lassen, wobei natürlich an die Stelle des >beweglichen Museums< der >bewegliche Schreibtisch< tritt. Sie alle, die er unter diesem Etikett versammelt, schließt er - unter Rückbezug auf Laurence Sternes einschlägigen Roman - in einer fiktiven >shandyistischen Gesellschaft< zusammen, deren bislang geheim gebliebene Geschichte er in seinem Buch aufzudecken versucht: 1924 im afrikanischen Port Actif gegründet, dauerte ihr Treiben die kurze Spanne nur dreier Jahre und spielte mit Paris, Wien, Triest und Prag an unterschiedlichen europäischen Hauptstadtorten, durch deren jeweiligen genius loci die Mitglieder dieser Geheimgesellschaft in spezifischer Weise gebannt wurden. So agierten sie in Wien vor dem Kontrasthintergrund des Karl Kraus, gerieten in Prag in den Imaginationskreis des Meyrink'schen >Golem< und Kafkaschen >Odradek< oder fanden in einem Unterseeboot zusammen, das sich als Metapher für >Hotel Abgrund< den Namen des Berliner Symbolorts >Bahnhof Zoo< lieh.

Mit Marcel Duchamp, Francis Picabia, Man Ray, Tristan Tzara, Blaise Cendrars, Valéry Larbaud, Vincente Huidobro, Jaques Rigaut, Louis-Ferdinand Céline, Raymond Roussel, Paul Klee etc. etc. als Mitgliedern seiner >shandyistischen Geheimgesellschaft< bezieht sich der Verfasser auf reale Erscheinungen der jüngeren Kunst- und Literatur-Avantgarde und ihre Werke, die er in einer separaten *Basis-Bibliographie* am Schluß seines Buches detailliert ausweist, darunter als Vexierbild-Titel Tzaras *Tragbare Geschichte der verkürzten Literatur.* Insofern ist seine Konstruktion durch tatsächliche Lektüre inspiriert, die sich an unterschiedlichen Belegstellen festhakt und diese untereinander verbindet: zum einen ganz materiell in dem Sinne, daß er auf tatsächliche Beziehungen zwischen diesen Autoren zu sprechen kommt, die sich nachprüfen lassen, zum anderen aber in durchaus freier, ja willkürlicher Assoziation, eben in der Form einer fortgesponnenen Fiktion, die das Mögliche apostrophiert und aus ihm heraus eine eigenartige Dynamik erzeugt. Walter Benjamins Hang zum Miniaturisieren etwa, wie er sich in seinen Sammelleidenschaften und seiner ins Winzige gehenden Handschrift dokumentiert, schließt sich auf diese Weise unmittelbar an die Duchamp-Idee, das ›Tragbare in der Kunst‹ zur Geltung zu bringen, an, und erweist sich so als ein integraler Bestandteil jener ›portativen Literatur‹, zu deren Kennzeichen neben »innovativem Geist«, »unermüdlichem Nomadismus«, »Kultivierung der Kunst der Unverschämtheit« und »einer stolzen Spontaneität« die Liebe zur Schrift gehört, »wenn diese zur unterhaltsamsten und auch zur radikalsten Erfahrung wird«, wie es im vorangestellten *Prolog* heißt[19].

Die Dadaisten selbst wußten um die Problematik ihres Protests in der Kunst und gegen die Kunst. Sie waren ja gegen das allzu rasche Verkrusten gerade der jüngsten Moderne angetreten, die in ihren Augen zur Pose erstarrte, kaum daß sie sich in Szene gesetzt hatte. Wollten sie sich das Bewußtsein der Spontaneität erhalten, das sich ihnen mit dem Dada-Aufbruch verband, mußten sie sich als Dadaisten, die sie bleiben wollten, zwangsläufig von Dada abkehren oder gegen Dada wenden. Anders gesagt: wer Dada in seiner Motorik brisant und aktuell halten wollte, mußte dies auf versetzter Ebene und unter anderem Namen tun, mehr aus dem ›Geist‹ als aus dem ›Namen‹ Dadas heraus; eben deshalb propagierte Hausmann mit dem Begriff ›Dada‹ bereits den des ›Anti-Dada‹ und ernannte sich zum ›Presentisten‹. Also weiß auch Vila-Matas um diese Problematik: seine Konstruktion einer aus der Dada-Bewegung geschöpften ›tragbaren Literatur‹ erlaubt es, den Rekurs auf Dada selbst noch einmal lebendig werden zu lassen und zu zeigen, daß der Prozeß der Neufindung von Kunst, zu

---

19   Vila-Matas, *Dada aus dem Koffer*, a.a.O., S. 7ff.

der Dada über seine entschiedene >Anti<-Haltung kam, mit Dada nicht abgeschlossen ist. Die >tragbare Literatur<, der hier nachgegangen wird, ist deshalb nicht nur Reflex auf Dada, sondern gleichzeitig Fortführung der Literaturgeschichte über Dada hinaus - mit den dadaistischen Mitteln des Bluffs, des Paradoxen und einer spezifischen Ironie, die allzu verfestigte Konstellationen auflöst und überraschend neue Verbindungen stiftet.

Gegen den Schluß des Buches wird der Autor selbst mehr und mehr in seine Recherche involviert und tritt als »letzter Shandy« in Erscheinung. Aus einzelnen Notizen und Fußnoten geht hervor, daß er die Orte seiner >Geheimgesellschaft< besucht und inspiziert hat; nun deutet er an, daß ihm diese Nachforschungen zur Obsession werden, deren Opfer er zu werden droht, analog zu Aleister Crowley, der 1927 der >kosmopolitischen Verschwörung< dieses Bundes ein Ende setzte. »Für mich gab es keinen Weg«, heißt es im Triest-Kapitel, »die Shandys zu vergessen, vielleicht weil meine Obsession auch tragbar war, vielleicht weil das Tragbare, nachdem ich die shandyistischen Gewässer so viele Tage und Nächte durchpflügt hatte, wie ein Ozean war, der endlos erschien (...)«. Auf den letzten Seiten des Textes überhaupt imaginiert sich der Erzähler im spanischen Sevilla - zwischen »Ruinen, Miniaturen, provozierenden Visionen« - als »ein saturnianischer Held«, der beschließt, »das Buch abzuschließen, das er gerade schreibt, damit es rechtzeitig aufhört, bevor es sich selbst zerstört«. Dabei reflektiert er den Blick zurück nun auf seine eigene Unternehmung und bannt ihn in ein faszinierendes Bild:

Es ist die Entscheidung von jemandem, der weiß, daß das wahre Gesicht der Geschichte schnell vergeht und daß man die Vergangenheit nur wie ein Bild zurückbehalten kann, das wie ein Blitz der Unverschämtheit genau in dem Augenblick, in dem wir ihn erblicken können, einen Glanz ausstrahlt, den man nie mehr sehen wird.[20]

---

20   A.a.O., S. 87, S. 117f.

Das allerletzte Wort ist das allerdings noch nicht; im direkten Gegenschnitt heißt es: nur weil die Geschichte tot und in physischen Objekten fetischisiert sei, könnten wir sie lesen, nur weil sein Buch »eine Welt« sei, könne man eintreten in sie und sich in ihr bewegen wie in »einem anderen Raum zum Flanieren«; und - es sei aber auch eine »tragbare Wand«, hinter der man sich verbergen und verstecken könne. - Ob dies auch für mich und mein hier vorgelegtes Buch gilt?

Nachweise:

Wann und wo beginnt die Moderne: *Bausteine zu einer Poetik der Moderne, Festschrift für Walter Höllerer*, hrsg. von Norbert Miller, Volker Klotz und Michael Krüger, Hanser Verlag, München 1987, S. 347 bis 356.

neobarocco - ?!: *Verkehrte Welten, Barock, Moral und schlechte Sitten*, hrsg. von Martin Lüdke und Delf Schmidt, Rowohlts Literaturmagazin, Nr. 29, Rowohlt Verlag, Reinbek bei Hamburg 1992, S. 83 bis 91.

Vom Verlust und Wiedergewinn der Sprache: *Von Rubens zum Dekonstruktivismus, Sprach-, Literatur- und kunstwissenschaftliche Beiträge*, Festschrift für Wolfgang Drost, hrsg. von H. Kreuzer, K. Riha, C. W. Thomsen, Universitätsverlag C. Winter, Heidelberg 1993, S. 157 bis 169.

Cross-reading und Cross-talking: *Literatur und Geistesgeschichte, Festgabe für Heinz Otto Burger*, hrsg. von Reinhold Grimm und Conrad Wiedemann, Erich Schmidt Verlag, Berlin 1968; später ausgeweitet zur eigenständigen Buchpublikation: *Cross-reading und Cross-talking, Zitat-Collagen als poetische und satirische Technik*, Metzler Verlag, Stuttgart 1971.

Die Sprache der Vögel: *Sprache im technischen Zeitalter*, Heft 80, Okt./Dez. 1981, S. 275 bis 290.

>Ich hätt geküßt die Spur von deinem Tritt<: als Vortrag während der *Duisburger Akzente*, Mai 1979, gedruckt in: *Kleiner Mann WAS TUN?!, Vorträge*, Stadt Duisburg, Duisburg 1979, S. 49 bis 54. Nachwort zu: Karl Valentin, *>Ich hätt geküßt die Spur von deinem Tritt<,, Musikclownerien*, hrsg. von Karl Riha, Piper Verlag, München und Zürich 1988, S. 169 bis 184.

Texte mit Handicap: zunächst Nachwort zu einer Edition von Franz Rittlers *Zwillingen*, Heidelberg 1979, dann ausformuliert in: *Sprache im technischen Zeitalter*, Heft 76, Okt./Dez. 1980, S. 265 bis 274.

Buchstabentausch und Fehlschreibe: Vortrag während eines *Anagramm*-Symposions im österreichischen Ottersleben am 28.5.1988, gedruckt in: *Freibord, Zeitschrift für Literatur und Kunst*, Wien, hrsg. von Gerhard Jaschke, Nr. 65 (3/88), S. 31 bis 44.

Literatur als Viereck: *Sprache im technischen Zeitalter*, Heft 110, Juni 1989, S. 171 bis 178.

Gedanken zum Gedankenstrich: *Gedankenstrich, Gedichte - Bilder - Essays*, hrsg. von Joachim Rönneper, Anabas Verlag, Gießen 1992, S. 29 bis 34.

Enthemmung der Bilder und Enthemmung der Sprache: *Phantastik in Literatur und Kunst*, hrsg. von Christian W. Thomsen und J. M. Fischer, Wissenschaftliche Buchgesellschaft, Darmstadt 1980, S. 268 bis 280.

Fatagaga-Dada: *Die Moderne im Rheinland, ihre Förderung und Durchsetzung in Literatur, Theater, Musik, Architektur, angewandter und bildender Kunst 1900-1933*, hrsg. von D. Breuer, Rheinland-Verlag, Köln 1994, S. 75 bis 84.

Zum Verhältnis von >Tradition< und >Moderne<: *Sprache im technischen Zeitalter*, Heft 105, März 1988, S. 67 bis 77.

Über den Zufall - in der Literatur der Moderne: *Zufall als Prinzip, Spielwelt, Methode und System in der Kunst des 20. Jahrhunderts*, hrsg. von B. Holeczek und L. von Mengden, Ausstellungskatalog, Wilhelm Hack-Museum, Ludwigshafen, Edition Braus, Heidelberg 1992, S. 75 bis 82.

Cut-up-Kürzestgeschichten: *Von der Novelle zur Kurzgeschichte, Beiträge zur Geschichte der deutschen Erzählliteratur*, hrsg. von Dominique Iehl und Horst Hombourg, Verlag Peter Lang, Frankfurt/Main, Bern, New York, Paris 1990, (*Forschungen zur Literatur- und Kulturgeschichte, Bd. 27*), S. 113 bis 124. Zuerst gedruckt: *Poetik und Geschichte, Festschrift für Viktor Zmegac zum 60. Geburtstag*, hrsg. von D. Borchmeyer, Max Niemeyer Verlag, Tübingen, S. 425 bis 440.

Prä-Moderne und Post-Moderne: *Alte Bekannte? Oder: Last und Lust der Tradition*, hrsg. von Herbert Heckmann, Hanser Verlag, München 1990, (*Dichtung und Sprache, Bd. 9*, Deutsche Akademie für Sprache und Dichtung, Darmstadt), S. 73 bis 87. Verknüpft mit meinem Nachwort zu: Enrique Vila-Matas, *Dada aus dem Koffer*, aus dem Spanischen von O. Grossegesse, Suhrkamp Verlag, Frankfurt/Main 1991, S. 121 bis 127.

Alle Aufsätze sind neu durchgesehen und für die hier veranstaltete Ausgabe gelegentlich erweitert bzw. gekürzt.

Abb. S. 50: nach dem Original; Abb. S. 90: nach dem Original; Abb. S. 150: nach dem Ms.; Abb. S. 156: K.R., *Was ist mit mir heute los?, Gedichte*, Anabas Verlag, Gießen 1994; Abb. S. 182: nach dem Original; Abb. S. 208: nach dem Original; Abb. S. 254: *Common Sense 1993, Almanach für Kunst und Literatur*, hrsg. von J. Kowalski und U. Tarlatt, Halle/Bernburg 1993/94, o.S.; Abb. S. 274: *Bestandsaufnahme Gegenwartsliteratur*, Sonderband der Zeitschrift *Text und Kritik*, hrsg. von H.L. Arnold, München 1988, S. 89.